「満洲国」地方誌集成 第1巻

吉林省概説
吉林省現勢便覧

[編・解説] ゆまに書房出版部

「満洲国」地方誌集成　刊行にあたって

ゆまに書房出版部

本来、中国東北地区は遼寧、吉林、黒龍江の三省より構成されており、「満洲国」政府もその成立にあたり旧三省の行政区画を踏襲した。しかし、旧軍閥勢力の削減等の必要性から、同政府は三省を細分化し、最大時には十九の省及び、省と同等の権限を持つ二特別市を設置した。

これらの省・市の行政機関の多くは現地の行政に関する情報をまとめた「要覧」、「実勢」、「略誌」等の資料を作成していた。資料の題名は様々であるが、これらは中国の伝統的な地理書である「地方誌」の一種として位置づけられよう。

「地方誌」とは、主に各地域に赴任した官僚の執務参考とするため、現地の地理、経済、歴史等を概説した書物である。その起源は後漢時代にまで遡り、清朝時代には四千六百種以上が存在したとされる。これらの書物は、現在でも中国の地域社会の研究において不可欠の材料となっている。

「満洲国」においては、各省に派遣された日本人官吏は異国であるゆえ、当然現地の事情には疎く、中国語を解さないものもいた。このため、日本語による情報源が必要とされ、多くの省で参考資料が編纂された。傀儡国家であり、また日本人向けという特徴はあるが、これも「地方誌」としての性格を有している。

「満洲国」の「地方誌」の多くは限定的に配布され、中には「秘」扱いのものもある。その内容は歴史、人口、経済、徴税、商慣行、土地制度、教育、衛生から匪賊の出没や日本人開拓民の状況等などがあり、包括的かつ信頼度の高い情報を提供している。また、これらの資料には、日本において法学、経済学、歴史学を専攻した者によって書かれたと思われるものあり、彼らの満洲に対する社会科学的認識を示すものとしても、貴重である。

「満洲国」の地方行政については、国務院総務庁情報処による『省政彙覧』や大同学院による『満洲国地方事情大系』もある。これら資料はあくまで中央政府からの視点でまとめられているのに対し、本シリーズ所収の「地方誌」は現地官吏用のマニュアルとして編集されているため、より実用性に即した内容となっている。

「満洲国」の公文書は、日本の敗戦時に多くが散逸したといわれ、地方行政の実態を把握することは困難である。また、現在の中国東北地区の省、市、県等においても「地方誌」の編纂は盛んに行われているが、資料や言語の制約から「満洲国」時代については記述が薄いのが現状である。こうした状況をふまえ、「満洲国」の「地方誌」を可能な限り収集・復刻することで、史料の不足しがちな「満洲国」史研究への一助となればさいわいである。

「満洲国」地方誌集成　凡　例

一、本シリーズは『「満洲国」地方誌集成』と題し、「満洲国」の地方行政機関の発行した「地方誌」を収集・復刻するものである。同国の各省・市等では執務参考資料として、現地の事情を記した「地方誌」を作成していた。本シリーズでは、これらの資料を横断的に収集することにより、「満洲国」における地方行政の実態を把握する手掛かりとしたい。

二、第一回配本全五巻の収録内容、書誌、寸法、所蔵機関は左記のとおりである。

第一巻

一、『吉林省概説』（吉林省公署総務庁調査科編・発行、一九三三年、並製、二一〇㎜）、一橋大学附属図書館村松文庫所蔵。

二、『吉林省現勢便覧』（吉林省長官房編・発行、一九四〇年、上製、一三一㎜）、一橋大学経済研究所附属社会科学統計情報研究センター資料室所蔵。

第二巻

『吉林省各県畧誌』上巻（吉林省公署総務庁調査科編・発行、上製、一九三四年、二三〇㎜）

第三巻
『吉林省各県畧誌』下巻（吉林省公署総務庁調査科編・発行、上製、一九三四年、上製、二三〇㎜）
北海道大学附属図書館所蔵。
※第二、三巻の原本は全一巻。「満文」の部を上巻、「日文」の部を下巻に分割した。

第四巻
一、『新吉林省概説』（吉林省公署総務庁調査科編・発行、一九三五年、並製、二二〇㎜）、架蔵本。
二、『吉林省概説』（吉林省公署総務庁総務科編・発行、一九三六年、並製、二二〇㎜）、東京大学東洋文化研究所所蔵。

第五巻
『吉林省政務年鑑　康徳三年度』（吉林省長官房総務科編・発行、並製、一九三七年、二一五㎜）、北海道大学附属図書館所蔵。

三、復刻にあたっては、原本の無修正を原則としたが、適宜拡大・縮小をほどこした。原本は戦前に刊行されたものであり、紙質の悪さや経年による劣化の進行もある。印刷上のむら、かすれ、不鮮明な文字、活字の潰れ、書き込みも散見される。特に、『吉林省各県畧誌』には活字で印刷されたノンブルの横に、ゴム印で新たにノンブルが加えられた部分があるが、そのままとした。
また、原本を痛めないために、撮影時見開き中央部分を無理に開くことをしなかった。そのため、中央部分が読みづらい箇所もある。隠れている文字については、欄外にそれを示す。予めご了承頂きたい。

〔付記〕原本ご所蔵の一橋大学附属図書館、同大学経済研究所附属社会科学統計情報研究センター資料室、北海道大学附属図書館、東京大学東洋文化研究所には、出版のご許可をいただき、また、製作上種々の便宜を図っていただきました。ここに記して謝意を表します。

第1巻　目　次

吉林省概説

大同二年十一月

吉林省概説

吉林省公署總務廳調査科

凡例

一、本編ハ吉林省ニ關スル各般狀況ノ概況ニシテ本春印刷セシ「吉林省概說」ヲ增補訂正セルモノナリ

二、本編ノ內容ニ關シテハ資料不完備ノ爲メ其ノ眞相ヲ盡サザル處多シト思考セラル、モ、本省狀況ノ概要ヲ過渡的時期ニ於テ編纂セシモノナルヲ以テ幾分拙速ノ嫌ナシトセズ、又發刊時並ニ其ノ後ニ於テ內容上ニ變化ナキヲ保シ難シ

三、本編ハ當科ニ於テ目下編纂中ノ「吉林省各縣事情」ノ前編タル可キモノナリ

四、本編ハ最初日滿兩文ヲ以テ刊行ノ豫定ナリシ處資料ノ大部分カ日文ナル爲メ之ガ滿譯ニ相當ノ日子ヲ要スル事、並ニ飜譯員ノ大部分ガ目下「吉林省各縣事情」ノ日滿兩文ノ編纂ニ沒頭セル關係上、日文ノミニ止リシヲ遺憾トス、又經費ノ關係ニ依ル事勿論ナリ

五、本編執筆ノ爲メ寄セラレタル各方面ノ御厚意ト參考資料筆者各位ニ對シテ深甚ナル謝意ヲ表ス

大同二年十一月

吉林省公署總務廳

調査科

康徳二年夏七月吉林省城ニ游ビ
岩田大人ヨリ之ヲ受ク。

吉林省概說

目次

第七章　吉林省ノ商工業概說……一〇三

一二

參考資料

東北年鑑

滿洲國年報資料

露滿蒙時報

支那鐵道概論（滿鐵北京公所研究室編）

中國鐵道史（中華書局）

國民政府現行法規（商務印書館）

東三省金融概論（太平洋國際學會）

吉林省各縣金融機關調査書（吉林省公署總務廳調査科）

吉林省内ノ私帖並ニ紙幣類似証劵ニ就テ（同）

滿洲ニ於ケル支那銀行ノ概要（滿鐵調査課）

吉林省政府行政會議紀要

吉林省政府單行章則彙編

國道局業務現況概要

敎育廳調査報告書（敎育廳）

吉林省公署調査月刊（吉林省公署調査科）

吉林省財政廳調査書（同）
吉林省概說（同）
吉林省ノ財政（同）
吉林省ノ產業ノ現狀（滿鐵調查科）
吉會豫定地方鑛山調査報告（同）
滿洲產業統計（同）
吉林省ノ林業（同）
吉林附近ノ森林及ヒ林業ニ就テ（同）
吉林省ニ於ケル農產資源（吉林省公署調查科）
吉林省ノ礦產（吉林省實業廳）
佳木斯移民ノ實況
依蘭縣參事官報告
佳木斯事情（吉林省公署調查科）

第一章　吉林省ノ全貌

第一節　吉林省ノ面積ニ就テ

吉林省ノ面積ニ就テハ未ダ正確ナル測定ナク（此ノ點滿洲國各省面積ニ關シテモ同ジ）各資料各個別々ノ數字ヲ記載シ吾人ヲシテ何レニ依ル可キヤヲ迷ハシム、古クハ

明治四十一年	吉林民政司	二四、九三六方里
〃	關東都督府陸軍部	二二、二一〇方里
大正三年	同滿蒙誌滿蒙圖表	一五、九四五方里
大正五年	東支鐵道調查	一七、七八一方里
〃	都督府陸軍部滿蒙產業誌	一七、〇五三方里
大正五年	滿鐵調查課	一三、六〇五方里

等ノ數字アリ。大体一萬五千邦方里乃至二萬邦方里內外ナラント推定セラル。

滿鐵調查課發行「滿洲ノ農業」（滿洲產業叢書第一緝）ニ據ル各省ノ面積ヲ示セバ次ノ如シ。

奉天省	一二、〇〇八方里
吉林省	一七、三六〇方里
黑龍江省	三七、七七四方里

計	六七、一四二方里

更ニ又民國二十年「東北年鑑」ニ據ル舊東北各省民政廳ノ調査ノ結果ハ

奉天省	一、〇八〇、八四八華方里
吉林省	一、三一八、六五〇華方里
黑龍江省	二、二九六、五九三華方里
計	四、七〇六、〇九一華方里

ナレ共前者最近ノ調査ニ比シ稍々過大ニ見積リタル傾向アリ。

最近最モ正確ニ近キ數字トシテ各方面ノ引用スル數字ハ

奉天省	一一、八六七方里
吉林省	一五、五八〇方里
黑龍江省	三七、七七五方里
熱河省	一〇、一六八方里
計	七五、三九二方里

ニシテ本表ニ據レバ吉林省ノ面積ハ全滿洲國面積（含熱河省）ノ約二〇%ニ該當シ日本本土（約一萬四千九百方里）及朝鮮（約一萬四千三百方里）ノ面積ト相伯仲シ稍々其ノ上ニ在リ。

以上ハ吉林省面積ノ單ナル數字上ノ說明ナリ。

近代文明ノ發達ハ各種交通機關ノ完備ニ伴ヒ、地上各地間ノ距離ヲ急速度ニ短縮シツヽアリ。從ツテ昨日ノ一里ハ已ニ今日ノ一里ニ非ズ、又今日ノ一方里ハ決シテ明日ノ一方里ト比較シ得ズ。斯クシテ交通ノ發達ニ依ル距離及面積ノ短縮ハ一國內ノ政治軍事ニ對シテ至大ノ變化ヲ齎スモノナリ。現代文明國ト未開國トノ間ニ於ケル各種事情ノ相異ハ以上ノ變化如何ニ影響セラル、事極メテ大ナルヲ知ルベシ。

然ルニ吉林省ノ現狀ヲ見ルニ其ノ面積ニ於テハ日本本土又ハ朝鮮ト相伯仲スト雖モ其ノ內容ニ於テハ決シテ前者ニ匹適スルヲ得ズ。如何トナレバ本省內ニ於ケル交通ハ最近漸ク鐵道網道路網其ノ計劃ノ緒ニ就キタル程度ニシテ省內各地相互間ノ往來極メテ困難ナル狀態ニ在リ。加之山岳地疊々セルト、匪賊ノ横行トハ益々其ノ度ヲ加フルノミ。省城ト各縣間トノ交通未ダ幾多ノ危險困難ヲ伴ヒ之ガ政治軍事上ニ及ボス影響極メテ大ナルモノアリ。一例ヲ擧グレバ敦化—額穆間ノ交通ハ圖上ニテ見レバ極メテ短距離ノ如クニ考ヘラル、モ實距離一四〇華里徒歩ニテ片道三日行程、往復約一週間ヲ要スルナリ。騎馬ニテ四日ヲ要ス可ク最モ短距離ナラントト考ヘラル、縣城間ノ往來ニシテ已ニ然ルナリ。

斯ル見地ヨリシテ本省ノ面積ハ假令數字上ニ於テハ一萬五千方里ト稱シ得ルモ、其ノ實際ニ於テハ優ニ之ニ數倍スルモノアラン。此ノ點黑龍江省ト何等相異ル所ナキナリ。

從ツテ滿洲國中央政府及吉林省公署トシテハ其ノ行政上ニ於テ本省ヲ奉天省又ハ日本內地或ハ朝鮮等ト同一視スルヲ得ズ。其處ニ幾分ノ「ハンデキヤツプ」ヲ與フルノ余裕アルコトヲ要ス。

今ヤ吉海線瀋海線及北鐵東部線既ニ恢復シ、敦圖線亦開通シ、拉賓線モ本年中ニ開通セラル可ク、更

二七

ニ又省内各地間ノ道路ノ修築ト共ニ自働車交通漸ク其ノ緒ニツカントシツヽアル今日未ダ水運馬背ノ便ニ依ルニ非レバ到達シ得ザル地方幾多アリ。之ガ日本内地朝鮮ノ程度ニ達スルニハ今後少クトモ十年以上ノ歳月ヲ要ス可シ。最近省公署ニ於テ省内各縣トノ文書往復ニ要スル日數ヲ調査セシニ松花江下流各縣（同江、富錦、樺川）トノ往復ニハ四十日ヲ要シ其ノ間調査期間報告書作成期間等ヲ加フレバ實ニ最少限五十日ヲ要スル狀態ナリ。普通省城ヨリ鐵道沿線外ノ各縣トノ往復モ旬日ヲ以テ其ノ目的ヲ達シ得ルモノハ其ノ最上ナルモノナリ。

斯ル狀況下ニ在ル本省ニ於テ産業ノ開發、文化ノ普及ヲ計ラントスルモ現狀ニ於テハ單ナル口頭禪ニ終始スベク、先ヅ以テ治安ノ恢復交通ノ整備ヲ先決急務トナサヾル可カラザル所以茲ニ存スルナリ。

第二節　吉林省ノ人口及人種ニ就テ

第一項　人　口

吉林省ノ人口ニ關シテモ現ニ信據シ得ベキ確數ヲ有セズ。

民國二十年「東北年鑑」ニ據ル四省民政廳統計調査ニ係ル戸口人口ヲ示セバ次ノ如シ。（民國十九年調）

	戸　口	人　口
奉天省	二、二六四、〇二七	一六、三六六、一七五
吉林省	一、〇六二、八四九	七、三三九、九四四
黑龍江省	六九四、〇七二	三、六五五、五九〇

熱河省	五八四、五三九	三、四九五、四七八
計	四、五六〇、四八七	三〇、八五七、一八七

所謂三千萬民衆ト稱スル根據ハ本調査ノ結果ニ依ルモノナルヘシ。而シテ本省ノ人口ニ關スル最近ノ調査ハ民國二十年十二月末吉林省公署總務廳ニ於テ發表セル數字ニシテ

滿洲國人	約　七、五八七、五〇〇人	（一、一二一、〇〇〇戸）
外人日人	二七、九五〇人	（　七、七三四戸）
鮮　人	四五九、三四〇人	（　八一、二六九戸）

ナレ共事變後不規則ナル人口ノ變動移動ニ依リ現在各地方ノ人口ハ著シキ變態的狀態ヲ示シツヽアリト考ヘラル。從ツテ現在若シ國勢調査式方法ヲ以テ各地方ノ人口調査ヲ施行セントスルモ、其ノ結果得ル所ノ數字ハ極メテ變則的分布狀態ニシテ決シテ正常ノ人口狀態トシテ各種產業上ノ計劃及施政上ノ基礎的數字ト爲シ得ザル可ク唯單ニ斯ル變則的現狀ヲ知リ得ルニ止ルベシ。如何トナレバ地方治安ノ擾亂ニ基キ地方人口ハ避難逃亡等ノ爲著シク減少若クハ偏在シ之ニ反シテ一部都市ノ人口ハ之等避難者收容ノ爲亦著シキ澎漲ヲ來シ居ル關係ナリ。然レドモ最近地方治安ノ恢復ニ依リ漸次舊態ニ復シツヽアルハ注目スベキ現象ナリトス。

要之地方的ニ局部的確數ハ得ザレ共概ネ七百萬乃至九百萬內外ヲ出デザルベク全滿洲國人口ノ約四分ノ一ヲ占ムルモノト謂ヒ得ベシ。

次ニ人口密度ニ關スル既往ノ調査結果ヲ觀ルニ

前掲滿鐵調査課發行「滿洲ノ農業」ニ於テハ一平方粁當リ三三、九人ニシテ奉天省ノ八〇、九人ニ比シ約四〇%黒龍江省ノ八、八人ニ比シ約四倍ヲ示ス。

又民國二十年「東北年鑑」ノ數字ニ據レバ次ノ如シ。

	每華方里平均人數	每人當晌數
奉天省	一四、一	三、八
吉林省	五、六	七、〇
黒龍江省	一、七	二六、〇
熱河省	五、一	八、一
平均	六、六	六、八

以上ノ各數字ヲ綜合スルニ本省ノ人口密度ハ奉、黒兩省ノ中間ニ位シ而モ極メテ低度ノ狀態ニ在リ、之ガ面積ヨリ推スモ將來ノ人口抱擁力極メテ大ナルモノアルヲ思ハシムルナリ。

參考ノ爲本省各縣別人口密度ニ關シ想像セラル、數字ヲ列記スレバ概ネ次ノ如シ。

(一邦方里人口密度二千人以上ノ縣)

長春、双陽

(一邦方里人口密度千五百人以上ノ縣)

阿城、扶餘、楡樹、德惠、

(　同　千人以上ノ縣)

双城、農安、伊通

（同　五百人以上ノ縣）

賓縣、延壽、五常・舒蘭、永吉、磐石、

（同　五百人以下ノ縣）

其ノ他各縣

更ニ人口性別百分比ヲ見ルニ（二十年東北年鑑）

	男	女
奉天省	六〇、三六%	三九、六四%
吉林省	五六、五〇〃	四三、五〇〃
黒龍江省	五八、三〇〃	四一、七〇〃
熱河省	六二、〇〇〃	三八、〇〇〃

ニシテ、本表ニ依レバ四省中吉林省ガ最モ男女數ノ均衡ヲ保持シツヽアリ、此ノ點本省内人口要素ガ奉天省ノ如ク出稼移民ヲ余リ含マズ土着民ヲ以テ充實セラレツヽアルヲ見ルベシ。即チ本省ノ風習極メテ保守的ナル特種事情ノ一端ヲ窺ヒ得ルナリ。

次ニ本省ノ人口増加率ニ關シ奉黒兩省ト共ニ滿鐵調査課ニ於テ査定セル數字ヲ示セバ次ノ如シ（昭和四年滿鐵調査時報第九卷第三號滿洲鐵道ノ發達ト人口ニ就テノ一考察）

人口増加率	自然増加率	假定 移住増加率

奉天省	一、五%	一、二二%	〇、二九%
吉林省	三、一〃	一、二一〃	一、八九〃
黑龍江省	四、七〃	一、二一〃	三、四九〃
平均	二、三五〃		

右ハ調査當時ト比較シテ各種條件ヲ著シク異ニセル今日必ズシモ妥當ナル査定ト稱スルヲ得ザルモ本增加率ニ依リ毎年ノ人口增加ヲ測定セバ大約二十萬乃至三十萬ト見做シ得ルナリ。

然レ共兵匪ノ横行關內ヨリノ移住激減等ハ當分ノ間人口增加ヲ相當抑壓スルモノト豫想セラル、ヲ以テ本省人口ガ一千萬ニ達スルノ日ハ未ダ遠キ將來タルベシ。

要之人口ニ關スル確實ナル調査ハ當分ノ間殆ド不可能ニシテ若シ之ガ萬全ヲ欲セントセバ先ズ各地方ノ治安恢復ニ伴ヒ居住者ノ精査換言スレバ牌長甲長保長等ヲシテ自已管內人口移動ニ關シテ相互連帶ノ方法ヲ以テ之ヲ官ニ報告セシメ（所謂保甲連坐式方法ヲ以テ）一面匪賊ノ潜入ヲ防止スルト共ニ他面人口現在數ノ確數ヲ調査セシメ以テ戸籍法實施ノ前提タラシメザルベカラズ。

第二項　人種別ニ見タル複雜性

吉林省ニ於ケル居住民ヲ人種學的ニ研究分類スル事ハ本項ノ目的ニ非ズ單ニ其ノ概觀的複雜性及ヒ之ニ基因シテ將來發生セラルベキ諸問題ヲ考察セントスルナリ。

本省居住民ヲ大別スレバ、日本內地人ハ別トシテ漢人、滿洲人、朝鮮人、露人、其ノ他狹義ノ「ツングース」各族「ギリヤーク族」等ニシテ西部方面ニ於テハ蒙古人トノ接衝亦看過シ得ザルナリ。

而テ本省ニ於ケル基本民族ハ滿洲人ニシテ已ニ一部漢人ノ同化ヲ受ケ其ノ本來ノ民族性ヨリ脫却セントシツヽアルモノアリト雖モ其ハ極ク少部分ニシテ未ダ完全ナル同化作用ヲ蒙リタルモノト稱スルヲ得ズ。殊ニ溥儀執政ヲ推擧セル滿洲國ノ建國ハ清朝滅亡後彼等ニ一脈ノ民族的覺醒ノ曙光ヲ與ヘ將來滿洲國ノ中心民族トシテ活躍スベキ希望ヲ多分ニ約束セルモノノ如ク思ハル。從來漢人ガ能動的ニシテ滿洲人ハ受動的立場ニ在リシ關係ハ今ヤ漸ク逆轉セントスルノ勢ヲ示スニ至レリ。之ニ對シテ漢人ヲ中心トセル滿洲國人ガ如何ニ對抗スベキカ此ノ關係ハ啻ニ民族的對立ノ程度ニ止ラズ政治的見地ヨリスルモ極メテ重大ナル問題ト稱シ得ベシ。

所謂奉天派吉林派ト稱スルモ決シテ政治上ノ分野ノミニハ非ズ、其ノ根底ニ於テ民族的色彩ヲ濃厚ニ保有セルハ何人モ之ヲ否定シ得ザル所ナリ。漢人ノ同化力ト滿洲人ノ民族的自覺トハ此ノ國ノ將來ニ於テ幾多複雜ナル問題ノ發生ヲ予想セラルベシ。殊ニ原住民族ニシテ從來ノ被壓迫民族タル滿洲人ト蒙古人トノ提携及兩者ノ漢人ニ對スル民族的共同戰線ハ吉林省ヲ中心トシテ漸次擴大セラルベキ傾向ヲ多分ニ有スルモノト思ハル。

更ニ本省ニ於ケル朝鮮人モ單ナル移住民族的タルノ程度ニ甘ンゼス將來五族協和ヲ標榜セル滿洲國ニ於テ滿漢蒙三民族ニ對抗シ自己民族ノ覇權確立ニ邁進スベキ勢アルヲ看取セラルヽナリ。

抑々本省ニ於ケル朝鮮人ノ數ハ全滿洲ニ於ケル朝鮮人ノ約五割以上ヲ占メ朝鮮トノ國境間島地方ヲ根據トシテ漸次表滿洲ニ進出セントシツヽアリ。既ニ北鐵東部線東方面、吉林、敦化、磐石附近ニ於ケル彼等ノ地盤ハ幾多ノ困難危險ノ中ニ在リテ而モ益々著シキ發展ヲ示シ農業人トシテノ根強キ存在ヲ確保セリ。

斯ク農業移住民トシテノ鮮人問題ノ重要ナルハ勿論ナルモ思想的方面ニ於テモ極メテ激越性ヲ有スル彼等ノ存在ハ將來日本帝國ノ移民政策ニ對スル一大障害タルト共ニ滿洲國統治上亦極メテ困難ナル問題ヲ發生ス可キ運命ニ在リ。即チ中國共產黨「ソヴエート共產黨」ヲ其ノ背景トセル鮮人共產黨ハ吉林省ヲ根據地トシテ全滿洲國治安ノ擾亂ヲ企圖シツヽアリ。殊ニ本省鮮人ノ大部分ヲ包容セル間島地方ノ共產匪ハ其ノ數約七萬餘ト稱セラレ巧妙ナル潛行的工作方法ニ依リ其ノ組織ヲ擴充シツヽアリ。

茲ニ於テ過去久シキニ亘レル間島問題ノ紛糾ハ鮮人共產匪ノ問題ヲ加ヘテ最近更ニ重要視サルヽニ至レルナリ。殊ニ敦圖線ノ開通ニ依リ表滿洲トノ交通連絡頻繁トナルニ從ヒ本省ニ於ケル鮮人問題ハ益々其ノ重要性ヲ加フルニ至ルベシ。

要之本省ノ朝鮮人問題ハ、移民問題、土地問題、國籍問題、治安問題等各方面ニ亘リ益々其ノ複雜重要性ヲ發揮スルニ至ルベク延イテハ滿洲國全般ノ統治上、產業開發上、治安上輕視シ得ザル難關ヲ築クニ到ルベシ。本問題ハ啻ニ滿洲國自身ノ問題タルニ止ラズ朝鮮統治ニ對シテモ亦極メテ微妙ナル關係ヲ有スルモノナル事ヲ忘ルベカラズ。

更ニ又將來朝鮮人ガ滿漢人ニ對抗シテ政治的進出ヲ試ミルニ至ル可キ事ハ此ノ民族ガ滿洲國民族爭覇戰ノ渦中ニ投ズ可キ可能性多分ナル事ト共ニ吾人ノ想像シ得ル所ナリ。

吉林省ニ於ケル朝鮮人ノ重要性既ニ上述ノ如クナルモ此ニ關聯シテ北鐵線一帶ニ居住スル露人ニ對シテモ亦吾人ハ之ヲ等閑視シ得ザルナリ。白系露人ノ無氣力ナルハ世間周知ノ事乍ラ母國ヲ有セザル彼等

三四

ガ滿洲國ニ寄賴スルノ情ヤ實ニ切ナルモノアリ。彼等ニ對シテモ亦滿洲國ハ之ガ對策ヲ誤ラザル事肝要ナリ。白系露人ハ第二トシテ吾人ノ特ニ關心ヲ有セザルベカラザルハ北鐵從業員ヲ中心トセル赤系露人ナリ。表面極メテ平靜ナル狀態ヲ示シツ、アル彼等ノ存在モ其ノ思想的背景ニ於テ決シテ看過シ得ザルモノナリ。特ニ露滿國境タル「**ポクラニチナヤ**」ヲ通ジテノ東部交通路開通セラレントシツ、アル今日單ニ「**ソヴエート**」自身ノ思想侵略ノ楔機タルノミナラズ浦鹽ヲ經由スル中國側ノ反滿洲國思想宣傳戰ノ前哨的役割ヲ演ズルニ至ルベキハ何人モ予想セラル、トコロナルベシ。殊ニ最近ノ露支國交恢復ハ本問題ニ對シテ益々其ノ想像ノ度ヲ昂ムルモノト謂ヒ得ベシ。

故ニ露人ノ本省ニ於ケル存在ハ民族上ノ問題ニ非ズシテ政治外交上ノ難点タルベキ事ニ於テ吾人ノ注意ヲ喚起スルモノナリ。

以上簡單乍ラ吉林省ニ於ケル各人種別ニ觀タル複雜性ハ滿洲國ノ統治上將來益々白熱化スベキ運命ニ在ル事ヲ概說セリ。

第三節　吉林省ノ地勢其ノ他ニ就テ

所謂地勢一般ノ狀況ニ就テハ既ニ各專問的研究モアリ且又普通一般周知ノ事項ナルヲ以テ本節ニ於テハ重ネテ贅言ヲ費サズ、唯巷間相傳ヘラル、地勢ニ關スル誤謬ノ一部ヲ指摘シ併セテ本省ノ地理的重要性ヲ略述セントスルナリ。

吉林省ハ地圖上ニ於テ明ナル如ク松花江本支流及牡丹江流域並ニ朝鮮國境ヲ東流セル圖滿江北岸諸地

方ヲ以テ形成セラル。而シテ山嶽ハ東部滿洲山系東南部ニ疊々シ、一見全省山岳地帶ヲ以テ成立セル如ク考ヘラル、モ之ヲ些細ニ檢討スレバ所謂山岳地帶ノ外ニ高地及山丘地帶、底丘地帶、平原地帶、低地帶モ亦廣大ナル地域ヲ占メ前記諸流域ヲ中心トシテ肥沃ナル可耕地帶ヲ形成セルナリ。卽チ地圖上ニ於テハ本省面積ノ三分ノ二ハ山岳地帶ニシテ僅カニ其ノ西北隅ニ於テ長春、舒蘭、三姓、哈爾濱、伯都納等ヲ結ブ線內ニ平原地帶ヲ見出スニ過ギザルモ事實ハ山岳地帶ト稱スルモ多クハ差程峭峻ナラズ大波狀形ニ等シキヲ以テ山岳中到ル處小平原ヲ有スルヲ特徵トス（滿鐵調査課「吉林省產業ノ現狀」）

更ニ之ヲ實証スルモノハ昭和四年滿鐵調査、東三省各省可耕地ノ總面積ニ對スル比率ナリ。（滿鐵調査課「滿洲ノ農業」）

卽チ次表ノ如シ

總面積ニ對スル比率

	可耕地	不可耕地	旣耕地	未耕地
奉天省	三四、六%	六五、四%	二四、一%	一〇、五%
吉林省	三九、七〃	六〇、三〃	一八、〇〃	二一、七〃
黑龍江省	二一、二〃	七八、八〃	六、五〃	一四、七〃
平均	二八、四〃	七一、六〃	一二、六〃	一五、八〃

右表ニ依レバ本省ニ於ケル可耕地面積ノ總面積ニ對スル比率ハ三九、七%ニ及ビ奉天、黑龍江兩省ノ上位ニ在リ卽チ全省面積ノ約四割ハ可耕地ト稱スルヲ得ルナリ。事實吾人ガ地圖上ニ於テ山岳地帶ト想

像セラル、地方ヲ實地ニ踏査スル時至ル所丘陵ヨリ丘陵ニ亘リテ甚ダシキハ山岳ノ中腹地帶ニ至ル迄耕地化セル有樣ヲ實見スルナリ。

更ニ日本ニ於ケル總面積ニ對スル耕地ノ比率一五、八%（一九二六年調査）ト比較スルトキ、如何ニ兩者ノ差異甚ダシキカニ驚クナリ。

以上ヲ綜合スル時吾人ハ吉林省ヲ目シテ世上一般ニ唱ヘラル、如ク決シテ山岳地帶ノミヲ以テ形成セラル、モノニアラズ寧ロ滿洲國各省中首位ニ位スル可耕地%ト未耕地%トヲ保有スルモノナルヲ知ルナリ就中前記西北部平原地帶ハ三省中ノ寶庫ト稱セラル、地域ニシテ滿洲國ニ於ケル各般ノ中心地帶ヲ形成スルナリ。一般ニ本省ノ土質ハ他省ニ比シテ最モ農耕地ニ適シ、且又山岳地帶モ大部分森林及各種鑛物ヲ包藏セル等、所謂資源開發ノ見地ヨリ檢討スル時ハ決シテ圖上ニ表レタル地勢ヲ以テ本省ノ價値ヲ云々スル事ヲ得ザルナリ。

又本省ノ河川ニ就テ見ルニ松花江本流ハ勿論其ノ他各河川共總テ舟運ノ便ヲ有シ、流域地帶ノ肥沃ト共ニ本省否滿洲國ノ大動脈ヲナスモノナリ。今日松花江航行權問題ガ世上ノ注目ヲ惹ク所以亦故ナシトセザルナリ。

更ニ本省ノ地理的環境ガ露鮮國境ヲ扼スル點ニ於テ滿洲國トシテ極メテ重視セラルベキ地方ト謂ヒ得ベク間島問題及北鐵東部線問題等モ之ニ關聯シテ惹起セラル、ナリ。

飜ツテ本省內ニ於ケル主要都市ヲ概觀スルニ省城吉林ハ云フ迄モ無ク省ノ西北部ニ於テ國都新京及哈爾濱ノ大都市ヲ含ミ松花江上下流地方ニ於テハ伯都納、依蘭（三姓）及富錦等將來ノ發展ヲ期待セラル

三八

、都市連リ更ニ滿洲國東部唯一ノ中心地寧安（寧古塔）亦本省ノ東部據點タリ。間島地方ニ於テハ延吉（局子街）龍井村等ノ特殊都市ノ存スルアリ。斯ク觀ジ來レバ滿洲國中ニ於ケル主要都市ノ大部分而モ各自各様ノ重要性ヲ有スル都市ノミ本省各地ニ散在シ、現在及將來ニ亘リテ政治的經濟的中心地タルヲ想ハシムルナリ。

第二章　吉林省ノ政情概說

第一節　事變前ニ於ケル政情概觀

吉林省ヲ歷史的ニ概觀スルトキ、本省ハ元來通古斯族ノ住地ニシテ漢以後挹婁國ヲ爲シ隋代ニハ靺鞨國ト稱シ唐代ニハ渤海國次デ遼亦此ノ地ニ興リテ金ニ亡ボサレ清朝定鼎以來今ノ本省ヲ封禁ノ地トナシ漢人種ノ移住ヲ嚴禁シ滿洲旗人ヲ極力保護セシ爲本省ハ全ク旗人ノ天下トナレリ。吉林省ニ於ケル漢人ハ今日五百萬ト稱スレドモ康熙五十年以前ニ於テハ僅カニ三萬餘ニ過ギズ百年後ノ嘉慶十七年ニ至ッテ三十萬余ニ達シ更ニ七十九年後ノ光緒十七年ニハ約八十萬ニ增加セリ。爾後今日ニ到ル迄吉林、奉天ハ漢人種ノ殖民地ト目サレ漸次漢人ノ數ヲ增加スルニ到ル、故ニ本省ハ近代ニ及ンデ漸ク中國文化ノ光ヲ被レルモノニシテ古クヨリ特ニ英俊ノ人物ヲ出ス事ナカリキ。此ノ點中國西南各省ト其ノ趣ヲ同フシ旗人本位ノ武斷政治ヲ以テ相終始セルモノナリ。（園田一龜著分省新中國人物誌參照）

民國以後本省ハ張作霖ノ東三省統一ニ到ル迄常ニ反東北政權的立場ニ立チテ本省獨特ノ「モンロー主

義一ヲ主持シ來レリ。其ハ決シテ總テガ民族的關係ニ於ケル拮抗ノミニハアラザレドモ僻偏ノ地ニ在リテ中央ノ政令行ハレズ自ラ其處ニ鞏固ナル地盤關係ヲ形成スルニ至レルモノト思考セラル。以下簡單ニ民國以後ヨリ事變前ニ至ル政情一般ヲ說述スベシ。

(1) 民國初年

清末徐世昌東三省總督ニ任ゼラルヽヤ、徐ノ推薦ニ係ル朱家寶吉林巡撫ニ補セラレ宣統二年十月朱ノ安徽巡撫ニ轉ゼラルヽニ及ビ間島邊務督辦陳昭常擧ゲラレテ其ノ職ヲ襲ヒ民國後中央政府ノ官制改制ト共ニ吉林都督（後ノ督軍）ニ特任セラレテ省ノ軍事ヲ統轄シ並ニ民政ヲ監督スルニ至レリ。當時ハ未ダ民政長（後ノ省長）ノ職ナク都督ニ於テ軍民兩政ヲ執レリ。民國二年六月陳ハ廣東民政長ニ轉任ヲ命ゼラレ奉天都督張錫鑾該職ヲ兼任ス、次デ前河南巡撫齋耀琳新ニ吉林民政長ヲ命ゼラル。

一方陸軍第二十三師長兼吉林護軍使孟恩遠ハ吉林省內軍隊ノ節制ヲ委任セラル。

民國三年北京政府各省都督ヲ將軍ト改稱シ民政長ヲ巡按使ト改ムルニ及ビ孟恩遠ハ鎭安左將軍督理吉林軍務ヲ命ゼラレ齋ハ巡按使トナル。此ノ時ヨリ吉林省ハ孟ヲ首班トセル一地盤ヲ形成スルニ至レルナリ。

其ノ後巡按使齋ハ江蘇ニ轉ジ吉長道尹孟憲彝其ノ後任トナレルモ在任一年ニシテ免官トナリ王揖唐新ニ吉林巡按使トナリ次デ王ノ段內閣ニ入閣シ內務總長ニ榮轉スルヤ（民國五年）吉長道尹郭宗熙其ノ跡ヲ襲フ。

(2) 民國五年ー民國十年

斯ク數年ニ亘リ孟恩遠ノ治下吉林ハ比較的其ノ治安維持セラレシモ、民國六年孟ハ張勳ノ復辟運動ニ加担シ其ノ失敗スルニ及ビ段内閣ヨリ革職セラルヽノ運命ニ遇ヘリ。サレド彼ヲ擁スル參謀長高士賓及吉長鎭守使裴其勳ハ孟ノ革職ガ自已等ノ地位ニ影響ヲ及ボスヲ恐レ且又將來吉林地盤ヲ根據トシテ多年其ノ野望ノ滿足ヲ夢ミ居リシ關係上遂ニ吉林省獨立ノ宣言ヲ發シ吉長ノ要衝ニ兵ヲ集中シテ盛ニ反抗ノ氣勢ヲ揚グルニ至レリ。（十月二十二日）

中央政府ニ於テハ既ニ孟ノ後任トシテ察哈爾都統田中玉ヲ新ニ吉林督軍トシテ任命セル以上之ヲ默許スルヲ得ズ兩者相下ラズ一方張作霖ハ武力解決ヲ志シ黑龍江督軍鮑貴卿ト共ニ吉林討伐軍ヲ起スニ決シ第二十七師長孫烈臣ヲ吉林討伐總司令ニ任命シ吉林ニ向ケ進撃セントノ勢ヲ示シ事態益々紛糾セントスルニ至レリ。此處ニ於テ中央政府モ亦本問題ノ全國動亂ノ導火線トナルヲ恐レテ吉林宣撫使ヲ派シ孟ニ二ケ月ノ離任猶豫ヲ與ヘ高士賓等ニ對シテモ漸ク抗命ノ罪ヲ不問ニ付スル事トナシ次デ哈爾濱ニ過激派ノ暴動起リ東支鐵道占領ヲ劃スルニ及ビ孟ノ之ヲ完全ニ平定スルヤ遂ニ政府ハ其ノ功ヲ以テ再ビ孟ヲ吉林督軍ニ復任セシメ本事件ハ一段落ヲ告ケタリ。

次デ東三省巡閲使張作霖ハ自已地盤ノ擴張充實ヲ企圖シ吉林財政紊亂ノ罪ヲ以テ孟ヲ責メ民國八年六月孟ヲシテ辭表ヲ提出セシムルニ及ビ、再ビ吉林ハ高士賓等ヲ中心トシテ第二次ノ獨立ヲ宣言シ奉吉ノ風雲急ナルモノアルニ至レリ。張作霖ハ年來ノ素志貫徹ノ機至レリト爲シ中央政府ヲシテ吉林討伐令ヲ發セシメ孫烈臣ヲシテ兵ヲ省境ニ集中セシム。然ルニ偶々寬城子ニ於ケル日支（高士賓軍隊）軍隊ノ衝突事件アリ。中央政府ノ激怒ヲ買ヘル孟一派ハ遂ニ大勢ノ如何トモシ難キヲ知リ遂ニ妥協和睦ヲ求メ其ノ職ヲ辭シ黑龍江省督軍鮑貴卿其ノ跡ヲ襲フ、茲ニ於テ省長郭モ辭任シ民國八年十月徐鼐霖新ニ省長ニ任命サレ次デ九年九月徐ハ治績擧カラザルノ故ヲ以テ免職セラレ督軍鮑一時省長ヲ兼任ス。

鮑貴卿ハ着任以來鋭意吉林省內政ノ改革特ニ財政ノ整理ニ努力シ其ノ功績頗ル見ル可キモノアリ。從ツテ省內軍事外交交通其ノ他一切ノ事項ニ關シテ巡閱使張作霖ニ謀ラズ直接中央政府ト接衝スル事再三ナルニ及ビ遂ニ張ノ不滿ヲ買フニ至ル。張ニハ元來自已腹心ノ部下孫烈臣ヲ吉林督軍タラシメントノ意嚮アリ。然ルニ偶々琿春事件ノ發生スルアリ、省財政ノ紊亂又舊ニ倍セリ、加之省民ノ鮑ニ對スル信賴漸次薄ラギ遂ニ彼ハ神經衰弱ト稱シテ辭任スルニ至ル茲ニ於テ張作霖ハ民國十年三月中央ニ電請シテ孫ヲ吉林督軍兼省長ニ任命ス。

(3) 民國十年後事變直前ニ至ル期間

孫烈臣ハ着任後痛ク健康ヲ害シ、之ガ爲メ十三年四月遂ニ逝去スルヤ後任トシテ張作相吉林督軍ニ任ゼラレ以テ事變直前ニ至ル。

此ノ間民國十七年十二月二十九日東北易幟ノ事アリ、靑天白日旗東三省ニ飜ルヤ所謂黨政期ニ入リ、翌十八年二月五日吉林省政府改組成立ニ關スル訓令發セラレ序イデ民國十九年二月三日修正省政府組織法公布ト共ニ從來ノ吉林省長公署ハ改メテ省政府トナリ委員制實施セラレ張作相ハ主席ニ任ゼラレタリ故ニ嚴密ニ言ヘバ易幟後事變直前ニ至ル間ハ督軍省長ノ職名ナク省主席ト稱スルナリ。然レ共其ノ實質ニ於テハ何等從來ト異ル所無カリキ。

以上事變前ニ於ケル吉林省政情ノ推移ヲ概觀シタルガ、其ノ中ヨリ吾人ノ觀取シ得タル特異ノ一點ハ本省ガ常ニ東三省中ニ於テ反奉天的色彩即チ反東北政權的立場ニ在リシ事此ナリ。

此ノ點ハ特ニ民國十年以前ニ於テ甚タシク張作相就任以後ニ於テモ張作霖ノ歿後所謂急進派ニ對シテ保守派ノ立場ヲ持シテ妄動セザリシ事實等ヨリ按ズルニ決シテ舊東北政權ニ對シテ心服セザリシ事ヲ物語ルモノト思ハル。斯クシテ滿洲事變ノ發生セラル、ニ及ビ竟ニ本省ハ率先獨立ノ宣言ヲ發シ舊政權ヨリノ離脱ヲ聲明シテ滿洲國ノ建國ヘト邁進セシナリ。

第二節　事變後ニ於ケル政情概説

第一項　概説

吉林省ガ滿洲國ニ於テ其表面的存在乃至活動ヲ一般ヨリ認識セラル、ニ至リシハ遙ニ奉天、黑龍江二省ニ後レタリ　建國當初否滿洲事變勃發以來吉林ノ活動ハ極メテ地味且緩漫ナリシコトハ「近代的ジヤーナリズム」ノ事件中心主義的報道宣傳ト相俟チテ頗ル世聞ヲ遠ザカリシ感アリキ。奉天省先ズ治リ馬占山軍潰エ然ル後始メテ吉林省ノ存在ハ漸ク世人ノ注目スル所トナリシナリ。

以上ハ之ヲ單ニ表面的觀察ニ基ク滿洲國ニ於ケル吉林省ノ存在ナリシモ、之ヲ實質的內容的ニ檢討スル時ハ吉林省ハ事變直後ヨリ滿洲國ノ基幹且ツ中心的存在ナリシ事ヲ發見スベシ。先ツ事變直後吉林省ハ率先シテ反舊東北軍閥ノ旗幟ヲ揭ゲ先ズ建國過程ノ第一聲ヲ呼號セシハ已ニ世人周知ノ事實ナリ。爾來政治的ニ觀タル吉林省ノ地位ハ奉黑兩省ヲ壓倒シテ滿洲國ノ充實ヲ完成セントシツ、アリ。滿洲旗人ハ吉林省、清朝直系ノ吉林省ト云フ觀念ハ其ノ民族的覺醒ト共ニ滿洲國執政ヲ中心トシテ更ニ政治上ノ覇權獲得ヘトモ進ミカネマジキ勢ヲ示スニ至レリ。現ニ中央政府要人ノ大部分ハ所謂吉林系ヲ以テ之ヲ占メ、其ノ間相互ノ連絡ハ極メテ密接ナルモノアルヲ聞ク。

先ツ治安關係ヨリ之ヲ見ルニ前述ノ如ク事變直後ニ於テ煕省長ガ反舊軍閥ノ旗幟ヲ鮮明ニシ吉林省ノ獨立ヲ宣言シ滿洲國ノ建國促進ニ一大拍車ヲ加ヘタルハ周知ノ事實ナルモ當時必ズシモ全省擧リテ此ニ參劃セシモノニハ非ズ。舊軍閥ノ殘黨及匪賊ハ救國軍ニ名ヲ籍リ省下各地ニ盤踞シ、王道主義標榜ノ滿洲國成立後ハ更ニ反滿ノ旗幟ヲ掲ケテ横行シ保衞團、自衞團等ヲ脅迫匪化セシメ昨年夏季ニ於ケル匪賊ハ實ニ十數萬ノ多キニ達セリ。縣城ニシテ此等匪賊ノ襲擊ヲ蒙リタルモノ大半ニシテ、其ノ兵匪ノ掌中ニアリシモノ十八縣ニ及ヒタリ。殊ニ東北各縣ニ至リテハ省城ヲ距ル事遠ク軍ノ討伐亦意ニ委セズ、彼等ノ蟠踞ニ委スルノ外ナキ狀態ニアリシモ黑龍江省ニ於テ馬占山殪レ蘇炳文潰走シ馮占海熱河ニ遁入スルト前後シテ本省ニ於ケル日滿兩軍隊ノ積極的討伐ハ開始セラレ他方日滿合作ニ依ル政治工作淸鄉工作ハ此等軍ノ討伐ト密接ニ連繫シテ行ハレ、昨年末吉長道ニ於テハ大匪殿臣一派ノ武装解除サルヽアリ三江好匪ノ殲滅サルヽアリ、本年一月ニ入リテハ東北方面ノ大討伐極寒ヲ衝テ敢行サレ李杜、王德林ハ蘇領ニ遁入シ丁超ハ歸順スルニ至リ大集團匪及反滿洲國軍ハ一掃サレ、他面張學良上海ニ逃レ次テ外遊スルヤ北支政權ノ變動ト等ニ裏面的策動ソノ跡ヲ斷チ茲ニ全省四十二縣悉ク省公署ノ命ニ服從スルニ至レリ。然レトモ尚ホ中小兵匪團ハ隨時隨所ニ現出シ機ヲ見テ大集團化セントスルノ狀勢ニ在リシカバ本年夏季以來ハ日滿兩軍隊ノ分散配置ニ伴ヒ省、縣ニ治安維持會ヲ組織シ、以テ各縣警備機關ノ充實ヲ企圖シ統制的强力ナル警察隊ヲ編成シ各縣一齊ニ兵匪ノ討伐ヲ敢行セル結果最近ニ於ケル匪數ハ全省ニ於テ二萬餘ニ減ジタリ。今更ニ之ヲ行政方面ヨリ見ルニ事變前ノ張作相ヲ主席トスル吉林省政府ハ事變直後吉林省長官公署ト改稱セラレ現省長熙洽ヲ長官トシテ郭恩霖、張燕卿、孫其昌等ニ依リ組織セラレ數名ノ日人顧問ヲ置キ滿洲國成立迄ノ過渡期ニ善處シタルナリ。

愈々滿洲國成立スルヤソノ官制ニ基キテ吉林省公署ヲ組織シ、從來ノ官吏ノ一部移動ヲ行フト同時ニ約一割ノ日系官吏ヲ加ヘ日滿ノ合作ニ依リ健全ナル省政ヲ布カント企圖セリ。然ルニ改組後ノ陣容整ハザルニ春耕貸款問題、水災救濟問題相嗣デ起リ上下一致此レカ奔命ニ努力セリ。更ニ十月ニ入リテハ省城ニ省清鄕委員會ヲ、延吉、哈爾濱ニ地方清鄕委員會ヲ設ケテ匪賊ノ招撫ニ當リ、十一月初旬ヨリ年關ニ亘リテハ軍ノ吉長道地域ノ討伐ト連繫シテ政治工作ヲ行ヒ、本年初頭ヨリハ東北各縣ノ大討伐ニ伴ヒ穆稜、佳木斯ニ地方清鄕委員會ヲ設ケ該地域ニ對シテ清鄕工作ヲ實施シ、六月上旬ニ於テハ哈爾濱ニ東北十六縣ノ縣長會議ヲ開キ省長以下總務、民政ノ兩廳長此ニ出席シ中旬ニ於テハ新京、省城ニ於テ縣長會議、縣參事官會議ヲ開キ、軍ノ分散配置ニ伴ヒ清鄕委員會ニ代ルニ治安維持會ヲ組織スル事ニ決定シ、必要ナル縣ニハ日系縣參事官、屬官、警務指導官ヲ新ニ配置スル事トナリ現在ニ於テハ四十二縣中數縣ヲ殘スノミトナリタリ。以上ノ外ニ省トシテハ警備上ノ見地ヨリセル吉敦、敦圖沿線ノ森林伐採作業、間島四縣ニ對スル特派駐延行政專員辦事處ノ設置、大哈爾濱市制ノ實行ニ伴フ濱江縣ノ廢止問題、日本移民問題、九台縣ノ設置問題等相當重要ナル問題アリタルモ王道國是ノ下ニ日滿共存共榮ノ見地ノ下ニ何レモ圓滿ナル解決ヲ見タリ。

第二項　滿洲國ニ於ケル吉林省ノ政治的地位

前節ニ於テ述ベタル如ク吉林省ノ事變前ニ於ケル狀態ハ孟恩遠ヲ中心トセル反奉天的時期ト張作相督

軍就任以後ノ所謂東北政權確立後ニ於ケル奉天軍閥ノ第二陣ヲ爲シタル時代トニ區分シ得ルナリ。卽チ事變前ノ東三省ニ於ケル吉林省ノ政治的地位ハ吉林省自身ヨリ積極的ニ東三省全般ノ政權把握ヲ志セル事無ク從ッテ奉天軍閥ヲ凌駕シ得ル如キ俊才人物ヲ出セシ事モ無シ。單ニ僻偏ノ地利ヲ利用シテ奉天軍閥ノ制覇ヲ牽制セシ程度ニ過ギズ。本省ヲ中心トシテノ政治的覇業ノ達成セラレタル事無キハ本省ニ於ケル滿洲旗人ガ本省ニ逼塞シテ何等表面的政治雰圍氣ニ關與セザリシ事ト共ニ本省ヲシテ東北ニ於ケル別天地ヲナサシメタリ。

其ハ張作相ノ賢明ト之ヲ幇助セシ參謀長熙洽ノ援助ト併セテ省政府各委員ニ其ノ人物ヲ得タリシ結果ナリ。殊ニ張主席不在勝ナリシ本省ニ於テハ熙參謀長ト榮厚財政廳長ノ兩者內助ノ功ヲ看過シ得ザルナリ。斯クシテ事變ノ勃發ト共ニ舊東北政權亂政ノ弊ハ奉天省ノ一角ニ於テ暴露セラレ、全滿ニ亘ル年來ノ不平ハ端シ無クモ本省ニ於テ最モ統制的ニ且秩序的ニ爆發シ、遂ニ全省擧ゲテ獨立宣言トナリ、清朝滅亡以來過去二十年ニ及ブ忍從ノ時代ヨリ解放セラレテ急ニ滿洲國政界ノ中心時代ヲ形成スルニ至レリ。

順序トシテ事變直後ヨリ新國家建設ニ至ル間ノ吉林省政權ノ推移ヲ畧說スル要アラン。

(1) 事變直後ノ狀態

昭和六年（民國二十年）九月十八日所謂滿洲事變勃發スルヤ省主席張作相不在ノ吉林省城ニ在リシ熙參謀長（東北邊防軍副司令官公署參謀長兼省政府委員）ハ省政府從來ノ組織ヲ改メ吉林省長官公署トシ臨時政府組織大綱ヲ決定シ自ラ長官トナリ同月二十八日全滿洲ニ率先シテ獨立ノ宣言ヲ發セリ。熙長官ハ張作相ニ對スル從來ノ關係上最モ苦境ニ立チテ、各方面ヨリ種々ノ謠言ヲ放タレソノ爲新政府樹立ニ對シテ冤罪サヘモ蒙リタレド遂ニ其ノ果、其ノ斷ハ人民ヲシテ塗炭ノ苦ヨリ免レシムルヲ得タリ。即チ仝月三十日、長官ハ　一、民意尊重　二、綱紀肅正　三、言論自由　四、善政施行ヲ强調セル聲明書ヲ發シ大局ヲ察セズシテ地方ニ割據セル反吉林軍ニ對シテハ之ガ宣撫又ハ討伐ヲ開始セリ。十一月五日張作相系反吉林軍ハ哈爾濱ニ假吉林省政府ヲ樹立シ全局ノ動搖ヲ見ントセル爲熙長官ハ地方ニ宣撫使ヲ派シ新政權服從默認ノ通電ヲ發シタリ。十二月ニハ臧式毅奉天省長ニ就任セルヲ以テ長官ノ決心ハ益々積極的トナリ李文炳、張景惠ニ連衡ヲ求メ、翌一月八日反吉軍討伐ノ爲一萬ノ兵ヲ哈爾濱ニ進發セシメタリ。

二月ニ入リ反吉軍敗退シ、漸ク省内一部ノ安定ヲ得タレ共、未ダ東北部及僻偏ノ地ニハ事變ノ何タルヲ知ラズ、又漸ク興リツヽアル新國家建設運動ノ意義ヲモ覺ラズシテ、徒ニ反抗ノ氣勢ヲ擧グル兵匪ノ群漸ク增加セントスルノ勢ヲ示スニ至ル。

然レ共一面一般民衆ノ聲ハ舊東北政權ノ苛政ヨリ免レ得タル喜ト、所謂滿洲人ノ滿洲新國家建設ト云フ薄果ナキ夢ノ思ヒ懸ケナキ實現ノ可能性ニ雀躍シ、漸ク各方面ニ滿蒙獨立運動起リ來ル。

十一月初旬吉林在住旗人要人及朝鮮關係者其ノ他省内二十一縣代表三百余名省城ニ集合シ故國滿蒙ヲ獨立セシメテ中國ノ苛政ヨリ免レ王道樂土ヲ建設サレ度シト熙長官ニ懇請シ、阿城縣民ハ全省人民會ノ名ヲ以テ清帝ヲ擁立シテ三省ヲ獨立セシメ貪官汚吏ヲ排除シ人材登用ノ途ヲ拓カレ度シト是亦長官宛請願シ來ル。更ニ二月二十五日吉林各法團ハ全省ニ新國家建設促進ノ通電ヲ發シ之ガ具体的方法ニ關シテ協議ヲ遂ゲタリ。同日省城ニ於テハ建國促進大會開催セラレ「新國家建設ノ一日モ早カランコトヲ希ム」ト云フ意味ノ決議文ヲ熙長官ニ提出シ代表二十二名奉天ニ赴キ過去ノ苛政ヲ縷述シタリ。仝日哈爾濱ニ於テモ仝様大會アリ、二月二十九日省城ニ於テハ新國家成立祝賀豫行遊行大會ヲ開催シ長春ニ於テハ大示威運動起リ各地擧ツテノ新國家ノ建設運動ハ遂ニ三月一日滿洲國ノ建設トナリ、中華民國ヨリ分離スルニ至レリ。（以上大同二年版滿洲國年鑑參照）

以上ハ事變直後ニ於ケル吉林政權ノ推移及新國家建設ニ到レル單ナル表面的敍說ニ過ギザレ共モ其ノ裏面ニ暗躍セシ複雜ナル關係ハ到底片隻ノ語ヲ以テ表現シ得ズ。就中熙長官ガ從來ノ張主席トノ關係ヲ放棄シテ新政權ノ樹立ニ努メシ間ノ事情ハ實ニ同情ニ値スベキモノアリ。滿洲民族ノ滿洲ト云フ思想ニ基ク滿蒙ノ獨立ヲ直覺的打算的ニ考慮セシヤ否ヤハ別問題トシテモ一般民衆ノ福利及年來ノ東北軍閥ニ對スル彼等ノ反感ト自已ノ張主席ニ對スル個人的關係及ヒ其ノ同僚知友トノ關係等ヲ顧慮スル時熙長官ノ立場ハ實ニ去就ニ苦マザルヲ得ザリシナラン。事實滿洲事變ニ對シテ吉林地方人ハ一面ニ於テ國辱的感想ヲ抱懷セルト共ニ、他面張作相ノ政權ガ轉覆セラレタル事ニ對シテ快哉コソ叫ベ敢テ之ヲ惋惜スルモノハナカリシナリ。然レ共熙長官ノ同僚知友トモ云フベキ從來ノ省政府委員ノ大部分ハ日本軍ノ入城後續々トシテ辭任シ去レリ。即チ以前ノ省政府委員王之祐（全省警務處長）ガ旅行先ヨリ辭表ヲ提出セルヲ最後トシテ十月初旬ニ於テハ定員十一名ノ委員中、長官、孫其昌、鐘毓ノ三人ヲ除キ左記爾余ノ八人ハ總テ下野セルナリ。

榮厚（財政廳長）章啓槐（民政廳長）馬德恩（實業廳長）劉鈞、王世選（敎育廳長）誠允及張作相

以上ノ中張作相ハ問題外ナルモ、欒厚、馬德恩、王世選、王之佑ノ如キハ長官トシテハ之ヲ辭任セシメズシテ共ニ局面ノ維持ニ任ゼントノ意嚮アリ、殊ニ誠允ノ如キ、長官ノ親歳關係ニ在ル點ヨリシテモ其ノ高等法院長ハ喜ンデ受諾スベキモノト信ゼシニモ拘ラズ、彼等ハ共ニ下野ノ決意ヲ飜サズ、誠亦就任ヲ辭退シ來ル。彼等ノ辭退ノ原因ハ個人トシテノ面目ヲ保持セントセシニ外ナラズト云ハレタリ。

更ニ吉林省城外ニ於テハ張作相直系ノ馮占海及張作舟ハ各々省城ノ南部（樺甸濛江ノ間ト云フ）及北部（烏拉街方面）ニ兵力ヲ集中シテ熙長官ニ不妥協ヲ強調シ居レリ。哈爾濱ニ於テハ張作相ノ密令ニ依リ誠允徐子聘ヲ中心トセル臨時政府樹立ノ聲アリ。之ニ對シテ張景惠丁超ノ態度又明確ナラズ。延吉ニ在ル吉興依蘭ノ李杜哈爾濱ノ丁超等ハ平時熙長官トハ對等ノ地位ニ在リシ關係上今長官トシテ彼等ノ上ニ臨ムニ當リ甘ジテ服スルヤ否ヤ大イニ疑問ナリ。加フルニ十月三日北平ニ在リシ張作相ハ熙長官ノ就任宣言ヲ接手シ其ノ內容ヲ閱スルヤ痛憤シテ已マズ無電ニ依リ哈爾濱ヲ通シテ各省各縣ニ對シテ「長官公署ノ組織ノ無効ナルコト、各縣々長稅損局長ハ任命ヲ承クル事ヲ拒絕スルコト、各種ノ稅收ハ之ヲ省城ニ送付スル勿レ、等一ノ意ヲ通電シ同時ニ各地ノ文武官ニ對シテハ熙ノ命ヲ拒ム可キコト日本軍ニハ抵抗セザルコトヲ令達シ、長官ノ地位ヲ一擧ニ崩壞セシメントセリ。

斯ル難局ニ立チテ、內心ノ懊惱ヲ打チ拂ヒ嚴然トシテ吉林省公署ノ確立ニ努力セシ熙長官及省公署各位ノ功績ハ實ニ建國ノ礎石タリシモノニシテ、若シ當時吉林省公署ニシテ大局ノ推移ヲ考慮セズシテ其ノ擧措ヲ誤リタランカ滿洲國建國ノ大業ハ一頓坐ヲ來セシヤモシレズ。斯ク本省ノ建國ニ對スル熱意ハ長官以下各員ノ發露ニシテ此ノ點奉天、黑龍江兩省トハ大イニ其ノ趣ヲ異ニスルナリ。其ノ後今日ノ治安ノ恢復ヲ見ルニ至レル間ノ苦心モ亦掬スベキモノアリ。

(2) 現在ニ於ケル狀態

事變直後ニ於ケル吉林省公署ノ採レル態度ハ現下滿洲國ノ大局ヲ決定セル偉大ナル功績ニシテ、其ノ後滿洲國ノ成立ト共ニ、吉林省各界有能ノ士ハ擧ゲラレテ中央廟堂ニ列セシハ周知ノ事實ナリ。即チ熙長官ハ財政部總長ヲ兼務シ、現黑龍江省長孫其昌之ガ次長トナリ、事變後ノ實業廳長張燕卿ハ實業部總長ノ地位ニ陞レリ。又謝介石ハ直接吉林派ト稱シ得ザルモ、事變後ニ於ケル吉林交涉署々長ヨリ外交部總長ト爲リ、前財政廳長兼省政府委員榮厚ハ中央銀行總裁トシテ全滿金融界ノ重鎭タリ。更ニ又張景惠ハ軍政部總長トシテ全國ノ軍機ヲ統轄シ其ノ下ニハ前吉林陸軍訓練處參謀長郭恩霖參謀司司長トシテ總長ノ股肱タリ。軍界ニ於ケル吉林派ノ勢力ハ是ニ止ラズ更ニ刑士廉中將、吉興中將、于琛澂司令等之ヲ列擧スレバ限ナカラン。斯ク滿洲國政界、軍界、金融界ノ雄ハ殆ンド吉林省出ヲ以テ占メラレ總テ熙長官ヲ中心トセル同僚若クハ部下ヲ以テ充テラレタリ。故ニ滿洲國ノ動脈ハ宛然吉林省人ヲ以テ綱羅セラレシカノ感アリ。從ツテ其ノ間ニ於ケル網ノ目ノ如キ連絡ハ何人モ之ヲ想像シ得ル處ナラン。

第三章　吉林省ノ地方行政概說

第一節　省　公　署

第一項　事變前ニ於ケル組織

滿洲事變ノ勃發セシハ民國二十年九月十八日ノ事ナルハ周知ノ處ナルモ、ソノ當時ニ於ケル本省政府ノ組織ハ國民政府ノ現行省政府組織法タル、即チ同年三月二十三日公布ノ修正省政府組織法ニ依據シ組織サレ居リタリヤト云フニ嚴格ナル意味ニ於テハ該法ニ依リシモノニハ非ラサリキ。即チ省政府委員會ハ民國十七年四月二十七日公布ノ法規ニ依リ各處廳ノ組織ハ二十年三月ノ法規ニ依リシモノト言フノ外ナカル可シ。

蓋シ東三省ノ易幟セシハ民國十七年十二月二十九日ノ事ニシテ實際上本吉林省ノ易幟サレタルハ翌十八年二月ノ初メナリキ。易幟ト同時ニ國民政府ノ法規ニ從ヒ本省ニ於テハ同年二月略々省政府ノ組織ヲ完了セリ。從ツテ當時ノ省政府ハ民國十七年四月二十七日公布ノ修正省政府組織法ニ依レルヤ勿論ニテ省政府委員十一名ヲ設ケ、秘書處、民政廳、財政廳、建設廳、教育廳、農鑛廳ヲ設ケ、各處、廳ニ夫々秘書並ニ四科ヲ設ケ秘書處ニハ特別ニ旗蒙科ヲ四科以外ニ附設セリ。右ノ外本省ニ於テハ特ニ吉林全省公安管理處ヲ設ケ省政府ニ直屬セシメ從來民政廳ニ於テ行ヒタル全省ノ水陸公安ニ關スル行政事務ノ一切ヲ管掌セシムル事トセリ。其ノ後同十八年六月二十七日ニ至リ國民政府ハ省警務處組織條令ヲ發布シ、ソノ第一條ニ於テ「省ニ警務處ヲ設ケ民政廳長ノ命ヲウケ、全省ノ水陸警察事務ヲ掌理ス」ト規定セシモ本省ニ於テハ吉林全省警務處ナル名稱ニ公安管理處ヲ變更シタルノミニテ省政府直屬トセシメタリ。

翌民國十九年二月三日ニ至リ國民政府ハ先ノ修正省政府組織法ヲ更ニ修正公布セリ。今兩法ノ必要ナル差異ヲ見ルニ

1　十七年ノ組織法第五條ノ一項ニテハ省政府委員ハ九人乃至十三人トアルモ、十九年ノ組織法第四

條一項ニテハ七人乃至九人トナル

2　十七年ノモノニテハ委員ハ簡任トストアリ軍人ニ就キテノ規定ナキモ十九年ノモノニハ現任軍職者ハ省政府主席委員又ハ委員ヲ兼任スル事ヲ得ズトノ規定アリ。本省ニ於テハ勿論國民政府ヨリノ訓令アリタルモ右ノ規定ニ從ハズ、省政府委員ハ依然十一人トシ軍職者亦委員ヲ兼任セシナリ。

翌二十年三月二十三日前述ノ如ク國民政府ハ更ニ省政府組織法ノ一部ヲ修正公布セリ。本修正法ニ於テ農鑛廳ハ實業廳ト改稱サレアルヲ以テ本省ニ於テモ從來ノ農鑛廳ヲ同年六月二十五日實業廳ト改稱シ七月一日改組セリ。

以上ノ如キ推移ヲ辿リ組織サレタル吉林省政府ハ實業廳ト改稱後僅カニ三ケ月ニシテ滿洲事變ニ遭遇セシナリ。

仍ツテ事變當時ニ於ケル本省政府ノ組織ヲ圖示セバ次ノ如クナラン。

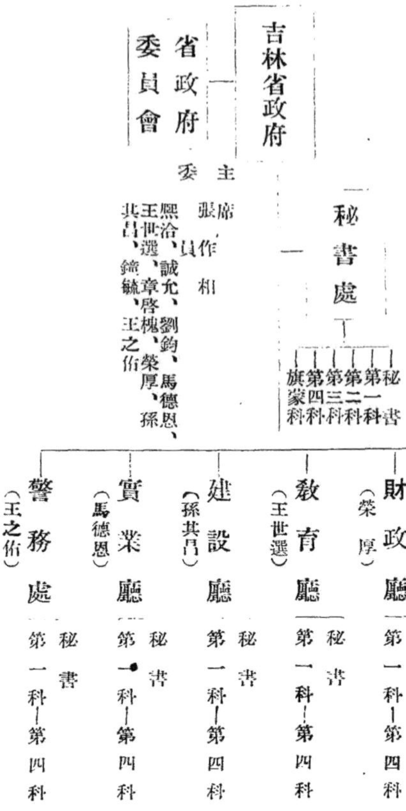

第二項　事變直後ニ於ケル組織

九月十八日ノ事變勃發以來ノ吉林政情ハ前章ニ於テ概説セシ如クナルカ、九月二十三日吉林省總商會、省農會ヨリ臨時緊急會議ニ於ケル全体一致ノ議決トシテ全省ノ軍政、民政一切ノ事務ヲ掌理シ、以テ全省農、工、商、教各民ノ不安ヲ除去シ民意ニ副ヒ以テ大局ヲ維持サレ度シトノ請願ヲ受理セシ熙參謀長ハ翌二十四日、現在ノ時局ニ鑑ミ吉林省政府ハ目下改組中ナルカ、此ノ間一切ノ吉林省政府ノ事務ハ參謀長ニシテ且ツ委員タル本官ヨリ責任ヲ以テ辦理スル旨全省民衆ニ對シテ布告ヲ發シ、二十七日ニ至リテハ各機關ニ對シ、全省各法團、各機關ノ會議ノ議決ニ基キ吉林省城ニ吉林臨時省政府ヲ組織シ、民政、軍政、及ヒ司法監督權ノ總テヲ掌理スル旨通告シ、組織大綱十條ヲ發表セリ。

今其ノ內容ヲ見ルニ、

第一條　吉林臨時省政府ハ吉林省城ニ設ク

第二條　吉林臨時省政府ニ長官一人ヲ置ク

第三條　長官ノ辦事機關ヲ吉林省長官公署ト名ツク。

第四條　長官ハ吉林全省ノ民政、軍政及ヒ司法監督ノ全權ヲ有ス

第五條　長官公署內ニ民政、軍政兩廳ヲ設ケソノ組織法ハ別ニ之ヲ定ム

第六條　長官公署ニ秘書長一人、秘書若干ヲ置ク

第七條　長官ノ下ニ左記各廳、處ヲ設ク

財政廳、建設廳、實業廳、敎育廳、警務處、凡ソ本省ノ右記各廳、處ニ直屬セザル原有機關ハ省本署之ヲ管轄ス。

而シテ各廳、處長ノ地位ニ從來アリシ省政府委員ハ皆熙長官ノ同僚知友ナリシ爲メ、長官トシテハ之ヲ辭任セシメズシテ共ニ事ヲ謀ラントセシモ、孫其昌、鐘毓並ニ長官ヲ除ク他ノ八人ノ省政府委員ハ連袂辭任セシ爲メ、長官ハ止ムナク、事變後ノ時局收拾ノ爲メ苦境ノ脫却ニ努力シ、長官公署各廳處長ノ主席ヲ左ノ如キ陣容ヲ以テ充實セリ。

軍政廳長 郭 恩 霖　　民政廳長 前永吉縣長王愓
實業廳長 張 燕 卿　　財政廳長 孫 其 昌（前建設廳長）
建設廳長 富 春 田（前高等法院長）警務處長 修 長 餘
敎育廳長 李吉林大學校長―榮孟枝（李廳長ハ寸時ニシテ辭任ス）
秘 書 長 潘 鴉 年

右ノ陣容ヲ以テ、熙長官ハ九月三十日就職ノ典禮ニ當リ發表セシ　一、民意服從　二、吏治整飭　三、言路開闢　四、弊政袪除ヲ**モットー**トシテ事變後ノ時局ニ善處シ、滿洲國建設ノ氣運讓成ニ一路邁進セシナリ。

第三項　滿洲國成立後ニ於ケル組織

大同元年三月一日滿洲國成立スルヤ、同月九日敎令第十三號ヲ以テ省公署官制公布セラレタルガ、其ノ第一條ニ於テ省ニ省公署ヲ置ク旨規定サレ、從ッテ吉林省長官公署ハ吉林省公署ト改稱サルヽニ至レリ。又第二條ニ於テ省公署ニ省長ヲ置ク事トナリタル結果、長官ハ省長ト改稱セラレ、第八條ニ於テ省公署ニ總務廳、民政廳、警務廳、實業廳、敎育廳ノ五廳ヲ置ク事ニ規定サレタル爲メ長官公署時代ニ於ケル各廳、處ハ廢止又ハ改稱サルヽニ至レリ。即チ滿洲國ニ於ケル軍、政ノ兩立ハ省公署ニ軍政廳ヲ不必要タラシメ、財政ノ中央移管ニ伴ヒ財政廳ハ廢止セラレ、建設廳ハ廢止セラレテ民政廳ノ一科トナリ全省警務處ハ警務廳ト改稱セラルヽニ至レリ。而シテ省長ニ熙洽、總務廳長ニ原武、民政廳長ニ王愓、警務廳長ニ趙汝楳、敎育廳長ニ榮孟枚、、實業廳長ニ孫輔沈ヲ任命シ、從來ノ各廳四科ノ制度ヲ廢止シ必要ナル科ヲ設クル事トナレリ。従來ト大イニ趣ヲ異ニスル點ハ一部ノ日系官吏ヲ配置セシ事此ナリ。

今省公署ノ現況ニ就キ之ヲ概説セン。

組織改正後最モ徹底セザリシハ省公署全体ノ人事會計並ニ文書ノ收發ヲ掌ル總務廳ヲ設ケタル事ナリキ。蓋シ從來ノ封建的組織ニ於テハ各廳ハ殆ンド獨立機關タルカノ感アリ、各廳内ニ於ケル人事、會計等ノ事務ハ或ル程度迄該廳ニ委任セラレ甚シキニ於テハ廳自体ノ收入財源ヲ有シ居リタル程ナリキ。然ルニ新組織ニ於テハ行政執行上ノ權限ニ關シテハ各廳ハ省長ト直接關係アレドモ、人事、會計等ニ關シテハ總務廳ヲ通シテ省長ニ達スルノ組織ヲ採用シ執行機關ト事務統制機關トノ別ヲ明ニシ兩者ノ混同ニ依ル各種ノ弊害ヲ除去セント計レルナリ。此ハ省公署ノ收支ガ從來ト異リ中央政府ヨリ支給セラル、豫算ニ依リ行ハル、爲メ之ガ統制上、又他方從來ノ如キ個人的關係ニ依ル人事行政ヲ排除シ適所適材主義ニ依ル人材ノ登用上必要ナル組織ナランモ、從來ノ組織ニ馴致サレタル保守的ナル本省公署滿人官吏ニ不必要ニシテ且ツ異樣ナル組織ト思惟セラレタルハ當然ナル事ナラン。奉天省ト異リ事變以來殆ンドソノ儘ノ内容ヲ以テ今日ニ至ル本省ニ於テハ、新組織及此ニ伴フ諸般ノ事務上ノ改革モ出來得ル限リ從來ノ慣習ヲ尊重シ、之カ急激ナル變革ヲ避ケ、先ツ新組織ノ理解徹底ニ努メ、漸次一般ノ雰圍氣並ニ必要感ヲ讓成シ、然ル後之ヲ實施セシメント企圖シ、漸進主義ヲ採リタルモ、最近ニ至リテハ各廳共新組織ノ實体ヲ會得シ來リ、他面中央政府ノ豫算制度ハ一層統制機關タル總務廳ノ必要性ヲ價値附ケ、各廳間ノ事務上ノ連絡ハ極メテ圓滑ニ進渉シツ、アリ。

現在ノ省公署組織ヲ圖示スレバ次ノ如シ。

吉林省公署

（省長　熙洽）

- 秘書長　高乃濤
- 參事官
  - 張書翰
  - 趙汝楳
  - 王佾
  - 王者興
  - 景緹
- 總務廳（三浦碌郎）
  - 秘書處
  - 總務科
  - 人事科
  - 經理科
  - 調査科
- 民政廳（李銘書）
  - 總務科
  - 民治科
  - 土地科
  - 建設科
  - 旗蒙科
  - 財務科
- 警務廳（金名世）
  - 警務科
  - 特務科
  - 外事科
  - 保安科
  - 衛生科
  - 司法科
- 實業廳（孫輔忱）
  - 總務科
  - 農林科
  - 礦務科
  - 工商科
  - 考査科
- 教育廳（榮孟枚）
  - 總務科
  - 教育設計科
  - 督學科
  - 縣校教育科
  - 社會教育科

本省公署ニ於ケル官吏ノ配置次ノ如シ

	滿人	日人	（雇員）
總務廳	八二	二四	一〇八
民政廳	六八	七	九四

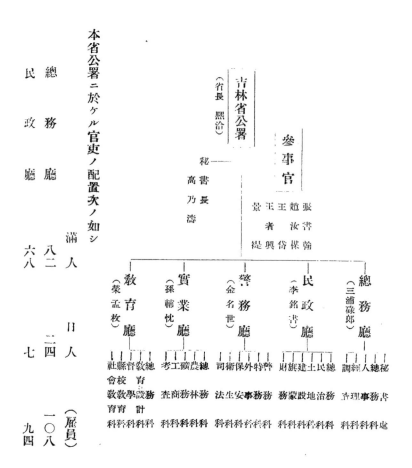

警務廳	二五	一七	三六
實業廳	三〇	一〇	二五
教育廳	二九	六	二二
合計	二四四	六四	二八五

雇員二百八十五名中日系雇員二十二名(タイピスト六名ヲ含ム)アリ。

第二節 駐延辦事處

大同元年九月項ヨリ擡頭セル間島問題即チ延吉、和龍、汪清、琿春ノ四縣ヲ特別區トシ間島廳ヲ設立スルヲ可トストノ說、又ハ當時ノ延吉市政籌備處ヲ改革シ之ニ或程度迄ノ行政上ノ權限ヲ附與ス可シトナス說、或ハ延吉ニ延吉綏靖籌備處ナルモノヲ設置ス可シトノ說、更ニ進ンテハ朝鮮人縣長又ハ參事官ヲ任命シ一般官吏ニモ鮮人ヲ採用スヘキカ等ノ問題紛々トシテ起リ殊ニ延吉綏靖籌備處ノ如キソノ官制案迄作製セラレタルカ、結局ニ於テ當公署。中央政府、關東軍、朝鮮軍、朝鮮總督府、現地機關等ノ間ニ於ケル接衝ノ結果、當時ノ延吉市政籌備處ヲ改組シ、延邊行政上ノ便宜ヲ計ル爲メ延吉ニ四縣ヲ管轄スル吉林省公署特派駐延行政專員辦事處ナルモノヲ設ケ、各縣ニ於ケル商埠市政事項ニ關シテハ東南路商埠局ヲシテ處理セシムル事トセリ。而シテ該辦事處内ニ日鮮人事務官屬官ヲ入レ複雜多岐ナル間島四縣ノ行政刷新ヲ企圖セシメツヽアリ。

吉林省公署特派駐延行政專員辦事處章程次ノ如シ。

第一條　吉林省公署ハ省公署ト延吉、琿春、和龍、汪淸各縣トノ行政連絡上ノ便利ヲ圖ル爲當分ノ內延吉ニ吉林省公署特派駐延行政專員辦事處ヲ設置ス。（以下辦事處ト簡稱ス）各縣內ノ商埠市政事務ニ關シテハ東南路商埠局ニ於テ之ヲ處理スルモノトス。

第二條　辦事處ニ左記職員ヲ置ク

一、處　長　一人　簡任

二、事務官　四人　薦任

三、屬　官　若干人　委任

第三條　處長ハ吉林省長ノ指揮監督ヲ承ケ、所屬職員ヲ指揮シ、延吉、琿春、和龍及汪淸縣トノ行政連絡事務ヲ掌リ、涉外事務及ヒ省長ノ委任セル行政事務ヲ處理ス

第四條　處長ハ四縣行政長官ノ命令或ハ處分ニシテ、法令ニ違背シ或ハ權限ヲ逾越セルモノアリト認メタルトキハ吉林省長ニ之ヲ呈請スヘシ

第五條　處長ハ安寧秩序ヲ保持スル爲、兵力ヲ要スルトキハ之ヲ吉林省長ニ呈請スヘシ。但シ非常緊急ノ場合ニ際シテハ其ノ地方駐在ノ最高軍事機關ニ出兵ヲ要求スルコトヲ得。

前項但書ニ依ル處置ヲ執リタルトキハ直チニ吉林省長ニ報告スヘシ

第六條　事務官ハ處長ノ命ヲ承ケ事務ヲ掌ル

處長事故アルトキハ官等ノ順序ニ從ヒ事務官其ノ職務ヲ代理ス

屬官ハ上司ノ命ヲ承ケ事務ヲ辦理ス

第七條　辦事處ニ左ノ四科ヲ置ク
一、總　務　科
二、涉　外　科
三、行　政　科
四、警　務　科
科ニ科長ヲ置キ事務官ヲ以テ之ニ充ツ
第八條　總務科ハ左ノ事項ヲ掌理ス
一、機密及文書ニ關スル事項
二、人事及會計ニ關スル事項
三、庶務ニ關スル事項
四、其ノ他、他科ノ主管ニ屬セサル事項
第九條　涉外科ハ左ノ事項ヲ掌理ス
涉外事宜ニ關スル事項
第十條　行政科ハ左ノ事項ヲ掌理ス
一、民政ニ關スル事項
二、實業ニ關スル事項
三、教育及宗教ニ關スル事項

五九

第十一條　警務科ハ左ノ事項ノ掌理ス
一、警務ニ關スル事項
二、衛生ニ關スル事項
第十二條　辦事處ニ於テハ文書ノ調製其ノ他ノ事務ヲ掌理スル爲メ適宜雇員ヲ雇傭スルコトヲ得
第十三條　辦事處辦事細則ハ處長之ヲ制定シ省長ノ審査ヲ呈請シテ之ヲ決定ス

附　則

延吉市政籌備處ハ本章程施行ノ日ヨリ之ヲ廢止ス

第三節　縣行政概說

第一項　縣公署

事變前ハ勿論最近十月初旬迄本吉林省各縣ノ縣公署組織ハ果シテ何レノ法規ニ準據シテ組織サレアルモノナリヤハ之ヲ指適スル事不可能ナリシモ大体ニ於テ國民政府ニヨリ民國十七年九月五日並ニ翌十八年六月五日ニ公布サレタル縣組織法ニ民國十三年四月財政廳ヨリ吉林省長公署ニ呈請シ省議會ニ於テ修正サレタル修正吉林省各縣地方財務處章程ヲ加味シ、舊慣習ニ從ヒ漠然ト組織シアリシモノト言フノ外ナカル可シ。今各法規ノ必要ナル箇條ヲ列記スルニ

第一、縣組織法（民國十七年九月）
第七條　百戶以上ノ鄉村ハ村トス、百戶ニ滿タサルモノハ數村ヲ合シテ一村トス、百戶以上ノ市鄉

地方ハ里、百戸未滿ハ村區域ニ編入ス
第十條　村里ハ居民二十五戸ヲ以テ閭トシ五戸ヲ以テ隣トス
第十二條　一等縣ニハ四科二等縣ニハ三科、三等縣ニハ二科ヲ設ク
第十六條　縣政府ニハ公安局、財務局、建設局、教育局ヲ設ク、必要ニ應シ衛生局、土地局ヲ設クル事ヲ得
第二十條　縣ニ縣政會議ヲ設ケ縣長、各科長各局長ヲ以テ組織ス
第二十四條　縣ニ縣參議會ヲ設ク、縣民ニヨリ選出サレタル議員ヲ以テ之ヲ組織ス議員ノ任期ハ三年トシ毎年三分ノ一ヲ改選ス
第二十九、四十三、五十二條　區ニ區公所ヲ設ケ區長ヲ置ク、村ニハ村公所ヲ設ケ村長ヲ、里ニハ里公所ヲ設ケ里長ヲ閭、隣ニハ閭長、隣長ヲ置ク

第二、縣組織法（十八年六月五日、國民政府）

第四條　縣ハ區域ノ大小、事務ノ繁簡、戸口及財賦ノ多寡ニヨリ之ヲ三等ニ分ツ
第六條　各縣ハ戸口及地方ノ情形ニヨリ若干區ニ分ツ、各區ハ二十乃至五十鎭トス
第七條　百戸以上ノ村莊ハ鄕トシ百戸未滿ハ聯合シテ一鄕トス百戸以上ノ市街ハ鎭トス
第十條　二十五戸ヲ閭トシ五戸ヲ隣トス
第十一條　縣長ハ民政廳ヨリ有資格者二人乃至三人ヲ選ヒ省政府ノ議決ニ依リ之ヲ任用ス
第十三條　事務ノ繁簡ニ依リ一科或ハ二科ヲ設ケ秘書一人ヲ置ク

第十六條　公安局、財務局、建設局、敎育局ヲ設ク必要ニ應シ衛生局、土地局、社會局、糧食管理局ヲ設クル事ヲ得

第二十一、二十二條　縣政會議ハ縣長、秘書及科長、局長ヲ以テ組織シ予決算、公債、公產ノ處分、公共事業ノ經營管理ニツキ議スルモノトス。

第二十五、六條　縣參議會ハ縣民選擧ノ議員ヲ以テ之ヲ組織ス、議員ノ任期ハ三年トシ毎年三分ノ一ヲ改選ス、議決事項ハ予決算、單行規則、縣政興革事項トス。

第二八、四〇、四八條　區ニ區公所ヲオキ區長ヲ、鄕ニ鄕公所ヲ設ケ鄕長ヲ、鎭ニ鎭公所ヲ設ケ鎭長ヲ、閭ニ閭長、隣ニ隣長ヲオク

第三、修正吉林省各縣地方財務處章程（民國十三年四月）

第一條　地方財務處ハ全縣ノ地方收入支出ノ一切ノ事務ヲ司リ縣知事之ヲ監督ス。

第二條　財務處主任ハ地方自治機關中ヨリ人望厚ク家計豐ナル士紳一人ヲ選擧セシメ之ヲ財政廳ニ申請シテ委任スルモノトス。財產家三人ノ保証ヲ必要トス、自治機關恢復セズ又ナキ縣ニ於テハ地方公正士紳ニ互選セシメ縣長ヨリ財政廳ニ申請委任スルモノトス。

第四、縣組織法各省施行時期及縣政府村里閭隣成立期限一覽表（民國十七年十月内政部）

注意事項ノ第八、奉天、吉林、黑龍江、熱河、察哈爾、綏遠、西康、蒙古、西藏、青海ノ縣組織法ノ施行期ハ別ニ之ヲ定ム。

惟フニ國民政府ハ急速的ナル縣行政組織ノ統一ヲ計ランカ爲メ前述ノ如ク民國十七年九月ニハ縣組織

法ヲ同年十月ニハ縣組織法各省施行時期及縣政府區村里閭鄰成立期限一覽表ヲ發布シテ縣政府及自治區域ノ改組完成期ヲ豫定セリ。此ニ據ルニ本部十八省及新疆省ニ於テハ大体民國十七年十一月ヨリ十八年四月迄ニ縣政府ノ組織ヲ完了シ、區ハ十八年二月ヨリ十九年四月迄ニ、村里閭隣ハ十八年五月ヨリ十九年十月迄ニ成立セシムル豫定ナリキ。然ルニ其後縣組織法ハ民國十八年六月五日ニ再公布サレ同年十月二日縣組織法施行法ノ發布ヲ見、更ニ十九年七月七日ニ縣組織法ノ一部ヲ修正セリ。此即チ國民政府ノ現行縣組織法ナリ、然ルニ民國十八年十月二日公布ノ縣組織法施行法ニ於テハ夫々縣組織ノ完成期ヲ定メソノ中ニ遼寧省、吉林省ハ十九年八月末迄ニ黑龍江、熱河省ハ十九年十月末迄ニ完成ス可ク若シ故障ノ爲メ期限內ニ完成セシメ得サル時ハ、省政府ハ理由ヲ詳述シテ內政部ニ申請シソノ延期許可ヲ受ケ得ル事ニ規定サレアルモソノ延期期限ハ二ケ月ヲ逾ヘ得サル事ニナリ居レリ、故ニ右規定ノ如ク實施サレタリトセバ吉林省ニ於テハ遲クトモ十九年末或ハ二十年ノ初メ迄ニハ各縣政府ノ組織ハ統一的ニ完了セシ筈ナリ。然レドモ本省ニ於テハ法ハ一片ノ空文タルカノ觀アリ、蓋シ東三省ハ國民政府ノ首都ヲ距ル事遠ク、他方易幟亦遲レ且ツ東三省中ニアリテモ本省ハ一種獨特ノ立場ニアリ消極的舊慣墨守ノ風アリ奉天省ノ如キトハソノ軌ヲ別ニセシ關係上縣組織法ニ就キテモ亦自ラ異ル處アリ自然ノ趨勢トモ言フ可キナラン。

然ルニ本省內各縣ノ實際ヲ見ルニ狹義ニ於ケル所謂縣公署ニ第一科第二科ヲ設ケシモノト總務科行政科又ハ總務科司法科ヲ設ケシモノトノ二ニ大別サル。第一科第二科ヲ設ケシモノニ賓縣、穆稜縣、雙城縣樺川縣、濛江縣、琿春縣等アリ、總務科行政科ヲ設ケシモノニ敦化縣アリ總務科、司法科ヲ設ケシモノニ雙陽縣、方正縣アリ、行政科司法科ヲ設ケシモノニ東寧縣、磐石縣アリ單ニ總務科ノミヲ設ケシモノニ伊通縣、長嶺縣アリテ各々同シカラス、廣義ノ縣公署ニ含マル可キ公安局、財務局、教育局、實業局、土地局、建設局、衛生局、粮食管理局ニ就キテ見ルニ本省ニ於テハ普通ノ縣ニ於テハ公安局、財務局、教育局ノ三局ヲ設ケ實業局ハ長嶺、伊通、雙城、永吉、五常、德惠、楡樹等十八縣ニ設ケアリシニ過キサル狀態ナリキ。更ニ名稱ニ就キテ考察スルニ財政局又ハ財務局ト稱セシモノニ穆稜、磐石等アリソノ他ノ三十九縣ハ皆財務處ナル舊名ヲ使用シ居リタリ。公安局ハ最近警務局ナル名稱ニ全省統一サレタリ。

縣公署ノ名稱ニ就キテモ民國十八年五月以前ハ縣公署ト稱シ居リタルモノヲ同年五月一日ヨリ縣政府ト改稱シ縣知事ヲ縣長ト改稱シ、滿洲國ニ於テ縣公署ナル舊名ヲ採用スルニ至ル迄縣政府ト稱セシモノナリ。更ニ縣ノ等級ニ就キテ考察スルニ民國十九年以前ニ於テハ四十一縣ニ設治局中一等縣六縣、二等縣九縣、三等縣二十六縣ナリシカ民國十八年五月縣政府ト改稱後縣組織法及內政部令ノ縣等級釐定辦法ニ依リ五百方里ヲ一份、富力二萬元ヲ一份、人口一萬人ヲ一份トシテ計算シ三者ノ合計五十分以上ヲ一等縣、四十分以上ヲ二等縣、ソレ以下ハ三等縣ト規定シ民國十九年一月ヨリ實施セリ、右ニ依レハ一等縣六、二等縣八、三等縣二十七縣ナリキ。而シテ右ノ中延吉縣ハ四十分五ナルモ東南ノ要鎭ニシテ日鮮人多キ爲メ舊制度同樣一等トナセリ、又依蘭、琿春ノ二縣ハ四十分以下ナルモ前者ハ松花江沿岸ノ樞要地ナル關係上後者ハ東南ノ內戸ニシテ日鮮人多キ爲メ二等ニ列セシナリ。

故ニ從來ニ於ケル吉林省ハ一等縣六縣、二等縣七縣（八縣中濱江縣本年七月一日ヨリ廢止サル）三等縣二十八縣（新設九台縣三等ニ列入サル）即チ合計四十一縣ト一設治局（乾安）ナリキ。

王道標榜ノ滿洲國成立スルヤ地方制度ノ根幹ヲナス縣行政制度ヲ定メントシ奉天ニアリシ自治指導部ニ於テハ新縣官制自治縣制ヲ作リ昨年七月公布セシモ之ニ先ダチ三月十五日指導部ハ解散サレタル爲メ事實上實施ノ運ヒニ至ラスシテ縣參事官、屬官ノ配置アリタルノミニテ止ミタリ。然レトモ本省ニ於テハ奉天省ノ如ク自治指導員ノ活躍ナク事變前ト何等異ル處ナクシテ推移セントセリ。蓋シ滿洲國成立シテ既ニ一年有半、統一的ナル縣官制ヲ制定セントスル氣運ノ醸成スル亦自然ノ勢ト謂フ可ク、既ニ中央民政部ニ於テハ本年春新縣官制並縣制案ナルモノヲ作製シ各省ハ勿論各方面ノ意見ヲ徵シ出來得レハ本年七月一日ヨリ之ヲ實施セント企圖セシモ官制トシテ正式ニ頒布スル事ノ時期尚早ナルニ鑑ミタルモノノ如ク之カ實施ヲ中止セリ。然レトモ他面從來ノ如キ不統一ナル縣行政組織ハ新國家ノ体面上又事實上之ヲ改組セサルニ於テハ縣行政ノ刷新ハ望ミ難キ狀態ニアリシヲ以テ民政部ニ於テハ八月十二日附ヲ以テ各縣改組臨時辦法ヲ出セリ、斯クテ本省ニ於テハ目下各縣トモ改組中ナルヲ以テ近ク統一サルヽモノト信ゼラル。

縣公署ノ組織次ノ如ク規定サル

縣公署

- 總務科
  - 庶務股
  - 文書股
  - 會計股
- 內務局
  - 行政股
  - 實業股
- 警務局
  - 警務股
  - 保安股
  - 司法股
- 財務局
  - 徵收股
  - 理財股
- 教育局
  - 學務股
  - 禮教股

而シテ右ハ甲、乙兩類縣ノ組織ニシテ丙、丁兩類縣ニ於テハ教育局ヲ設ケスシテ內務局ニ教育股ヲ設ケ又警務局ニハ警務、司法ノ二股ヲ設ケテ保安股ヲ設ケサル事ト規定サレタリ。

本省四十二縣中

甲類縣（六）　永吉、長春、扶餘、雙城、延吉、寧安

乙類縣（八）　德惠、磐石、賓、楡樹、延壽、琿春、依蘭、汪清

丙類縣（二十）　伊通、農安、長嶺、舒蘭、雙陽、五常、阿城、珠河、葦河、和龍、敦化、樺川、富錦、方正、額穆、撫遠、東寧、穆稜、寶清、密山

丁類縣（七）　樺甸、濛江、同江、饒河、虎林、勃利、乾安

然ルニ昨年設治サレタル九台縣ハ記載洩レトナリ居ル關係上目下中央ニ對シ之カ等級ニ就キ申請中ナ

リ。

更ニ茲ニ附言ヲ要スルハ各縣公署ニ日系官吏ヲ配置セル事此ナリ。事變後滿洲國ノ成立迄奉天省ニ於ケルカ如キ自治指導員ノ配置ナカリシモ昨年五月濱江縣初メ附近數縣ニ救濟員トシテ派遣セラレシ者爾後ニ至リ正式ニ參事官或ハ屬官トシテ十月任命サレタルヲ第一トシ吉長道ノ政治工作ニ當リ或ハ東北各縣ノ清鄕工作ニ當リソノ都度必要ナル縣ヨリ參事官、屬官並ニ警務指導官ヲ配置シ今日ニ於テハ四十二縣中參事官屬官ノ入縣セルモノ三十三縣、申請中ノモノ一縣、近ク入縣セシムルモノ四縣ナリ。

第二項　縣以下ノ地方行政概說

縣以下ノ地方行政制度ニ就キ法令ノ規定ニ基キ之ヲ概說スルニ國民政府ハ全民政治ヲ目標トシ縣市ヲ以テ地方自治ノ單位トシ縣區自治ノ完成ヲ俟チ省自治ニ移ラント企圖シ民國十八年六月公布ノ縣組織法ニ於テハ區及鄕鎭自治區域ヲ劃分シソノ第六條ニ於テ各縣ハ戶口及地方ノ情形ニヨリ若干區ニ分チ各區ハ二十乃至五十鎭トスト規定シ第七條ニ於テハ百戶以上ノ村莊ハ鄕トシ百戶未滿ノモノハ聯合シテ一鄕トナシ百戶以上ノ市街ハ鎭トシ百戶ニ滿タサルモノハ鄕ニ編入ス、但シ地方ノ習慣或ハ地勢的制限ヲ受ケ其他ノ特殊事情ノアル地方ハ百戶ニ滿ストモ鄕或ハ鎭トナシ得ルモノト規定セリ。

而シテ此等ノ區鄕鎭區域ノ變更、劃定ハ縣政府ヨリ省政府ニ呈請シ省政府ヨリ內政部ニ計ルノ順序ヲ經ルヲ要シ且ツ區鄕鎭ハ中央及省縣ノ法令規則ニ抵觸セサル範圍內ニ於テ自治公約ヲ制定シ得ルカ、此等鄕鎭ハ更ニ幾多ノ閭、隣ニ劃分サル、卽チ前記縣組織法第十條ニ二十五戶ヲ以テ閭トシ五戶ヲ鄰トスルモノニテ五戶ヲ一鄰トシ五隣ヲ以テ一閭ヲ編成スルモノナリ。且ツソノ第二十八條四十條四十八條ニ於テハ區ニ區公所ヲ設ケ區長ヲ、郷ニ郷公所ヲ設ケ郷長ヲ、鎭ニ鎭公所ヲ設ケ鎭長ヲ、閭ニ閭長、隣ニ隣長ヲ置ク事ニ規定セリ。

更ニ自治施行ニ關シテハ區自治施行法（民國十八年十月二日公布、十九年七月七日修正）及郷鎭自治施行法（民國十八年九月十八日公布、十九年七月七日修正）アルモ必要ナキニ依リ省略スル事トス。

以上ハ國民政府ノ縣以下ノ地方行政ニ關スル法令ニ基キ參考ノ爲メ概說セルモノナルカ、然ラハ本吉林省ニ於テ右ニ對シ如何ナル程度迄進涉セシカ一瞥スルニ

第一、吉林省各縣設置村政指導員章程（民國十八年十一月民政廳）

右ノ第一、二、三、四條ニ於テ村政指導員ハ民政廳ニ於テ訓練ヲ受ケ縣政府ニ駐在シ縣長ノ指揮監督ヲ受ケ之ヲ輔佐シツヽ縣內ノ村政ノ範圍ニ關スル一切ノ事務ヲ掌ルモノナリト規定サレアリ

第二、吉林省各縣區郷自治施行程序（民國十八年十一月民政廳）

右ノ第一項第二項ニ於テ、永吉、長春、雙城、扶餘、寗安以下二十二縣ハ民國十九年一月一日ヨリ方正、樺甸、長嶺以下十二縣ハ同三月一日ヨリ東寗、密山、撫遠、以下八縣ハ同年九月一日ヨリ自治開始ノ旨規定シ、ソノ第三項ニ於テ開始期ヨリ二ケ月以內ニ縣政府ハ各自治區ヲ劃定シ各自治郷鎭ヲ編定シ、區長ハ二ケ月以內ニ郷鎭區域ヲ劃定シ區公所ヲ設ケ他方郷民大會、鎭民大會ヲ召集シ郷長、副郷長、鎭長、副鎭長、並ニ郷鎭各監察委員ヲ選擧セシメ郷公所、鎭公所ヲ組織セシム可ク、更ニ郷長、鎭長ハ二ケ月以內ニ閭、鄰ヲ劃定シ、閭、鄰居民會議ヲ召集シ閭長、鄰長ヲ選擧セシムル事ニ規定サレタリ。

第三、吉林省各縣劃區簡明辦法（民國十八年十二月民政廳）

右ノ第一項ニハ各縣自治區ハ各縣政府ヨリ現有ノ警察區域ニ就キソノ情形ニ依リ劃定シ順序ニ第一區第二區ト呼稱ス、更ニ第二、三項ニ於テ區數ハ四區乃至十區トシ區界ハ警察區ノ設ケナキ處ハ分水嶺道路、河流、溝渠顯著ナル物蹟ヲ以テ之ヲ劃定スルモノト定メ第十一項ニ於テ各縣ハ區ニ劃定セントスル時原有ノ村屯街市ヲ縣組織法（十八年六月公布）第七條ノ規定ニヨリ地方情形ヲ參酌シテ若干鄉若干鎭トス且ツ第十條ノ規定ニ依リ閭、鄰ニ區分セントスル時ノ閭鄰區分辦法ハ別ニ之ヲ定ムト規定セリ

第四、吉林省各縣編劃鄉鎭閭鄰簡明辦法（民國十八年十二月民政廳）

右ノ第二、三項ニ於テハ鄉ハ分水嶺、道路、河流溝渠ヲ標準トシテソノ區域ヲ決定シ各區ニ屬セシムルモ僻村ニシテ距離遠ク聯合シテ一鄉トスル事能ハサル時ハ百戶未滿ト雖モ鄉トナス事ヲ得。鎭ノ區域ハ街市固有ノ區域ニ依リ劃定シ縣城ノ郊外地ハ鎭トナス事ヲ得ルモ其ノ他ノ市街ニ於テ百戶未滿ノモノハ鎭トナス事ヲ得ズトソノ第四項ニハ規定サレタリ。第五、七、八項ニハ鄉鎭ノ劃定ハ縣政府ノ派遣員ト區長ト之ヲ決定シ閭鄰ハ區長ノ派遣員ト鄉長或ハ鎭長ト之ヲ決定シ原有地名ヲ冠スルヲ普通トスルモ聯合鄉或ハ原名ノ優雅ナラサルモノハ別ニ新名ヲ定ムル事ヲ得ヘク閭鄰ニハ番號ヲ附シ某鄉第何閭第何鄰ト呼ブトアリ第十四項ニ鄉鎭及閭鄰ノ編劃期限ハ二ヶ月トシソノ期限內ニ完了シ得サル場合ハ縣政府ハ民政廳ニソノ理由ヲ詳報シ延期ヲ呈請スル事ヲ得ルモソノ期限ハ一ヶ月ヲ超過スル事ヲ得スト規定サレタリ

六九

第三項 結 論

從來ニ於ケル國民政府ノ遣リ方ハ徒ラニ形式上ノ美ニ捉ハレテ内容ノ充實ヲ圖ラス一氣呵成ニ理想ノ極點ニ飛躍セントスルノ嫌アリ。

前述縣組織法及ヒ區以下ノ地方行政制度ニ就キテモ依然舊套ヲ脫シ得サリシモノト言ハサル可ラス。即チ外形的ナル自治系統ノ釐定ニ就キテモ縣組織法ニヨル縣公署ノ組織並ニ區自治施行法（十八年十月二日國民政府公布）及ヒ鄉鎭自治施行法（十九年九月十八日國民政府公布）ニヨル區鄉鎭ノ自治區域ノ劃定ヲ民國十九年末迄ニ完了セントセシナリ。勿論本省ニ於テモ吉林省各縣區鄉自治施行程序ニ依レハ民國十九年末迄ニハ内面ハ別トシテ外形上ハ完了セシ筈ナルモ事實ハ規定ト相距ル事遠キモノアリ。而シテ吉林省トシテ全然無關心ナリシニハ非ス即チ吉林省各縣設置村政指導員章程ヲ公布シ此ニ基キ民政廳ニ於テ村政指導員ヲ訓練シ各縣ニ派遣シ自治ノ促成ニ努力セシメタル事實、及ヒ吉林省各縣鄉鎭大會選擧鄉長鎭長暫行章程、吉林省各縣鄉鎭大會選擧鄉鎭監察委員暫行章程等ヲ公布シ、更ニ自治制度促進ノ爲メ必要ナル經費トシテ自治欵ナルモノヲ賦課シアル事實（現在縣ニテハ積立アルモノアリ又縣費ニ流用セシモノアリ）進ンテハ、民國十九年四月末ヨリ五月下旬迄開催サレタル吉林全省行政會議ニ於テ區鄉鎭公所ノ經費問題、各公所ノ成立問題ニ就キ討論サレ區長ノ俸給一ケ月三十元乃至六十元、區公所ノ經費每月三十元乃至四十元ト議決サレ、區ノ經費トシテハ一ケ年一千二百六十元乃至二千六百四十元ノ範圍内ニ於テ各縣ハ隨意ニ自治款ヨリ支出シ得ル如ク議決サレタル事實、及ヒ最後ニ永吉、長春縣以下二十九縣ニ同年即チ十九年九月ヨリ十二月ニ至ル間ニ於テ區公所ノ成立サレタル事實ヨリ見テ省當局トシテ又縣自体ニ於テモ相當自治制度ノ確立ニ努力セシ事ハ首肯セラルヽモ事中途ニシテ翌二十年九月滿洲事變トナリ、次テ吉林省公署ノ成立トナリタルモ治安關係其ノ他ヨリ地方自治制度ニ關シ從來ノ態度ヲ繼續スル事態ハザルニ至リ以テ今日ニ及ヘリ。從ッテ今日ノ實際的狀態ハ半此ニ準シタルモノ或ハ異ルモノ或ハ依然トシテ百家長、十家長制度ナルモノアリ、又他方間島地方ノ如ク鄕社、甲屯ノ制度ニ依ルモノアリ區々トシテソノ軌ヲ一ニセス。即チ法ニ依ル地方自治行政制度ハ確立ヲ見スシテ挫折セシモノト言フノ外ナカルベシ。

第四章　吉林省ノ財政概説

第一節　事變前ニ於ケル財政狀況

清朝數百年ニ亘ル大樹モ腐朽困憊、ソノ根幹ニ巨大ナル空洞ヲ生ジ、行政、外交、財政上ニ於ケル總ベテハ破綻ノ集積ニ依リ、又折カラ荒サム共和ノ突風ニ脆クモ打倒サレタリ、然レ共新ニ成レル大中華民國モソノ美麗ナル招牌ニモ似ズ、一國ノ政治ヲ運用スルノ財力ハ愚カ、都門數丁ニ亘ル行政區劃ノ政治ヲ行フ財力ニスラ事缺ゲリ。サレド一方、地方各省ニ於ケル財政ハ一時中央ニ對シテナサルベキ送金ガ中止サレタル爲カ、中央ノソレニ比スレバ遙カニ豐カナル餘裕ヲ有シ居リタリ。吉林省ニ於テモ民國元年度ニ於ケル三百萬元ノ歳入超過ハコノ實情ヲ説明シテ餘リアルモノナリ。民國二年ニハ約一百萬元ノ歳入超過アリ、サレドコハ明カニ大震一度至リ、ヤガテ次ニ當然來ルベキ餘震ヲ待ツ瞬時ノ靜ケサニシテ、明ケテ三年、吉林護軍使孟恩遠ノ吉林督軍タルヤ、兵ヲ治ムルノ費用ハ相繼イデ嵩ミ、三年ニハ一變シテ忽チ歳出増加一百萬元ニ及ベリ、新興民國ノ國是未ダ定マラザルニ際シ保境以テ自己ノ安穩ヲ策スル亦已ムヲ得ザルノ擧措ナランカ。

野心滿ヲ持シテ放タズ、吉林省ノ山野ニ兵ヲ養ヒ居リシ孟恩遠ニトリ雄躍スベキ最初ノ機會ハ訪レタリ。即チ民國六年七月張勳ニ依リ企圖セラレタル復辟運動此ナリ。サレド未ダ全國同志ノ糾合ヲ完成スル暇モナク、共和擁護ノ段一派ノ爲ニ一擊セラレ、次イデ組織セラレタル段祺瑞内閣ニ依リ、復辟ニ加擔セル一派ハ夫々處分ヲ加ヘラレタルガ、孟督軍モ固リソノ一人ナリシナリ。然レドモ孟恩遠ノ長ク吉省ニ養ヒ來リシ勢力ハ無力ナル中央政府ノ一片ノ辭令ニヨリ覆ヘサルベキモノニアラズ、吉林軍參謀長高士儐等ハ軍隊ヲ引提ゲ中央ニ反抗シ吉省獨立ヲ企テタリ、コレガ爲、軍費ハ連年増加シ、常ニ歳出増加ノ狀態ヲ持續シ、民國五年、僅カニ五十萬元ノ歳入超過ハ、民國六年ニ入ッテハ三百萬元ノ歳出超過ト變ジ、民國七年ニハ遂ニソノ歳出超過四百萬元トナリ、民國八年ニハ六百萬元ニ達セリ、コノ間奉天ニ據レル張作霖ノ東三省ニ覇ヲナサントスルノ志ハ逐年培ハレツ、アリテ、コレガ爲ニハ吉林ニ於ケル孟ノ存在ハ一大障害ニシテ、機會アラバ之ヲ除カント企圖シ、遂ニ民國八年六月十一日孟ノコノ恐ルベキ財政破綻ノ事實ヲ引提ゲテ之ヲ彈劾シ、孟恩遠ノ職ヲ免ゼントシタリ、サレド孟ハ再ビ此ニ抗シ、軍ヲ省境ニ集メシモ、七月寛城子ニ於ケル吉林軍ト日本兵トノ衝突ハ孟恩遠一派ノ下野ヲ餘儀ナクセシメ鮑貴卿之ニ變レリ。カ、ル戰爭ノ頻發ハ既ニ破綻ニ面セル財政ヲ彌ガ上ニモ危機ニ陷レズンバ已マザリキ此ニ於テ鮑貴卿ハ極力之ガ整理ニ腐心セシモ、民國九年ハ依然トシテ二百萬元ノ歳出超過、民國十年ニハ漸ク一百萬元ノ歳出超過ニ止マルニ至レリ、民國十年三月鮑辭シテ、孫烈臣之ニ變リ鋭意省治ヲ計リ十一年ニ於ケル奉直戰ニモ參加セズ財政ノ整理ヲ計リシモ、ソノ就職初年度ニ於テ一百萬元ノ歳出超過ニ止マリシモノ、十一年度ニハ更ニ二百萬元ノ歳出超過トナリ、如何トモナス能ハズ。民國十二年二月吉林省地方有獎公債章程ヲ發布シテ、現大洋五百萬元ノ公債ヲ募集シテ僅カニソノ窮地ヲ脱セント試ミタリ、サレド未ダソノ公債ノ徵募全カラザルニ、十三年四月孫ハ未ダ努力ニ對スル何等ノ效績ヲ見ルニ至ラズシテ、空シクソノ任地ニ病歿セリ、十三年四月張作相新ニ督軍ニ任命セラレシモ引續キ第二奉直戰アリ十四年ニ郭松齡ノ反亂アリ、關內出兵アリ軍費ハ愈々嵩ミ、十三年度ニハ二百萬元ノ歳出超過、十四年度ニハ一百萬元ノ歳出超加ニシテ、財政ハ愈々紊亂シ、ソノ不足ノ都度、之ヲ永衡官銀錢號ニ求メタリ。

今民國十五年度ヨリ滿洲事變勃發セル民國二十年度ニ至ル歳入、歳出預算ヲ示セバ次ノ如シ。

民國十五年度歳入歳出預算

歳入

經常部

田賦	一四、一一九、四一九.〇〇元
貨物	三、〇一五、二四七.〇〇
正雜各稅	六、五二〇、二〇九.〇〇
正雜各捐	三、四三一、六五〇.〇〇
	六六九.〇〇

雜收入	三九三、六四四.〇〇
中央協濟軍費	七五八、〇〇〇.〇〇
臨時部	三三〇、〇〇〇.〇〇
官業收入	三三〇、〇〇〇.〇〇
經常臨時歲入總計	一四、四四九、四一九.〇〇

歲出

經常部	一三、五三五、二八四.〇〇元
內務費	一、四一八、三六二.〇〇
陸軍費	一〇、五二四、七二一.〇〇
財政費	七七七、〇一三.〇〇
外交費	八三、四六〇.〇〇
司法費	四六八、九二八.〇〇
教育費	二〇四、〇〇〇.〇〇
農商費	五八、八〇〇.〇〇
臨時費	一、六一五、〇一五.〇〇
內務費	三八、四〇〇.〇〇
陸軍費	一、二五一、七四八.〇〇

財政費	三三四、八六七.〇〇
經常臨時歲出總計	一五、一五〇、二九九.〇〇
歲入不足額	七〇〇、八八〇.〇〇

民國十六年度歲入、歲出預算

歲入	
經常部	一二、二一三、六一二.〇〇元
田賦	二、三三六、三二八.〇〇
貨物稅	五、五七三、三二二.〇〇
正雜各稅	三、五七二、九六九.〇〇
正雜各捐	一一七.〇〇
雜收入	二五五、八七六.〇〇
中央協濟軍費	四七五、〇〇〇.〇〇
臨時部	三九八、二九六.〇〇
官業收入	二二〇、〇〇〇.〇〇
司法收入	一七八、二九六.〇〇
經常臨時歲入總計	一二、六一一、九〇八.〇〇

歲出

經常部	五、○五六、八六五.○○元
內務費	一、四四六、三一六.○○
外交費	一○○、八○六.○○
陸軍費	一、六七八、二三五.○○
財政費	一、○四一、七七四.○○
司法費	五○九、五三四.○○
教育費	二二八、○○○.○○
農商費	五二、二○○.○○
臨時部	一、九四八、五八八.○○
內務費	三○、○○○.○○
財政費	六六二、五○○.○○
陸軍費	一、一○八、三二八.○○
司法費	一四七、七六○.○○
歲出經常臨時總計	一七、○○五、四五三.○○
歲入不足額	四、七九一、八四一.○○

民國十七年度歲入歲出預算

歲入

經常部	二〇、二七四、二七七.〇〇元
田賦	二、四一九、五一六.〇〇
貨物稅	九、六三八、〇〇六.〇〇
正雜各稅	八、一四三、九〇〇.〇〇
正雜各捐	六一一.〇〇
雜收入	七二、二四四.〇〇
臨時部	三四四、四五五、〇〇
官業收入	一二六、九一一.〇〇
司法收入	二一七、五四四.〇〇
經常臨時歲入總計	二〇、六一八、七三二.〇〇

歲出

經常部	一七、〇〇二、二〇一、〇〇
外交費	一〇〇、八〇六.〇〇
內務費	一、四六八、〇〇五.〇〇
財政費	一、〇四五、七五〇.〇〇
陸軍費	一三、五九六、九九四.〇〇
司法費	五一〇、四四六.〇〇

教育費	二二八、〇〇〇・〇〇
農商費	五二、二〇〇・〇〇
臨時部	一、六〇九、一五四・〇〇
內務費	三〇、〇〇〇・〇〇
財政費	三一二、五〇〇・〇〇
陸軍費	一、一〇八、三二八・〇〇
司法費	一五八、三二六・〇〇
經常臨時歲出總計	一八、六一一、三五五・〇〇
收支總計剩餘額	二、〇〇七、三七七・〇〇

民國十八年度歲入歲出預算

歲入	
國家收入	五、八二七、六〇六・〇〇〇元
地方收入	二六、七六四、五一七・〇〇〇
合計	三二、五九二、一二三・〇〇〇
歲出	
國家支出	
軍務費	二一、六六〇、二一七・六三三

外交費	一三二、九九九・〇〇〇
合計	二一、七九三、二一六・六三三
地方支出	
行政費	二、〇九六、六三七・九六六
司法費	七〇三、六二八・八五二
公安費	八三〇、八六五・三三六
教育費	一、〇三〇、四四六・〇九九
財務費	一、〇九二、一一六・〇〇〇
農鑛工商費	二五、二二四・〇〇〇
衛生費	一八、三一二・〇〇〇
救郵費	二〇七、八一五・〇〇〇
債務費	二、〇〇〇、〇〇〇・〇〇〇
雜支費	一三、〇七七・七六四
特別費	二、二三二、八〇六・一三〇
合計	一〇、二五〇、九二九・一四七
歲出總計	三二、〇四四、一四五・七八〇
國家收支不足額	一五、九六五、六一〇・六三三

地方收支剩餘額	一六、五一三、五八七.八五三
收支合計剩餘額	五四七、九七七.二二〇

民國十九年度預算

歳入	
國家收入	五、八四六、四一五.〇〇〇元
地方收入	二七、八〇一、七五五.〇〇〇
合計	三三、六四八、一七〇.〇〇〇
歳出	
國家支出	
軍務費	二一、四七二、二四五.〇〇〇元
外交費	一三七、四九五.〇〇〇
合計	二一、六〇九、七四〇.〇〇〇
地方支出	
行政費	一、八一五、四五六.〇〇〇元
司法費	九七一、一五七.〇〇〇
公安費	一、三一三、八八四.〇〇〇
財務費	一、三二〇、三一八.〇〇〇

教育費	一、五〇七、六四九・〇〇〇
農鑛費	九六、一四四・〇〇〇
工商費	一五、〇〇〇・〇〇〇
建設費	七五一、三九九・〇〇〇
衛生費	一八、三一二・〇〇〇
債務費	二、一七二、五九〇・〇〇〇
救郵費	七〇、〇〇〇・〇〇〇
協助費	九、六〇〇・〇〇〇
預備費	五〇〇、〇〇〇・〇〇〇
合計	一〇、五六一、五〇九・〇〇〇
歳出總計	三二、一七一、二四九・〇〇〇
國家收支不足額	一五、七六三、三三五・〇〇〇
地方收支剩餘額	一七、二四〇、二四六・〇〇〇
收支合計剩餘額	一、四七六、九二一・〇〇〇

滿洲事變ノ勃發セル民國二十年度ノ歳入歳出預算表ヲ一覧スルニ收入總額三千三百二十九萬百四十九元（永大洋）ニシテ、ソノ中國家税收入ハ七百二萬九千九百十七元、地方税收入ハ二千二十萬九千十七元、地方臨時收入六百五萬一千二百十五元ナリ、コノ臨時收入中ニハ純然タル軍事費トシテ徴收サル、

大租附加稅、契稅附加費、稅捐附加費、菸酒附加費ナルモノアリテ、五百五十餘萬元ニ達シ總收入全額ノ六分ノ一ニ當リ、軍費支出預算ノ約四分ノ一ニ當レリ。

支出ノ方面ヨリ見レバ總支出二千七百四十六萬四千一百八十七元、ソノ中國家支出（軍務費、外交費）千七百二萬九千三百五十四元ニシテ地方支出ハ一千四十三萬四千八百三十二元ナリ、此ノ中軍務費ハ總支出ノ第一位ニシテ約六割ニ當リ、總收入ノ半額ニ達セリ。

此ノ外軍務費ハ預算外支出トシテ支出サルルモノ多ク、永衡官銀錢號ヨリノ借入金ノ殆ンド全部ハ軍費トシテ使用サレタリ。

民國二十年度預算

歲入	
國家收入總額	七、〇二九、九一七・〇〇〇元
地方收入總額	二六、二六〇、二三二・〇〇〇
合計	三三、二九〇、一四九・〇〇〇
歲出	
國家支出	
軍務費總額	一六、八七四、九七四・七八八元
外交費總額	一五四、三八〇・〇〇〇
合計	一七、〇二九、三五四・七八八

地方支出

行政費	一、八三九、二八八・〇〇〇	元
司法費	一、〇九九、三六四・三三三	
公安費	一、二三六、三六二・八七七	
財務費	一、二八二、六九八・一〇〇	
教育費	一、三二一、六五八・〇〇〇	
實業費	九五、二二四・〇〇〇	
建設費	九〇、三七六・〇〇〇	
黨務費	二三八、四〇〇・〇〇〇	
協助費	九、六〇〇・〇〇〇	
救郵費	七〇、〇〇〇・〇〇〇	
債務費	一、〇一四、六〇一・〇八二	
雜支費	二三、七六〇・〇〇〇	
臨時費	一一二、五〇〇、〇〇〇	
預算費	二、〇〇〇、〇〇〇・〇〇〇	
合計	一〇、四三三、八三二・三九二	
歲出總計	二七、四六三、一八七・一八〇	

國家收支不足額　九、九九九、四三七・七八八
地方收支剩餘額　一五、八二六、三九九・六〇八
收支合計剩餘額　五、八二六、九六一・八二〇

第二節　税金徵收方法

舊政權時代ニ於ケル徵税方法ノ概略ヲ述ブレバ
一、各税捐局ハ財政廳ヨリ税金徵收證ノ交附ヲ受ク
二、財政廳ハ税金徵收證ニ番號ヲ附シ、捺印ノ上各税捐局ニ交附ス
三、税金支拂人ハ課税貨物ノ檢査ヲ受ケ、税額決定通知受取次第税金ヲ納入ス
四、税捐局員ハ税金ヲ徵收セルトキハ四聯式ノ徵收證ニ金額ヲ記入シ、二聯ヲ納税者ニ渡シ、一枚ハ局ニ保存シ、一枚ハ毎月財政廳ニ送附ス
五、納税者ハ貨物ヲ他ノ税捐局管轄内ニ送附スルトキハ、第二ノ税捐局ニ徵收證二枚ヲ呈出シ、現品ト相違ナキトキハ税捐局ニ一枚ヲ渡シ、他ノ一枚ノ返還ヲ受ク
六、右ノ第二ノ税捐局ハ該徵收證ヲ毎月財政廳ニ提出ス
七、各税捐局ハ毎月ノ收入税金ヲ官銀號分號ニ送附シ、若シ分號ナキトキハ信用アル商店ニ委託シテ保管セシム
八、送金ノ場合ハ官銀號ヨリ憑帖ヲ税捐局ニ交附ス

九、各稅捐局ハ送金明細表二部ヲ作成シ、憑帖ト一通ヲ財政廳ニ送附ス、但シ通常ノ場合ハ第一回明細書ニハ地方稅、國家稅ノ分類ノミヲナシ、約一ヶ月後各稅目別ノ明細表ヲ送附ス

十、財政廳ハ領收證ヲ稅捐局ニ送附ス。

十一、各官銀號分號ハ、官銀號總號ニ入金ヲ通知ス。

十二、財政廳ハ稅捐局ヨリノ送附通知ニ接スルト共ニ、官銀號ニ通知シ、異種貨幣ハ全部其ノ日ノ相場ニテ吉大洋ニ換算シ、省庫ニ「浮存解庫」ノ名目ニテ保存ス。

十三、財政廳ハ稅目別ノ明細表領收ト共ニ、浮存解庫中ノ金額ヲ分類シ金庫ニ納ム。

十四、金庫ハ財政廳發行ノ項目ニヨリ分類シ、金庫ニ納メ、右ノ通知證二枚ヲ財政廳ニ交附ス。

十五、右通知證二枚ノ中、一枚ハ財政廳ニテ保存シ、他ノ一枚ハ該稅捐局ニ送附ス。

右ノ如ク徵稅方法中最モ重要ナルハ異種貨幣稅金ノ換算ニシテ、從來官銀號ニ爲替レートヲ一任セルハソノ主旨不明ナリ。

尙ホ徵稅ノ場合異種貨幣ニ對シテハ大畧左ノ如キ取扱ヲ爲シ居リタリ。

一、本省稅金ハ吉大洋（永大洋）ヲ本位トシ、永吉、長春、德惠、伊通、雙陽、農安等ノ外ノ縣ハ該地流通貨幣ニヨリ徵稅ス

二、官帖ノ法價ハ財政廳ヨリ甲月十六日ヨリ乙月十五日マデノ市場値段ノ平均相場ニ百分ノ五ヲ加ヘテ、以後二ヶ月間ノ法價トス

三、哈洋ノ法價ハ、菸酒事務局ヨリ甲月十一日ヨリ乙月十日マデノ市場相場ノ平均ニ百分ノ五ヲ加ヘ

八五

テ以後二ヶ月間ノ法價トス

四、日本金票ハ、各局所在地ノ總商會ニテ甲月ノ下半月ヨリ乙月ノ上半月マデノ金票對永大洋ノ平均相場ニ百分ノ五ヲ加ヘテ二ヶ月間ノ法價トセリ。

右ノ如ク徴收税金ノ爲替相場ニヨリ損失ヲ免ルルタメ、百分ノ五ノ附加税ヲ徴收セルモ、實際送金アリタル場合ニ官銀號ニ於ケル換算率ト法價トハ絶エズ變動アルモノト思惟セラル、ニモ不拘、財政廳勘定科目中ニ、爲替差勘定ナキハ疑問ナリ。

第三節　事變後ニ於ケル財政狀況概說

第一項　事變後ニ於ケル財政狀況

舊軍閥時代ニ於ケル財政制度ハ省直轄機關トシテ財政廳ヲ設置シ地方ニ稅捐局及其他ノ機關ヲ有シ表面上ノ系統ヲ具シ居タリシガ、ソノ辦理ノ不善ニ因リ竟ニ軍閥ノ把持惡用スル所トナリ、斯ル財政機關モ殆ンド私利自由ノ機關トナリ爲メニ財政制度モ有名無實ニ陷ルニ至レリ。滿洲國成ルヤ從前ノ省財政廳ハ中央ニ移管徹廢サレ、省トシテハ預算制度ニ基キ、中央ヨリ經費ノ支給ヲ受クルモノナル爲メ、財政トシテハ特ニ擧グベキモノナシ。

大同元年度吉林省預算ハ七月ヨリ十二月マデハ年度預算ヲ確立スルヲ得ザリシタメ月預算トシテ中央ヨリノ支給ヲ受ケ、一月ヨリ年度預算ノ配付ヲ受ケ實行シタリ。

大同元年度ニ於ケル吉林省公署及所屬各官廳歲出預算並ビニ大同二年度上半期（自七月至十二月）歲出

概算預算ヲ示セバ次ノ如シ。

大同元年度預算

經常部	二、八八〇、九三〇.〇〇元
省公署費	一、二二〇、二七九.〇〇
地方警務費	八二五、九一二.〇〇
地方教育費	五九〇、五八五.〇〇
勸業費	六九、四四四、〇〇
旗務費	一七四、七一〇.〇〇
臨時部	一一九、〇二八.〇〇
駐京辦公處費	三一、七六四.〇〇
補助費	八七、二六四.〇〇

尚ホ他ニ各縣公署ニ對シ縣行政補助費トシテ經常部七〇〇、〇〇〇元各縣地方費補助費トシテ臨時部一、三〇〇、〇〇〇元ヲ支出セリ。

大同二年度上半期概算預算

經常部	一、三五八、八〇八.〇〇元
省公署費	六四九、五九六.〇〇
地方警察費	四〇二、六六〇.〇〇

地方教育費	二一〇、六七〇・〇〇
文化機關費	八、五二七・〇〇
旗務費	八七、三五五・〇〇
臨時部	八二、六六二・〇〇
補助費	七七、六六二・〇〇
防疫費	五、〇〇〇・〇〇

各縣ノ大同元年度歳入、歳出預算ヲ示セバ次ノ如シ。

縣名	歳入	歳出
	圓	圓
永吉	二七二、三四一・一二	三四八、九五五・三七
寧安	二四八、八四四・〇〇	三四〇、四二二・〇〇
長春	一八〇、五四八・七六	二六一、六二八・五七
扶餘	一六〇、九五三・五二	二一一、一二五・〇九
雙城	一五五、八六四・六〇	三四六、五二二・一四
延吉	七八、九七四・〇〇	二八九、一一九・九七
濱江	—	三六〇、五二三・二〇
楡樹	二七四、二七五・八六	二八八、二八四・六二
磐石	一〇八、〇〇〇・〇〇	一八九、七二〇・〇〇

德惠	一六六、九四七・一四円	二三六、七五〇・〇〇円
賓	一三一、六四六・〇〇	一八七、八四五・一一
依蘭	一七六、二五〇・一一	二二三、〇三三・〇〇
琿春	八三、四二二・七二	一六三、〇一一・七八
農安	一六二、八五三・〇八	一六六、九三六・四七
撫遠	四、〇〇〇・〇〇	九、一〇〇・〇〇
敦化	一二二、七四〇・〇〇	九一、五二〇・〇〇
葦河	｜	｜
伊通	一三六、六一九・六四	二五一、五三〇・三六
舒蘭	一〇一、二二五・〇二	一三〇、二五七・一九
同江	｜	｜
樺川	一四五、九一五・〇〇	一七二、九二九・〇〇
五常	二一、六八一・〇〇	七二、六六〇・〇〇
密山	一七、六四一・〇〇	二九、六九五・〇〇
樺甸	九一、三四二・〇〇	一二四、四〇〇・〇〇
穆稜	｜	｜
東寧	｜	｜

額穆	—	—
雙陽	一二二、九八七・六五	一八〇、六六五・四四
富錦	七八、二七一・〇〇	九三、四九二・三三
和龍	二七、三八一・〇〇	一一九、七七五・八二
方正	四〇、三五六・〇〇	四二、二五九・〇〇
寶清	—	—
饒河	—	—
虎林	—	—
阿城	一一四、三一四・〇〇	一五三、一四一・〇〇
長嶺	五三、七六〇・〇〇	七七、四二七・〇〇
汪清	六〇、一四九・二一	一二〇、二一八・〇〇
濛江	—	—
珠河	一二二、三三一・〇〇	一六〇、六一八・〇〇
勃利	—	—
乾安	—	—
延壽	—	二三一、八一一・〇〇
九台	一五三、一四〇・〇〇	五一、二二八・〇〇

右ノ中記入ナキモノハ未提出ニシテ不明ナリ。

第二項　省內稅徵收機關及方法

吉林省城ニ中央財政部直屬ノ徵稅機關タル稅務監督署アリ、直接國稅ノ徵收ヲ監督ス、國稅ハ大租、契稅、粮石稅等二十餘ノ稅目ニ亘リ徵收サル、其ノ方法トシテハ先ッ中央政府ガ其ノ預算ニ基キ、該稅務監督署ニ其ノ管內ニテ徵收スヘキ稅額ノ大畧ヲ示シ、之ヲ目標トシテ稅務監督署ハ下級機關タリ直接徵收機關タル稅捐局ニ命ジテ國稅ヲ徵收セシム。

稅捐局ハ大体各縣ニ一ヶ所乃至二ヶ所ヲ置ク、吉林稅務監督署管下ニハ四十三ヶ所ノ稅捐局アリテ、國稅ノ直接的徵收ニ當リツツアリ、該稅捐局ハ請負制度ニシテ、指定額（比額）以上徵收シタルトキハ其ノ超過額ノ一〇〇分ノ五ヲ該局ノ收入トシテ與ヘラル。

尙木石稅ノミハ獨立セル木石稅捐局ニテ徵收サル（吉林稅務監督署管內ニ一ヶ所アルノミ）尙大租及契稅ハ縣公署ニ依託シテ、徵收スルモノニシテ、其ノ比額ノ超過額ハソノ一〇〇分ノ二ヲ縣ノ收入トナス、尙ホ滯納罰金ハ一〇〇分ノ二・五ガ縣ノ收入トナル。

尙ホ吉林稅務監督署ハ濱江、阿城、雙城ノ三縣稅捐局及ビ哈爾濱稅捐局、哈爾濱木石稅捐局ノ五局ヲ除クノ外全省ヲ管轄スルモノニシテ該五局ハ哈爾濱稅務監督ノ管下ニアリ、而シテ此等徵稅組織ハ事變前ト異ル所ナク唯省財政廳ヲ廢シテ中央財政部ニ直屬スル稅務監督署ヲ新ニ設置シタルノミ。

第五章　吉林省ノ金融概説

吉林省ハ勿論滿洲國ニ於ケル金融機關ハ大体之ヲ分ツテ滿洲國金融機關ト在滿外國金融機關ニ二大別サレ、更ニ滿洲國金融機關ハ大体ニ於テ從來アリシ錢莊其他ト新式銀行トニ二大別出來得ルモノナリ。日露戰爭迄ノ滿洲ノ金融機關ハ甚タ幼稚ナルモノナリシカ戸部銀行ノ設立ト共ニ漸次發達セリ。民國以來金融機關ノ發達ハ實ニ目醒シキモノアリ。

而シテ金融機關ノ發達ノ中心ハ大都市ニシテ地方ノ金融機關ハ幼稚其ノ物ナリ。抑々滿洲ハ農ヲ以テ本トナシソノ住民ノ約八割ハ農民ニシテ貿易額ニツキテ之ヲ見ルモ輸出額ノ七割强ハ實ニ農產物及ヒ他ノ製品ナリ。

一面滿洲ニ於ケル農民ノ狀態ヲ見ルニ其ノ生活程度ハ極メテ低ク今日ノ資本階級ニ對立スル能ハズ又農民金融方面ヨリ見ルモ官銀號（今ノ滿洲中央銀行）其他ノ銀行、各地儲蓄會等ノ機關アリト雖モソノ利息ハ月一分二三厘ヨリ三分以上ニ及ヒ而モ抵當物ヲ要スル外確實ナル保証人ヲ必要トシソノ取扱ヒ甚タ桎梏ニシテ此等機關ノ存在ハ一部地主階級ヲ利スルニ止リ一般農民ハ何等ノ恩惠ヲ蒙ル處ナキ有樣ナリ。

民政部訓令第三百五十二號ニ基キ、大同元年六月以降各縣ヲシテ調査報告セシメタル一轄的報告書「吉林省各縣金融機關調査書（大同二年五月調査科）」及ヒ當科ニテ先ニ作成セシ「吉林省城金融事情」「吉林省內ニ於ケル私帖並ニ紙幣類似証券トソノ對策」ナル調査ニ依リ本省內ニ於ケル概況ヲ述ヘントス。

第一節　金融機關

先ヅ新式銀行ニ就キ概説セン。

一、中央銀行吉林分行

所　在　地　吉林省城西大街

支行所在地　吉林省内各主要地

沿革　光緒二十四年（明治三十一年）官帖局カ創立サレ、後光緒三十四年官錢局カ附設セラレ、更ニ宣統元年十一月ニ至リ兩者合併シ吉林省中央銀行トナリ、以後吉林省金融界ニ君臨シ居リタルカ滿洲國設立セラルヽヤ大同元年七月一日附ニテ滿洲國中央銀行吉林分行トナレリ。

二、滿洲國中央銀行奉天字支行

本支行ハ民國八年設立サレタル東三省官銀號吉林分行及ヒ民國十四年八月設立サレタル邊業銀行吉林分行ノ合併サレタルモノニテ吉林省城河南街ニアリ。

三、中國銀行吉林分行

所　在　地　吉林省城糧米行街

本店所在地　上　海

設　　　立　民國二年二月

營業科目　預金、貸金、爲替業務、小切手振出

營業狀態 (元年六月末)
預金合計國幣約八十萬元ニシテ預金者ハ商店約四十軒錢莊約十軒其他若干ナリ。貸付額ハ約五十萬元程度ニテ裕東銀號、下九台電燈廠、奶子山煤礦、大同儲蓄會等ニ對スルモノ大口ナリ。滿洲國中央銀行ノ設立以來之ヲ利用スルモノ漸減ノ狀態ニアリ。

四、交通銀行吉林分行
所在地 吉林省城北大街
本店 上海
設立 民國二年三月
營業科目 預金、貸出、爲替
營業狀態 (元年六月末)
預金額哈洋五十五萬九千九百四十八元九十一錢、貸出總額哈洋四十七萬九千三百三十八元四十四錢ナリ。本分行モ中國銀行分行ト同ジク滿洲國中央銀行ノ設立ニヨリ利用者漸減ノ道程ヲ辿リツ、アリ。

五、滿洲銀行吉林支店
所在地 吉林省城河南街
本店 大連
資本金 三千萬圓

營業科目　貸出、預金、爲替

營業狀態（大同元年六月末現在）

預金總數日本金六十五萬八千餘圓、銀元九萬八千餘元ナリ。

六、吉林銀行

吉林省城商埠地ニアリ資本金參萬圓ナリ。吉林ニ於ケル日本人木材商ノ金融機關トシテ重要視セラレ居リタルガ大正十二年行内ニ不正事項アリシ爲メ信用ヲ一時失墜シタルモ滿洲國ノ建國並ニ在吉林日本人ノ激增ニ伴ヒ將來發展スルモノト豫想セラル。當行ハ普通銀行業務ノ外吉林居留民會金庫事務ヲ取リ扱ヒ居レリ。

七、新京ニ於ケル新式銀行一覽表

名稱	組織法	設立年月	資本總額	拂込資本額	未拂資本額	二十年純利
中國銀行	股份有限公司	民國二年三月	二千五百萬元	二千四百七十一萬	二十八萬九千八百元	不明
交通銀行	股份有限公司	宣統元年十一月	一千萬元	不明	不明	〃
益通銀行	股份有限公司	民國十五年	百萬元	二十五萬元	七十五萬元	二萬一千元
益發銀行	獨資	民國十五年	二十萬元	二十萬元	—	十萬六千七百元
惠華銀行	合資	民國七年	三十萬元	三十萬元	—	二萬元

尙ホ外ニ朝鮮銀行、滿洲銀行、橫濱正金銀行、正隆銀行等ノ日本側銀行アリ。

從來存在セシ邊業銀行、東三省官銀號、永衡官銀號ハ合併シテ中央銀行トナリタルハ周知ノ處ナリ。

八、哈爾濱ニ於ケル新式銀行表

名稱	組織法	設立年月	資本總額	拂込資本	未拂込資本
交通銀行	股份有限公司	民國二年十一月	一千萬元	八百七十一萬五千元	百二十八萬五千元
貨易交易所	同	民國十一年四月	二十萬元	十萬元	十萬元
中國銀行	同	民國三年七月	二千五百萬元	二千四百七十一萬元	二十九萬元
大中銀行	同	民國十八年十一月	四百萬元	二百四十萬元	百六十萬元
大陸銀行	同	民國十九年七月	五百萬元	三百七十五萬八千元	百二十四萬二千元
奉天儲蓄會	同	民國八年	總會撥寄		
中央銀行					
橫濱正金銀行	日本側	佛亞銀行	佛國		
朝鮮銀行	日本側	極東借款銀行	獨逸		
正隆銀行	日本側	極東銀行	露國		
麥加利銀行	英國側	花旗銀行	米國		
滙豐銀行	英國側				

九、中央銀行支行

富錦、寧安、伊通、德惠、敦化、双城、長嶺、依蘭、佳木斯、賓縣、密山、延吉、樺甸、磐石、農安、扶餘、楡樹等ニ支店又ハ出張所ヲ設ケアリ。

B. 舊式銀行

一、吉林省城　儲蓄會ナルモノアリ、不動產有價証劵ヲ擔保トシ主トシテ農民預金又ハ貸付ヲナス農民金融機關ナレドモ地劵家屋等ヲ擔保トシテ一般市民ニモ貸付ヲナセリ、省城ニ於ケル儲蓄會ニ吉林益民儲蓄會、吉林實業儲蓄會、吉林大同儲蓄會ノ三アルモ目下營業停止ノ狀態ニアリ。三會共ニ民國十四年ノ設立ニ係リ資本金ハ三十萬元餘ナリ、次ニ儲蓄會ト同性質ノモノニ銀號アリ、前者ト異ル點ハ法律的ニ株式會社ナル事ト資本金ノ多額ナル事ナリ、尙ホ省城ニハ裕東銀號、裕農銀號、農工銀號ノ三アルモ目下營業休止ノ狀態ニアリ。

次ニ各種貨幣ノ兩替ヲナシ一般銀行業務ヲ普通行フ錢莊ハ二十五軒アルモ、一般銀行業務ヲ營ムモノハソノ中數軒ニ過キサル狀態ニテソノ資本ハ普通一、二萬元程度ナリ。庶民金融機關トシテ最モ重要ナルモノハ質（當、典）業ナルガ省城ニハ數十ノ當業者アルモ資本ハ一萬元內外ヲ普通トシ少キニ至リテハ一、二千元程度ノモノモアリ。

尙ホ外ニ日本ノ無盡ニ類似スルモノニ拔會、搖會ノ二アリソノ落札者決定ノ方法ニ依リ區別セラルヽノミニテ內容ハ同一ナリ、

二、新　京

當業八軒アリ當物價格ニ對シ月三分ノ利息ニテ十六ヶ月ヲ滿期トスルヲ普通トス。質當業十六軒アリ此ハ月利息四分ニテ十三ヶ月ヲ滿期トスルヲ普通トセリ兩者ヲ通ジ資本ハ一萬元程度ノモノ最モ多シ。

銀號及ヒ類似ノモノ三十二軒アルモ資本ハ一萬元程度ノモノ多シ。

三、哈爾賓

哈爾賓ニモ錢業、當業等ノ金融機關相當數ニ達スルモ何レモ資本金ハ一萬乃至二、三萬元程度ノモノニテ新式銀行ニ及ブ可クモ非ズ。

四、各縣城

大抵ノ縣城或ハ重要鄕鎭ニハ當、典等ノ庶民金融機關アルモソノ資本ハ皆一萬元或ハソレ以下ノモノナリ。

尙ホ以下間島地方ノ金融機關ニ就テ槪說セン。

龍井村ニハ朝鮮銀行支店、東洋拓殖株式會社間島支店、間島商業金融會社、間島興業株式會社、間島共益株式會社等ノ金融機關アリ。局子街ニモ琿春興產株式會社支店、局子街貿易株式會社、滿洲國中央銀行延吉分行アリ。琿春ニハ琿春興產株式會社、琿春共榮株式會社、灰幕洞ニハ琿春興產株式會社支店頭道溝ニハ殖產株式會社アリ、夫々銀行業務ヲ營ミ居ルガ此ノ外ニ間島ノ特色トモ稱ス可キ在住中流以下ノ鮮人農業金融ヲ緩和スル爲メノ間島金融部ナルモノアリ龍井、局子街、百草溝、頭道溝、琿春、老頭溝、嘎呀河甕聲磖子、黑頂子等ニ夫々金融部ナルモノヲ設ケ附近在住ノ鮮人ニ對スル金融業務ヲ營ミ居レリ、昭和七年十二月月末現在ニ於ケル貸付金約八十萬元、預金四十余萬元ニ及ヘリ。

第二節　通貨流通券

舊軍閥時代ニ於テハ永衡官銀號、東三省官銀號ハ勿論邊業銀行、中國銀行、交通銀行ノ發行セル兌換券以外ニ金票、鈔票、現洋、銅子兒等ソノ種類多數ニ達シ居リタルカ滿洲國成立以後中央銀行ノ設立ニ伴フ中央銀行券ノ發行ニ伴ヒ漸次ソノ影ヲ市場ヨリ沒セントスルノ狀況ニアリ。

一、官　帖

吉林ニ官帖ノ出現セシハ光緒二十四年官帖局ノ設立ニ初リ、銀元官帖ト呼ハレ小銀元一元ニ對シ官帖二吊二百文ノ割合ニテ發行サレ銀元ノ不足ヲ補ヒシモノナリ。光緒三十四年官帖局内ニ官錢局附設サレ石版刷ニテ一吊、二吊、三吊、五吊、十吊、五十吊一百吊ノ七種ヲ發行セリ。兌換準備金ノ缺乏ニ伴ヒ兌換率ノ縮少ヲ來シタルモグレシアムノ法則ニ依リ惡貨ハ良貨ヲ驅逐シテ官帖ソノモノノ流通率ハ增加セリ、仍ッテ一般ニ於テハ之ヲ宛モ紙幣カノ如ク思惟スルニ至レリ。民國七八年時代ノ好況ニ伴フ經費ノ膨漲ト軍費ノ負擔ニヨリ濫發ニ次クニ濫發ヲ以テシ遂ニハ收拾シ得サルニ至レリ。民國十三年張作相カ吉林省長トナル前後ヨリ官銀號ニ於テ官帖ヲ增發シテ大豆其他特產物ノ買付ヲナセル爲メ低落ノ一路ヲ辿リツヽアリシ處ニ民國十七年六月ノ張作霖ノ坐乘列車爆破事件アリ暴落ヲナセリ。民國十八年官帖、吉大洋ノ發行嚴禁令ヲ發シソレト同時ニ官銀號ヲシテ特產買付ケヲ行ハシメタル爲メ可成リソノ價格ハ漸騰セシモ同年秋露支抗爭事件アリ再ヒ下落シ始メタル矢先民國十九年九月ニハ吉林省本位貨トシテノ官帖ヲ哈大洋ニテ代替セシメントスル官憲ノ大方針現ハレ加速度的ニ暴落セリ。而シテ大同元年七月中央銀行カ設立サレ國幣カ發行サルヽ迄ハ一般人民ノ間ニ最モ多ク流通セリ。

大同元年六月中ノ永洋一元ハ官吊約三百八九十吊、哈洋ハ四百吊乃至四百二十吊、現大洋ハ五百吊前後ナリシカ中央銀行ノ設立ト同時ニ永洋一元ハ官吊三百七十五吊、哈洋四百吊、現大洋及國幣ハ五百吊トシテ公定相場ノ發表ヲ見タリ。

二、吉小洋票（吉林小洋）

吉林督軍孟恩遠ハ中央ノ命ニ抗シ吉長ノ要衝ニ出兵スルニ及ヒ軍費ノ膨脹ヲ來シ從來ノ常套手段タル官吊ノ發行ノミヲ以テシテハ焦眉ノ急ヲ救フニ足ラス且時局ヲ懸念シ官吊建銀元相場ノ昂騰甚シク官帖相場ノ下落セルニ鑑ミ吉林省當局ハ永衡官銀號ニ命シ營業上使用シ來レル匯兌執帖ノ劵面ニ大小銀元額ヲ加印シテ發行セシメ一時ヲ糊塗スル事トシ民國六年十二月之ヲ發行セリ。小洋ノ發行此ヨリ始リタルカ正式ニ大總統ノ許可ヲ得タルハ翌七年一月ノ事ナリ。該小洋票ハ發行當時ニ於テハ中國銀行、交通銀行等ノ小洋票ト同價ナリシカ軍費ノ膨漲ニヨル濫發ノ爲メ價値崩落ノ一路ヲ辿リ奉吉抗爭後即チ民國八年ノ十二月ニ於テハ吉林官吊建一元ノ相場ハ九吊五百文ニ慘落セリ。茲ニ於テ時ノ省長徐鼎霖ハ吉林總商會側ノ要請ヲ容レ永小洋ノ一元ヲ吉林官吊十吊文ニ公定シ民國九年二月三日ヨリ實施セリ。斯クシテ永衡小洋票ハ民國九年二月ヨリ小洋票ノ本質ヲ完全ニ滅失シ吉林官吊トシテ授受通用サルヽニ至レリ。

永小洋票ノ種類

一角、二角、三角、五角、一元、五元、拾元、五拾元、但シ一角ハ一現在一吊ト公定サレタリ

三、永大洋票

永衡官銀號ハ小洋票ト同時ニ同目的ノ下ニ民國七年一月財政部ノ許可ヲ得テ永大洋票ヲ發行セシカ兌換準備缺乏ノ爲メ次第ニ崩落シテ同年十二月ニ至ルヤ現大洋票トノ間ニ一元ニ就キ七、八吊ノ開キヲ生シタリ。官銀號ハ大洋票ノ信用日ニ失墜スルヲ恐レ市價維持策トシテ二割兌現ノ辨法ヲ取消シ吉林郵路電各局並ニ吉長鐵路トノ間ニ大洋票ト現大洋ト等收納ノ協約ヲ結ビタルモ永衡官銀號內部ノ紊亂ハ遂ニ大勢ヲ阻止シ難ク前記協定ハ廢棄サレ永大洋ノ兌換ハ完全ニ停止サルルニ至レリ。其ノ後印花ノ現大洋建發賣問題、吉海鐵路ノ現大洋建改正運動、永大洋小額券ノ濫發問題アリ次第ニ現大洋トノ開キヲ生シ以テ滿洲國ノ成立ニ至レリ。

大同元年七月滿洲國國幣ノ發行セラルヽ迄ハ永大洋ハ哈爾濱以外ノ省內各地ニ於ケル地租ノ上納、吉林省官吏兵卒ノ給與及吉海鐵路ノ運賃建値等ニ用ヒラレタルモ國幣ノ發行ニ伴ヒ漸次ソノ流通ハ縮少セラルヽニ至レリ。

現在ニ於テハ國幣一元ハ永大洋ノ一元三角ト公定サレタリ。

四、哈大洋票

哈爾賓ニ於ケル東三省官銀號、邊業銀行、廣信公司、中國銀行及ヒ交通銀行ノ五銀行支店カ發行スル一元、五元、十元ノ大洋錢本位ノ兌換劵ナルモ現在ハ不換紙幣ナリソノ流通範圍ハ哈爾賓ヲ中心

トシ東支鐵道沿線一帶及ヒ松花江下流地域ナリ。

元來哈爾賓ニ於テハ日露戰爭ニ露國カ敗退スル迄ハ露國通貨ノ獨占的狀態ニアリシカ横濱正金銀行朝鮮銀行支店カ金票ノ流通擴大ニ努力セシト露國ノ歐洲大戰參加並ニ革命勃發ノ爲メ露國紙幣ハ哈爾賓ヨリ姿ヲ沒シタリ此ノ間ニ支那ハ東支鐵道ノ利權回收ヲナシ中國、交通兩銀行ヲシテ哈爾賓大洋票ヲ發行セシメ鐵道運賃ヲ哈洋建トセシメタル結果流通區域ハ擴大サル、ニ至レリ。民國九年ニハ東三省銀行及ヒ廣信公司モ紙幣發行權ヲ得、東三省銀行カ東三省官銀號ニ合併後ハ東三省官銀號ハ最大發行銀行トナリ更ニ民國十四年ニハ邊業銀行哈爾賓支店モ張作霖ノ命ニ依リ此カ發行權ヲ得タリ。

斯クテ北部吉林省ニ於テハ哈大洋票ハ南部永大洋票ト拮抗シ諸種ノ商取引ノ建値及商舖ノ資本等ハ急速度ニ官吊本位ヨリ哈大洋本位ニ遷ラントシツヽアリシカ昨年七月一日國幣發行サル、ニ至リ哈大洋モ各種不良貨幣及ヒ流通分ト共ニ葬リ去ラレントスルノ悲運ニ遭ヘリ。國幣一元ハ哈大洋一元二角五分ト公定サレ目下流通シ居ルモ近キ將來ニ於テハ國幣ニ依リ回收セラレテソノ姿ヲ市場ヨリ沒スルニ至ルヘシ。

五、現大洋票

邊業銀行、中國銀行、交通銀行等ノ北京、天津ニ於テ發行セル兌換大洋票俗ニ云フ天津票ナルモノハ從來奉天地方ニ多少流通セシモ奉天票ノ暴落阻止ノ爲メ官銀號ハ極力之ヲ抑制セリ、然レ共民國十八年以後南北統一ノ結果國民政府ハ幣制ノ統一ヲ企圖セリ。茲ニ於テ奉天當局ハ必要上止ムナク東三省官銀號、邊業銀行、中國銀行、交通銀行ノ四行ヲ聯合セシメ四行ノ準備庫ナルモノヲ設ケ現大洋票ヲ發行スルニ至レリ。而シテ四行聯合發行ノモノ以外ニ各行單獨ニ發行セルモノモアリ、サレドソノ價格ニハ高低ノ差ナク皆相當ノ流通ヲ見ル。

六、現大洋、現小洋

現大洋即チ大洋錢ハ一元ニテ現小洋ニハ五角、二角、一角、五分ノ四種アリ流通ハスルモ一般通貨トシテハソノ額大ナラズ。現大洋ニハ鷹洋ト呼バル、モノアルモ滿洲ニハ袁世凱ノ像アル俗ニ云フ首銀ナルモノ多ク見受ケラル、地方農民ハ喜ンテ之ヲ收受スルモ普通銀行、商店ノ準備金又ハ資本金トシテ保存セラレ市場ニハソノ姿ヲ見受ケズ、大洋ト小洋ハ十進法ニ非ズ日々ノ相場ニヨリ變動シ且ツ僞造多ク普通ニハソノ識別困難ナリ。

七、銅子兒

八、鈔票

橫濱正金銀行大連支店ヨリ發行セラル、舊日本一圓本位ノ銀兌換劵ニテ相場ハ現大洋ト略々同一ナレドモ大体ニ於テ現大洋ヨリ上廻ル傾向ニアリ、一圓、五圓、十圓及百圓ノ四種アリ、主トシテ新京ニ流通シ吉林ニモ少額ノ流通ヲ見ル。

九、金票

朝鮮銀行劵、日本銀行兌換劵及ヒ補助貨幣ニテ主要都市ニ於テハ何等ノ不便ナク通用スルモ主トシテ日本人關係ノ商取引ニ一般ニハ通用サレツ、アリ。

一〇、國　　幣

大同元年七月一日發行以來著シキ流通ヲ見ルニ至リ近キ將來ニ於テハ國幣ニ依ル幣制ノ統一ナラントスルノ傾向ニアリ。

二、私帖並ニ紙幣類似証券

本省内ノ私帖並ニ紙幣類似証券ニ就キテハ大同二年四月末當調査科編ノ「吉林省内ノ私帖並ニ紙幣類似証券ニ就テ」ヨリ拔萃スル事トス。

私帖其他紙幣類似証券ノ發行ナキ縣ハ左ノ如シ。

舒蘭、樺甸、双城、琿春、額穆、長嶺、永吉、農安、濱江、扶餘、延吉、敦化、寧安、伊通、磐石、延壽、九台、双陽、汪清、和龍、長春、五常、葦河ノ二十三縣ナリ。

不明ナル縣ニ饒河、撫遠ノ二縣アリ。

1、濛　江　縣

大同元年六月縣城陷落後各路僞司令ハ各法團ヲシテ財政委員會ヲ强制的ニ組織セシメ二角、五角一元、五元、十元ノ五種類流通券二十七萬元ヲ發行セシメソノ大部分ヲ此カ給養費ニ使用シ一部ヲ警學團ノ俸給ニ支拂ヒタリ。

2、楡　樹　縣

舊吉林軍第二十五旅駐屯ノ際此カ給養費ヲ强制サレ楡樹縣臨時駐軍籌想會ヲ組織シ完納租捐憑條ト稱スル百吊券三千萬吊ヲ發行セリ現在未回收額一千一百三萬吊餘アリ。

3、穆稜縣

李杜ハ金融救濟委員會ヲ組織セシメ强制的ニ流通券二十萬零三千元ヲ發行セシメタリ、此カ兌換基金ハ財務處ノ商店ヘノ貸付金哈洋二十三萬五千零二十二元ヲ以テセルモ右ノ中十五萬八千九百二十二元九角ハ匪賊ノ强制取立ニ遭ヒ殘額七萬六千餘元ハ取立困難ナル狀況ニアリ。現在農民ノ手ニアルモノ十四萬五千四百八十七元ナルモ縣ハ此カ流通ヲ禁止シタルヲ以テ表面上ノ流通ハナキモ事實トシテハ十元ニツキ國幣一角位ニテ流通シ居ルガ如シ縣ハ之カ回收ヲ李杜系馬憲章ノ逆產ニテ行ヒ度キ希望ヲ有シ居レリ。

4、同江縣

臨時救濟劵二十萬元ヲ哈洋本位ニテ發行セントセシモ商民ノ反對ニ遭ヒ六萬元發行セシカ中五萬元ハ既ニ回收セリ。殘額一萬元ハ警學團ノ俸給ニ立替支拂ヒタルモノナルヲ以テ財務處ヨリ責任ヲ以テ回收スルモノナリ、

5、密山縣

李杜ハ財務處ヲシテ一角、二角、五角、一元、五元、十元五種類ノ流通劵九十一萬五千元ヲ强制發行セシメタリ、目下流通劵五元ハ國幣一元ニ流通シ居レリ。

6、寶淸縣

民國十九年十二月ニ二千八百萬吊、大同元年十月ニ九萬元、同十月ニ五千萬吊ヲ丁超ハ地方金融救濟會ヲシテ强制發行セシメタルカ他ニ地方財務處ヨリ三千三百九十九萬五千吊ヲ大同元年六月

ヨリ七月ニ亘リ發行セリ。

現在ノ流通額ハ九萬元ト九千六百九十九萬五千吊ニテ現在價格ニテ哈大洋ノ三萬七千三百九十九元ナリ。

7、富錦縣

臨時金融救濟會ハ依蘭鎮守使署許可ノ下ニ成立シ百二十六萬五千元ヲ印刷シ内四十九萬ヲ發行シ今日迄ニ回收セルモノ二十七萬二千八百四十元ニテ現在流通中ノモノ二十一萬七千百六十元ナリ。本年末迄ニハ全部回收サル、筈ナリ。

8、樺川縣

前依蘭鎮守使李杜許可ノ下ニ民國二十年十二月金融救濟會ヲ設立シ二億四千萬吊八十萬元ヲ發行シ、大同元年夏中ニ一億一千萬吊ヲ回收シ目下流通中ノモノ一億三千萬吊、即チ現在市價哈洋一元ニツキ八百吊餘ナレバ哈洋ニテ十六七萬元程度ノ救濟券流通シ居ルモノト思推セラルベシ。

9、方正縣

民國二十一年一月地方餉項臨時維持會ハ存款期票三千九百三十九萬吊ヲ警學團ノ俸給支拂ノ爲メ發行セリ。

10、依蘭縣

事變後ノ金融逼迫ニ處スル爲メ金融救濟會ヲ組織シ、流通券六十七萬元ヲ發行シ中十八萬元ヲ回收シ目下流通中ノモノ四十九萬元アリ哈洋ト同價ニテ現在流通シアリ。

11、阿　城　縣

民國二十年十二月ト二十一年二月ニ警察ノ俸給支拂ノ爲メ滯納晌損十七八萬元ヲ擔保トシテ、各一千五百萬吊計三千萬吊ヲ發行セリ。發行價格ハ吉林官帖ト同一ナリシモ現在ニテハ吉洋一元ニツキ二千吊餘ナリ。

12、德　惠　縣

財務處ト農會商會ノ共同責任ニテ大同元年九月ニ臨時流通劵四萬九千七十二元ヲ印刷シ中三萬九千三十元ヲ發行セリ。大同元年十一月三日回收ノ三千元ト未發行ノ八千五百六十五元ト計一萬一千五百六十五元ヲ燒却シソノ後三萬五千七百元ヲ回收シタルガ殘額三千三百三十元ハ二月十日ヨリ一ヶ月内ニ兌換方佈告シ期限後ハ無効トセシヲ以テ現在ニテハ流通ナキ筈ナリ。

13、賓　　縣

賓縣地方餉項臨時維持會ヨリ接濟地方餉項存票一億吊ヲ民國二十年十一月二十一日發行セリ。現在價格發行時ノ半額ニテ紛失或ハ無効トセルモノ合計六百三十八萬四千吊ヲ控除シ、現在尙ホ九千三百六十一萬六千吊流通シ居ル樣子ニテ此カ回收ニハ六百吊國幣一元トシテ國幣十五萬餘元ヲ必要トスルナリ。

14、珠　河　縣

民國二十年十二月事變ニヨル金融逼迫ヲ名トシテ農會長等發企トナリ、珠河縣經濟劵六千九百六十二元ヲ發行シ各商店ニ貸付ケタリ。哈爾賓事變後發企人ハ後難ヲ恐レテ逃亡シタルヲ以テ農會

一〇七

ハ止ムナク三千二百餘元ヲ回收シ目下未回收ノモノ三千餘元アリト、而シテ當公署ノ本年三月二十九日附嚴命モアリ全部回收燒却サレタルモノト信ズ。

15、勃　利　縣

第一回ニ收吉錢救濟劵五百萬吊、收畝捐錢條百二十萬吊、第二回ニ救濟劵哈洋六萬一千元、第三回ニ同シク三萬二百元、總計六百二十萬吊ト哈洋九萬一千二百元ヲ發行セリ。而シテ右ハ公安局保衛團ヲ初メ救國軍ノ給養費ニ大部分ヲ充當セシメラレタリ。

16、乾安設治局

大同元年二月金融逼迫救濟ノ爲メ外方各法團會議ノ結果、晌捐ヲ擔保トシテ流通劵五萬元ヲ發行セシカ現在ニ於テハ全部回收セラレタルモノト思考サル。

17、虎　林　縣

目下哈洋、永洋、找零票、**チヱルヲーネツ**（蘇聯紙幣）ノ四種流通シ居レリ。

元來虎林縣ニハ小額紙幣ナク不便甚シカリシ爲メ民國十九年ニ於テ商務會ハ一萬元ノ現銀ヲ擔保トシテ一角、五角、一元ノ少額紙幣一萬元ヲ發行セリ、目下ノ流通額ハ七千元餘ナリ。

18、東　寧　縣

本縣ニ於テハ王德林ノ盤踞時代農民ニシテ晌捐ヲ納付スル力ナキ者ニ對シテハ布告ヲ發シ、穀物ノ價格ヲ相當價格ニ評價シ以テ農民ヲシテ王德林ノ兵站部ニ運搬セシメ此ト引換ニ糧條子ナルモノヲ交附シ農民ハ之ヲ持參シテ財務處ニ到リ更ニ王德林發行ノ納稅票ヲ受取リ以テ晌捐ノ納入ヲナシタルモノナリ。昨年八月ヨリ開始シ本年正月日本軍ノ討伐ニ遭ヒ露領ニ逝入スル迄ノ期間ニ於テ糧條子ヲ財務處ニ於テ收納シタル分三萬八千余元ニ達シ兵站處ニ於テ糧石ト引換ニ交附シタル數ハ相當ノ多額ニ達スル模樣ニテ從ッテ現在農民ノ手ニアル糧條子ハ相當額ニ達スルモノト思料セラル。

以上吉林省內ニ於ケル私帖並ニ紙幣類似証券ニ就キ概括的ニ之ヲ見ルニ四十三縣一設治局中發行セル縣ハ約半數ノ十八縣ニ達シ居レリ。

發行額約國幣三百七十八萬四千元ニテ今日迄ニ回收サレタルモノ約四分ノ一即チ國幣ノ一百四萬六千餘元ニテ現在尙ホ流通中ノモノ二百七十三萬九千餘元ノ多額ニ達シ居リ、此ノ中强制發行ニヨルモノアリ、名目的ノミニテ何等實質的擔保ナキモノアリ、或ハ擔保アリタルモ現在喪失セルモノアリ。從ッテ何レモ價格ノ下落ヲ招致シ甚シキニ至リテハ五分ノ一或ハ十分ノ一ニ、更ニ甚シキニ至リテハ流通性スラ喪失セルモノアリ。從ッテ此等ノ價格ノ下落ニ依ル損失ハ所有者卽チ縣民ノ負擔トナリ匪害ニ水災ニ禍サレタル縣民ハ更ニ此等流通券ノ無形的損失ヲ蒙リ水深火熱ノ中ニ立テリ、此カ回收ニハ現在價格ニ於テ大約國幣一百三十三萬五千元ヲ必要トスルナラン。

第六章　吉林省ノ產業概說

抑々吉林省ハ朝鮮ト境シ又日本本土トモ一葦帶水ノ近キニアリ。既ニ政治上、軍事上特ニ密接不離ノ關係ニアリ又產業經濟上ニ於テハ此地ガ滿蒙ノ最富源地トシテ林產、鑛產、農產等ノ產額埋藏量少カラズ故ニ之ガ開發ハ日滿兩國民ノ希望シテヤマザル處ナリ。

今ヤ吉林省ノ地、滿洲產業開發上重大ナル價値アルヲ認識セラルルニ至リ開發關鍵タル鐵道其他ノ交通機關モ漸ヲ逐ッテ加速度ニ着手サレツヽアリ。今後ノ開發刮目シテ見ル可キモノアラン。

吉林省產業ノ主ナルモノハ農業、林業、鑛業ニシテ他ニ牧畜業、漁業、狩獵業等アルモ言フニ足ラザルモノナルニツキ本稿ニテハ農業、林業、鑛業ノミニツキ、ソノ概說ヲ記スコトヽセリ。

第一節　農業

第一項　緒論

興亡幾變遷ヲ經來レル滿蒙ノ大平原ハ其都度耕地ハ鐵火ノ街ト化シテ悉ク荒廢ニ歸シタリ。明ノ末葉雄圖勃々トシテ長白山下ニ滿ヲ持シタル清ノ太祖努爾哈赤ガ琿河ノ上流ヨリ興リ土着ノ滿洲民族ノ一族郞黨八旗ヲ引具シテ燕京ニ君臨スルヤ、滿洲人ハ農ヲ捨テヽ支那ニ移住スルモノ陸續トシテ盡キズ、ソノ發祥地タル滿洲ハ長ク封禁ノ地トシテソノ入國ヲ禁セラレ、アタラ沃野モ荒涼落莫タルモノアリキ。サリ乍ラサシモノ禁令ノ扇モ犂鋤ヲ持テル漢人ノ力ヲ遮ギルコトハ不可能ナリキ。

吉林省ノ開墾ハ清朝ノ國初（一六四六年）ニ始リ當時ハ旗人ヲシテ吉林、伯都納、阿什河、寧古塔、三姓等ノ地方ニ駐屯セシメ彼等ガ所要ノ糧食ヲ得ンガ爲屯地附近ヲ逐次開墾セルニ過ギザリシガ康熙、乾隆、嘉慶ノ三時代ニ亘リ遺戒罪ノ者ハ之ヲ移住セシメタルガ一般民人ノ移住ハ絕對ニ禁遏ノ方針ヲ固守セリ。

然ルニ乾隆ノ中葉（一七六〇前後）適々山東直隷地方連年凶歉打チ續キシ爲、兩省ノ窮民ニシテ此ノ地方ニ來ルモノ潮ノ如ク遂ニ防遏スヘカラサルニ至レリ。彼等ハ初メ苦力トシテ旗人村ニ雇ハレ、小作農ニ移リ傍ラ開墾シテ漸次其ノ耕作區域ヲ擴張シ終ニ土地ヲ所有スルニ至リシモノナリ。斯ノ如クニシテ國初ノ制度ハ破壞セラレタルガ開墾ノ進捗ハ實ニ此時ニ於テ見ルヲ得タリ。即チコレ吉林省ノ農業發達史ナリ。

第二項　土地利用狀況

吉林省ニ就テ其ノ土地利用狀況ヲ見ルニ其ノ總面積一七、三六〇方里即チ二六、七五五、三〇〇陌ノ中可耕地ハ一〇、八六六、七四〇陌ニシテ總面積ノ約四〇、六%ヲ占メ、ソノ中既耕地ハ四、九四五、六七〇陌ニシテ總面積ノ約一八、五%ニ當リ未耕地ハ五、九二一、〇七〇陌、總面積ノ約二二、一%ニ當レリ。

尚可耕地內ニ於ケル既耕地未耕地ノ割合ヲ見ルニ既耕地ハ約四五、五%ヲ占メ未耕地ハ其ノ大半タル五四、五%ナリ。斯ク可耕地ノ大半ガ未耕地トシテ殘サレ居ル事實ハ農產資源ノ將來ノ發達ヲ約束スルモノナリ。

第三項　農作物ノ種類ト產額

斯ノ如キ廣大ナル地域ニ現在如何ナル農作物ガ培ハレ其ノ產額ハ幾何ナリヤニ就キ一言セン。

吉林省ニ於ケル重ナル農作物ハ豆類トシテハ黃豆（元豆即チ大豆）小豆、吉豆、合豆、黑豆等ニシテ穀類トシテハ高粱、谷子（粟）包米（玉蜀黍）小麥、大麥、糜子、稗子、稻子（水稻）粳米（陸稻）蕎麥等ナリ。尙外ニ線麻（大麻）、靑麻、胡麻（芝麻）公子（主トシテ西瓜ノ種子）及ビ菸葉（莨）等ニシテ他省ノソレト比較シ其ノ特異性ト認ムルモノ無キモ果樹ノ少キコト、奉天省ニ見ル棉花ノ產出ヲ見サルコトハ注目ニ値スルモノナリ。

次ニ其ノ農作物ノ產額ナルガ、民國十七年度吉林省農鑛廳ノ調査ニヨレバ次ノ如シ。

一、大　豆	七、四二八、四五八石	二、小　豆	四二六、三一二石
三、吉　豆	二〇〇、五八六	四、合　豆	八三、四六三
五、高　粱	六、四〇五、八五二	六、谷　子	五、二六一、四〇二
七、包　米	一、二四〇、一九一	八、小　麥	一、六〇三、九七七
九、大　麥	五九七、五一九	一〇、糜　子	五九四、八五五
十一、稗　子	二六二、三五七	十二、稻　子	四二九、六〇四
十三、粳　米	三〇八、〇〇八	十四、蕎　麥	一四六、三一五
十五、雜　穀	一三九、四八六	十六、煙　草	三七、九四三、八二五斤
十七、麻　類	二六、九九五、〇一〇觔（斤）		

ニシテ次ニ滿鐵調査課ノ昭和五年度ノ調査ニ依レバ省內主要物產ノ產額ハ次ノ如クナリ。

一、大　豆	二、三六三、九七〇瓲	二、其他ノ豆類	一二九、四五〇瓲
三、高　粱	一、四四三、八六〇	四、谷　子（粟）	一、三九八、五七〇
五、包　米	四二四、七六〇	六、小　麥	五一五、七〇〇

七、水稻	七〇、八七〇	八、陸稻	八〇、七三〇
九、其他ノ穀物	五三二、一二〇	計	六、八七五、六七〇

第四項　農作物別作付面積

以上述ヘタルガ如ク吉林省ニ於テハ大豆ヲ先頭ニ多數ノ農作物カ産出サレツヽアルガ其ノ既耕地面積ノ中各農作物ガ如何ナル地域ヲ占メテ耕作サレツヽアルカヲ見ルニ滿鐵調査課ノ民國十九年度ニ調査セル統計ニ依レバ、

一、大豆	一、七六一、五七〇陌	二、其他ノ豆類	一一六、五四〇陌
三、高粱	九一九、四〇〇	四、谷子	九二九、七六〇
五、包米	二三四、八九〇	六、小麥	五二三、一八〇
七、水稻	四七、九四〇	八、陸稻	五二、七六〇
九、其他ノ雜穀	三三五、一八〇	十、菸葉（莨）	一七、四六〇
十一、其他ノ特用作物	五五、九三〇		

以上ノ如クナルガ既耕地全面積ニ對スル各農作物ノ作付歩合ハ大約次ノ如シ。

一、大豆	三五・六	二、其他ノ豆類	二・四
三、高粱	一八・二	四、谷子（粟）	一七・三
五、包米	五・一	六、小麥	一〇・九
七、水稻	九・九	八、陸稻	一・二

九、其他ノ雜穀　七・〇　十、菸　葉（莨）　〇・四

十一、其他ノ特作物　一・〇

コレニ於テ知ラルル如ク耕地地面積ノ約四割ハ大豆ノ耕作ニ當テラレアリ。其ノ次位ハ高粱、粟ノ二割近クニシテ小麥ガ一割、米ガ水陸合セテ約一割殘リノ三割ガ他ノ作物ナリ。

第五項　外　運

吉林省內ニ產スル農作物ハ如何ナル程度ニ省外ニ運出セラレツツアルカヲ民國十七年度吉林省農礦廳ノ調査ニツキ主ナル農作物ノ收穫數量及ビ省內實用數量ニ就テ述ヘン。

品名	收穫數量	外運數量	本境實用數量
大豆	七、四一四、八五一石	四、九四〇、三四八石	二、四七四、四七六石
包米	一、九三五、五六一	四一九、一一八	一、三三四、三七四
高粱	六、六三九、一一五	三、四七九、六六〇	四、一三九、四五五
稻子	四二四、一〇〇觔	二五五、〇九一觔	一六九、一八三觔
菸葉	三七、九四三、八三五	二一、四七三、五四〇	一五、八五四、四八五
小麥	一、七二六、四七九石	七八八、九二五石	一、〇〇六、五九三石
谷子	五、一九四、一三七	七七五、七九七	四、三一六、六八二
糜子	四七九、九二一	五八、六七三	五二〇、六〇九
雜穀	一、二五〇、四八九觔	三六九、四二六觔	八四二、九四〇觔
麻類	二六、九九五、〇一〇	一〇、五七七、五〇〇	一四、三八八、四五〇

尙ホ五穀全數ニ就テ之ヲ見レバ其ノ收穫數量ハ二五、九七五、六三一石ニシテ運外數量ハ一〇、五六五、七六三石、本境實用數量ハ一五、四〇九、八六八石ナリ。尙其他ノ特產物卽チ菸葉、麻類ニ就キ之ヲ見ルニ全收穫高ハ七四、四七三、七八五觔、外運數量ハ三八、七七一、九二〇觔、本境實用數量ハ三五、八〇一、八六五觔ナリ。卽チ大豆ハ約六割ノ外運ニシテ他ノ穀物ハ二割七八分、菸葉ハ六割弱、麻

ニ於テハ約四割强ノ外運ヲ見ルモノナリ。

第六項　結　論

以上ニ於テ吉林省農業ヲ概説セルモ吉林省ノ農業ハ今後ノ開發ニ俟ツヘキ多クノ資源ヲ包藏セリ。即チ耕地擴張限界ト人口ノ包容力ハ頗ル大ニシテ、在來農法ニハ技術的ニモ經營經濟的ニモ改良ト改善ヲ施スヘキ餘地多ク今日ノ生産力ヲ倍加セシメ生産費ヲ低下セシメ國際市際市場ニ登場セシムルニハ今一段ノ飛躍ヲ試ミルノ要アリ。

斯ク觀スル時吉林省農業ノ前途ハソノ展望頗ル大ニシテ期待スヘキ多クノモノヲ有セリ。

附、（農村ノ救濟）

大同元年四月春耕資金トシテ省庫ヨリ吉大洋二百二十六萬元ヲ支出シ三十八縣ニ貸與セル外匪賊ノ被害甚シキ扶餘、寧安、阿城ノ三縣ニ對シテハ更ニ吉大洋三十萬元ヲ農民救濟資金トシテ支出セリ。又大同元年ノ夏季ニ於ケル大水災ニ際シテハ特ニ哈市ニ出張員ヲ派シ主トシテ松花江沿岸地方罹災民ニ救恤金ノ分配、被服、食料ノ給付ヲ爲シタルガ此レニ對スル省庫支出額ハ國幣四十一萬八千餘圓ナリ。此外匪賊ノ災害等ニヨリ保安警察費等一般行政經費ノ負擔ニ堪ヘサル地方ニ對シ此ガ貸付ヲ爲セルモノ十二縣、國幣三十五萬一千餘圓ナリ。

春耕資金トハ水災、匪災等ニ因リ被害ヲ蒙リ窮乏セル農業經營者ニ對シ本年期既墾地耕作ニ必要ナル種子、勞力等ノ諸經費ニ充當スル貸付資金ヲ言ヒ大同二年ニ至リテ滿洲國政府ハ滿洲中央銀行ト計リ中央銀行ヨリハ春耕資金トシテ吉林省ニ國幣四百八十萬零六百元ヲ限度トシテ貸付クルコトトセリ。

卽チ吉林省ニ於テハ春耕貸款辦法ヲ作成シ又省ニ吉林省春耕資金監理委員會ヲ設立シ縣長ハ該委員會縣分會ヲ組織シ委員トシテハ必ス縣參事官又ハ屬官、各科局長、縣農務會代表者、鄕村長及ビ德望アル有產紳士ヲ選定シテ銳意農村救濟ニ盡力シ居リ、尙吉林省春耕資金監理委員會ニ於テハ視察員ヲ各地方ニ派シ貸付狀況ヲ視察セルモノノ成積槪ネ良好ナリ。

附　吉林省春耕貸款各縣貸付數目並各縣分會成立日期一覽表（大同二年五月現在）

吉林省春耕貸款各縣貸金數目並各縣分會成立日期一覽表

縣名	貸付金額	成立日期	備考
伊通縣	四十四萬二千五百元	四月二十六日	該縣係四月三十日携款回縣
濛江縣	九千元	四月十五日	該縣中央行之赴樺甸支行接洽
磐石縣	十九萬六千元	四月二十一日	該縣五月二日分行經理王家駒回縣
雙陽縣	二十五萬五千元	四月十八日	該縣四月二十九日行員楊保林携款安抵縣雙陽
濱江縣	九萬七千五百元	四月二十日	該縣係四月三十日孫濟成携款回縣
賓縣	三十七萬五千元	四月十八日	該縣分行經理孫純如於五月六日携款回縣
依蘭縣	二十九萬一千元	五月四日	該縣係行員于某於五月六日前往送款十二號到依
同江縣	十三萬五千元		該縣赴富錦接洽
寶清縣	三萬三千元	五月二十日	同前
密山縣	六萬九千元	四月三十日	中央行來函云該縣派于渤源携款四萬五千元約至梨樹鎭下火車
樺川縣	二十一萬六千元	四月二十一日	吉林分行灰電稱五月六日行員于携款前往佳木斯

富錦縣	十四萬一千元	五月十二日	該縣與樺川同
饒河縣	一萬零五元		
方正縣	七萬六千五百元	五月三日	該縣赴依蘭縣支行接洽
舒蘭縣	十六萬一千一百元	四月二十九日	該縣來吉林支行須
樺甸縣	六萬三千九百元	四月十八日	該分行縣經理李桐林四月二十四日携款回縣
雙城縣	四十一萬二千三百元	四月十七日	中央行云四月二十九日劉際盛行員携款回縣
五常縣	十四萬二千三百元	四月十七日	該縣赴榆樹支行接洽
榆樹縣	四十五萬三千六百元	四月二十一日	中央行云四月二十六日魏雲垣行員携款回縣
延壽縣	十八萬六千三百元	四月十一日	該縣赴濱江支行接洽
阿城縣	十九萬三千五百元	四月二十一日	該縣赴濱江支行接洽
葦河縣	十四萬四千元	五月一日	該縣赴濱江支行
珠河縣	八萬三千七百元	四月三十日	同前
寧安縣	十八萬四千五百元	四月二十六日	該縣行員於五月六日回縣
農安縣	十四萬一千六百元	四月八日	該縣分會具據張經理帶款於四月二十七日平安抵縣
德惠縣	二十一萬元	四月二十一日	中央行云四月三十號行員曾宏毅回縣
扶餘縣	十八萬一千八百元	四月十八日	中央分行之四月二十八日行員孟廣蔭回縣
敦化縣	三萬六千元	四月十七日	該縣分會電報劉經理觀海已携款於四月二十四日平安抵縣
額穆縣	三萬八千四百元	四月八日	該縣中央行云四月二十四日携款到縣

移稜縣	一萬〇二百元	五月九日	該縣赴寧安支行接洽
勃利縣	三萬元	五月三日	該縣赴樺川支行接洽
東寧縣	二萬一千六百元	四月二十一日	該縣赴寧安支行接洽
長嶺縣	二萬二千二百元	四月二十一日	中央行來函云該縣派夏蔭携款一萬元約五月一日至茂林站下大車
乾安縣	一萬七千四百元	四月二十六日	該縣分會赴長嶺縣接洽

第二節　吉林省ノ林業

第一項　緒論

全世界ニ於ケル木材ノ需要ニ關シテ玆ニ正確ナル數字ヲ擧グルハ不可能ナルモ大約三十億石ノ莫大ナル額ヲ超ユルモノニシテナホ年ト共ニコノ需要ハ增加ノ傾向アリ、殊ニ人口ノ增加、文化ノ發展ト共ニ森林ハ次々ニ喪ハレ木材ノ供給ハ減少シツヽアリ、コヽニ於テカ有望ナルベキ吉林省ノ林業ヲ論ズルノ必要アリ。

吉林省ノ林業ガ滿洲森林ノ重要ナル位置ヲ占メ居ル事ハ贅言ノ要ナシ。滿洲ノ森林面積ハ二三、八〇〇平方里ト稱セラレ之ヲ滿洲總面積六七、四二〇平方里ニ比スルトキ其ノ四〇%ニ當ル、又コノ森林ノ大部分ハ北滿地方ニアリ南滿ニテハ農耕地多シ。滿洲ノ森林ハ森林植物帶ヨリ見レバ寒帶林ニ屬シ又之ヲ林相上ヨリ見レバ何レモ針濶混淆ノ原生林ナリ。

吉林省ハ清朝時代ニ在リテハ、他省人民ノ移住ヲ禁止セルモ二三十年前山東ニ大飢饉アリ移民相踵ギ清朝モコノ封禁ノ令ヲ弛ムルヤ伐木ノ業モ次第ニ起リ中東鐵路成ルニ及ビ益々發達ノ過程ヲ辿レリ。

初メ森林ニ入リ伐木スルモノハ地方官廳ニ行キ請願ヲナシ斧票ヲ受領シタルモ、後ニ至リ林政紊亂シ無票ニテ入山スルモノ頗ル多ク、日露戰爭後當局ハ積弊ヲ除カントシテ徴税代辦機關ヲ設ケ名ヅケテ吉林林業公司トナシ木把ヲ保護シ資金ヲ貸與シ林業ノ發展ヲ圖リシモ幾バクナラズシテ公司内ニ紛糾ヲ生ジ遂ニ解散シ徴税業務ハ今ニ見ル木税局ノ管理ニ歸シタリ。

第二項　森林面積ト蓄積量

吉林省ハ地域廣大ニ亘リ至ル處千古ノ森林ニ蔽ハレ實ニ木材ハ吉林省資源ノ第一ト稱サルルモ亦宜ナリ。

吉林全省ノ森林蓄積ハ無慮四十八億萬石ト稱セラレ森林ハ全部天然林ニシテコノ立木ハ幼齢ヨリ二三百年生迄ノ各齡級ヲ包含スルモノナルガ故ニ假リニ輪代期ヲ二百年トシ現在輪伐期ニ達シタルモノヲ蓄積量ノ半バト見做シ今百年間ニ伐採スルトセバ年伐採量ハ二千四百萬石トナル。

然シテ此等森林ノ位置狀態ニヨリ經濟的ニ利用シ得ベキ利用率ヲ三割ト見ルトキハ年七百二十萬石ノ生産ヲナスコト可能ナリ。

次ニ吉林省森林面積及ビ蓄積表ヲ掲ゲン。

吉林森林面積及ビ蓄積（滿洲產業統計　昭和四年　滿鐵農務課）

森林地域名	縣名	森林面積(町)	立木蓄積量（千石）針葉樹	濶葉樹	合計	主ナル樹種
豆滿江流域	延吉	98.392	25.778	35.592	61.370	朝鮮松　朝鮮樅　唐檜　落葉松　シナノ木　楢類　ハル楡　樺類　ヤチダモ
	汪清	281.080	58.236	100.684	158.921	
	琿春	201.600	29.948	72.263	102.211	
松花江流域	濛江	298.448	65.355	104.433	169.788	上ニ同ジ
	樺甸	361.363	76.560	125.393	201.953	
	額穆	94.617	24.097	40.458	64.555	
牡丹江流域	敦化	196.724	74.143	75.551	149.694	同上
	額穆	147.148	55.839	59.154	114.984	
	寧安	291.094	81.960	74.313	156.273	
拉林河	舒蘭五常	——	103.731	197.419	301.150	同上
	額穆ノ一部	633.775				
北滿鐵道東部沿線	賓	154.616	8.072	40.627	48.699	朝鮮松　樅類　唐檜類（主トシテエゾ松　朝鮮唐檜）シナノ木　オヒョーニレ　ハルニレ　楓類　ヤチダモ　ミネバリ　キハダ　胡桃　朝鮮ヤマナラシ　ドロノ木
	延壽	450.294	46.154	140.089	186.243	
	寧安	809.977	113.916	172.437	286.353	
	穆稜	300.698	19.387	80.022	99.409	
	東寧	623.233	56.626	124,646	181・272	
	汪清	313,244	29.728	92.948	122.676	
三姓地方吉林	方正	171.612	16.791	60.611	77.402	
	依蘭　勃利	740.880	70.969	265.426	336.395	朝鮮松　樅　唐檜　オヒョウニレ　キハダ　ナラ類　ヤチダモ　樺類　シナノ木
	樺川	279.972	34.451	94 472	128.923	
	富錦	314.748	42.986	103・892	116.878	
	同江　寶清	1.145.600	276.163	341.035	617.198	
	撫遠	457.884	50.956	160.344	211.000	
	虎林	451.584	75.112	145.143	220.255	
	饒河	1.587.654	125.666	177.326	302.992	
	密山	140.084	211.824	365.735	577.559	
合計		10.546.295	1.744.145	3.250.013	5.024.158	

上圖表ハ推定ニ依ルモノアルヲ以テ多少ノ誤差アルハ諒恕セラレ度イ。

又縣ノ多少重複スルモノアルモ地域ニ依ル分類ニシテ何等實數上差支ハ無シ。

第三項　林場問題

吉林省林業殊ニ吉林材ノ不振ノ原因トシテハ鐵道ノ運賃高、木税局ノ課税ノ不當等アルモソノ最モ根本的ト見ルベキハ林場問題ナリ。

吉林省ニハ合計一百八十餘ノ林場アリ、ソノ面積ハ十萬九千二百二十二萬方里ニシテ外ニ現存ノ私有林塲一百六十二ケ所、面積十萬六千四百七十九方里ナリト稱セラル。

林場ノ拂下ゲ面積ハ一林場最大面積二百方里ニシテ日本ノ約六千町ナリ。而シテソノ拂下ゲニ當リテハ、賣買者モ森林局モ空地測量ヲナサズ不完全ナル圖面ニヨリ大體ノ見當ヲツケ、ソノ位置ヲ定メ林照ニハ東ハ何嶺ニ至リ西ハ何川ニ至リ、南ハ何々ニ至リ北ハ云々トイフガ如ク、非常ニ廣キ間ヲ示シ是ニヨルトキハ非常ナル面積トナリ、境界ハ更ニ分明ナラズ、中ニハ他人ノ林場ト重複シテ常ニ紛爭ヲ起シツヽアリ。

ナホ、コノ林場問題ヲ紛糾セシムル要因ハ北滿鐵路東部線ニ於テハ日露、吉林附近及ビ間島附近ニ於テハ日本ノ林場並ニ林業ニ投資セル額多キニヨルモノナリ。故ニコノ林場ニ對スル紛爭ハ國家的、民族的ニモ續ケラタリ。

コノ紛糾ハ吉敦沿線ニ多ク、殊ニ黃花松甸子林場ニ於ケル官銀號ト各林場ト重複セルモノ三十五ケ所アルヲ見テモ知ラルヽガ如ク、簡單ニ敍述スベクモナシ。ココニ於テ林場整理ヲ余儀ナクセラレ現在、ソノ方面ニ極力努力ヲ用ヒツヽアリ。ソノ整頓ノ方法ハ一、調査及觀測　二、發放期間及辦法　三、擇林發放　四、造林　五、分設林政机關ナドノ五ニ分類サレ考究サレツヽアリ。

第四項　吉林材界

昭和三年十月、吉敦線開通以來、從來ノ林場ハ擴大サレテ廣汎ナル地域ヨリ出材スルコトトナリ又一方運搬ト金融ニ便宜ヲ得テ全出廻數量ノ內譯ハ從來ノ水出八割陸出二割ガ全クソノ地位ヲ變ヘ、現在ハ陸出八割弱、水出二割强トイフ實狀ニテ、同鐵道ハ地方資源ノ開發ニ重大ナル役割ヲ演ジツヽアリ。

昭和四年ノ吉林材ノ概況ヲ見ルニ伐採量ハ一、一五〇、〇〇〇石、出廻數量ハ一、〇八六、〇〇〇石ナリ。

吉林省內ニ於ケル材界ハ大別シテ間島、吉林、哈爾濱ニ分ツヲ得ベク、吉林省全產額ハ每年約二百九十八萬石ナレバ、間島、哈爾濱トモ百萬石ニ足ラザル產額ナリ。故ニ、ナホコノ產額ハ將來增加スベキモノナリト思料セラル。

第五項　林政問題

吉林省森林ノ將來ノ爲メニハ幾多ノ問題アラン。例ヘバ木稅問題、關稅問題、林場問題等アランモ、爲政者トシテ最モ力ヲ要スベキ點ハ林政問題ナリ。

吉林省森林ハ前淸時代ハ封鎖主義ヲトリ、民國元年ニ至リ中華民國ハ農林部ヲ設立シ總長ヲ宋敎仁トナシテ、明カニ林政方針ヲ定メ各省之ヲ施行スルニ至レリ。而シテ玆ニ山林官制ノ草案ヲ作リ、吉林林務局、哈爾濱林務分局ヲ設ケ、東三省國有森林ノ開放ヲ管理シ、部令ヲモッテ東三省森林發放規則ヲ公布シタルナリ。

民國三年吉林、哈爾濱ヲ併合シ東三省林務局トナシ、哈爾濱ニ駐在セシメ東三省林務暫行規程及ビ分科規則ヲ公布セリ。又之ニ修正ヲ加ヘテ東三省國有林發放規則トナシ、次イデ四年森林法及ビ森林法施行細則ヲ公布シ又吉林、安東、本溪湖、寧古塔ノ四ヶ所ニ林務辦事處ヲオキタルモ未ダ幾バクナラズシテ之ヲ廢止シ、民國六年ニハ吉林實業廳ヲ設立シ、八年ニハ又吉林森林局ヲ設立セリ。

民國十八年、東三省易幟ノ擧ト共ニ實業廳ハ農鑛廳ト改名サレ森林局モ之ニ隨ツテ廢止ノヤムナキニ至リ林政事項一切ハ卽チ農鑛廳之ヲ辦理スルコト、ナレリ。

民國十九年ニ至ルヤ國民政府ハ國有林發放章程ヲ發布シ、二十年五月ニ管理國有林、公有林暫行規則ヲ公布シ更ニ八月吉林農鑛廳ハ復タ實業廳ト改名シ爾後中央實業部ト銳意林政ノ刷新ヲ圖リツヽアリ。

第六項　結　論

以上ハ吉林省林業ノ概說ナルガ滿洲國成立後ノ吉林省産業中最モ重要ナルモノハ農業、林業ニシテ又日滿兩國ハ將來ノ斯業發達ノ爲協力以テ日滿經濟ブロツクノ實ヲ上ゲザルベカラズ。

第三節　吉林省ノ鑛業

第一項　緒　論

吉林省ハ柳邊ノ外ニ位シ素ト遼金ノ地ニ屬ス古來輪軒、甄采全ク及バズ志乘闕如シテ古代礦業ノ狀況ハ之ヲ調査スルニ由ナシト雖モ魏書ニ扶餘ヨリ高句麗金ヲ出シ、又契丹志ニ女眞ノ地、金銀多シト記載シアリ、就テ之ヲ詳査スルニ往古扶餘及女眞ノ疆域ハ吉林ノ東南及東北各部ニ跨連シ、卽チ略ボ今日ノ琿春、延吉、寧安、三姓等ノ地方ナルガ如シ、又絕域紀略ニ寧古塔ノ地中ニ舊鐵ヲ掘出シ多ク正隆ノ字ニ足ル。

様アリ、之ニヨルニ吉林東南、東北各部ニ於ケル金銀鐵鑛ハ唐宋時代既ニ採煉セラレタルヲ證スル

カク吉林省内ニ於テハ古クヨリ礦業ハ起リシモ從前交通不便ノ爲、殆ンド開發セラレズ北滿鐵路及ビ吉長吉敦沿線ノ炭鑛及ビ一二ノ金屬鑛山ノ稼行サレタルノミニシテ他ハ全ク未解決ノ問題ニアリ。

第二項　炭　鑛

炭鑛方面ハ將來相當ノ注目ニ値スベキモノト思ハル。目下分明セルモノハ大要樺甸縣揮發河沿岸ノ炭田、吉敦沿線ノ拉法河流域ノ炭田、永吉、舒蘭二縣ニ亘ル缸窰炭田、穆稜密山二縣穆稜河流域ノ炭田、間島、延吉、和龍地方ノ炭田ヲ主トシテ他ニ處々散在セル小炭鑛アリ。

樺甸縣揮發河炭田ハ天和屯ヲ中心トシテ東西約三里ニ渉リテ炭層賦存セリ、此地方ハ地質、地形ノ狀態ヨリ見テ炭層ハ相當廣面積ニ及ベルガ如シ。

吉敦沿線拉法河流域炭田ハ吉敦線蛟河ヲ中心トシ、奶子山炭礦ヲ初メ後窰、唐家崴子(濫泥溝)、杉松炭坑等ニシテ稼行炭層ハ層厚平均四、五米ニシテ厚サニ於テ惠マルコト大ナルモ、炭質ハ塊炭歩合多ク且ツ不純物ヲ含ムコト多ク機關車燃料炭トシテハ良好ナラズ、炭量モ約百萬屯内外ナルベシ。

缸窰炭礦ハ舒蘭縣内缸窰ヲ去ル五邦里ノ地點ニアリ、炭質粗惡ナル褐炭ナモ埋藏量莫大ニシテ、將來拉賓線開通ノ上ハ經濟價値ノ上ニ一變化ヲ來スト思ハル。本炭田ハ大正四年五月南滿洲及ビ東部内蒙古ニ關スル條約附帶公文ニ指定セラルル九鑛山ノ一ニシテソノ試採權ニ關シテハ日本人ハ特殊ノ權利ヲ有スルモノナリ。

穆稜密山炭坑ハ穆稜縣内ヨリ東北シテ密山縣ニ入リ更ニ東北シテ烏蘇里河ニ合流スル穆稜河ノ上流地方流域ノ一大炭田ナリ。該炭礦ハ民國十年初頭之ヲ發見シ民國十三年吉林省政府ト「スキデルスキー」トノ間ニ資本六百萬元ノ合辦會社ヲ設ケ經營主体トナセルモノナリ。

現在採掘地域ニ於ケル埋藏確數ハ約四百九十四萬噸ニシテ採算可能採掘量ハアーネルト技師ノ言フ處ニヨレバ一九三〇年ニ於テ約四百十八萬噸ナリ。

尚ホ最近ノ調査ニヨレバ密山縣黃泥河子炭礦ハ炭質良好ナリト。民國初年之ヲ發見シ民國三年露國ヨリ專門家來密調査シタルモノナリ。現在ハ年產額約三百萬斤ニ上リ主トシテ密山縣內ニテ消費セラル。

間島地方ノ炭礦ニハ老頭兒溝炭礦、三道溝及ビ小六道溝炭礦アリ、老頭兒溝炭礦ハ大興合名會社ト吉林省實業廳ノ合辦經營ナリ。敦圖鐵道開通ト共ニ間島地方ノ炭礦ハ更ニ活況ヲ呈スベシト思惟サル。尚ホ琿春地方ニハ北山炭坑、關門咀子炭坑、駱駝河子炭坑等アリ。

敦圖線開通後、最モ重要ナル炭礦ハ吉林省內ニアリテハ奶子山炭坑ト老頭兒溝炭坑トニシテ前者ハ廣大ナル夾炭層ヲ賦存スル蛟河炭田中交通運輸ノ便最モ好ク且ツ炭質ハ沿線中ニ於テハ冠タルモ、撫順炭ノ需要圏內ニ近キ爲メ、相對的ニ劣質タルヲ免レ得ズ。

而シテ後者ハ炭層賦存深度淺ク、採掘條件前者ヨリモ遙カニ有利ニシテ炭量ニ於テモ亦大ナレバ兩者中又老頭兒溝ヲ以テソノ冠トナスベシ。

吉長鐵道沿線ノ炭礦ニハ火石嶺炭礦、馬家溝炭鑛トアリ、前者ハ祐吉公司、後者ハ東原公司之ヲ經營ス、共ニ吉長線營城子驛附近ニアリ、兩炭礦トモ炭質良好ナラズ、炭層狀況不良ニシテタメニ將來ノ發展ハ期シ難キ狀態ニアリ。

其他省內ニハ幾多ノ小炭鑛アルモ列記スルニ足ラズ。

第三、金屬鑛山

金鑛ハ、永吉、伊通、濛江、農安、舒蘭、樺甸、磐石、延吉、和龍、寧安、東寧、琿春、額穆、汪淸、依蘭、樺川、密山、勃利、穆稜等ノ各縣ニ存在シ、本省各縣山林地帶ノ河川ニハ殆ンド砂金ヲ含ミ居ルヲ知ル可ク、今迄ハ經營者、資金、技術、採鑛夫、地方ノ治安、交通等ノ諸條件宜シキヲ得ザリシ爲メ、往々失敗ノ歷史ヲ見シト雖モ滿洲國ニ於テハ鑛山國有ノ原則ヲ確立シ殊ニ採金調査隊ヲ產金地方ニ派遣シ尙ホ鑛業法ヲ發布スルヲ以テ吉林省內ノ採金鑛業ニモ一大劃期ヲ期待セラルルモノナリ。

尙ホ省內ニ於テハ銀、銅、鐵、鉛等アルモ記スベキ價値ナキ狀態ナリ。

第四、鑛政問題

吉林省ノ鑛政機關ハ屢々變更セラレ先ヅ光緖六年ニハ炭稅章程ヲ制定シ軍署工司ノ管轄ナリシガソノ後、光結末年ニハ餉捐局ニ隷屬セシモ後轉ジテ勸業道及ビ鑛政調査局ニ隷屬シ、同時ニ農工商部ヨリ鑛務章程等ヲ發布シタルニヨリ吉林省鑛務行政モ茲ニ始メテ統一的トナレリ。

吉林省礦務ハ民國成立後モ依然勸業道ノ主管タリシガ同二年勸業道ヲ實業司ト改組スルト共ニ同司ニ移管セリ。

民國三年五月第二區鑛務監督署ヲ設立シ吉林省礦務ハ實業司ヨリ該署ニ移管セリ。該署ノ職務ハ專ラ鑛業條例及ビ其他ノ關係諸法令ニ依リ執行セリ。

民國四年三月礦務監督署ノ裁撤サレタル結果トシテ、吉林ニ於ケル鑛務ハ財政廳ノ兼理ニ移リ同時ニ同廳內ニ鑛務科ヲ設ケ、尙ホ事務技術等ヲ分置シ調査及奬勵ヲナシ著々進行ヲ計リタルガ、民國六年十一月實業廳設置ト同時ニ鑛務ハ更ニ同廳ノ主管ニ歸シ、民國十八年實業廳ノ農鑛廳トナルヤ該廳ニ歸シ、民國十九年國民政府ハ鑛業法ヲ發布シ、民國二十年ニハ農鑛廳ハ又實業廳ト改名シ、尙ホ大同二年ニ至リテハ滿洲國ハ新京ニ鑛務會議ヲ開キ鑛業法制定、及ビ鑛務行政ノ打合セヲ行ヒタリ。

第五項　結　論

敍上ノ如ク吉林省ノ鑛業ハ發達シタルモノトハ言フヲ得ズ、此ハ余リニモ無統制ノマヽニ放置セラレ又他面資本モ少ク遂ニ業蹟不振ニ陷リ休止ノヤムナキニ至ルモノ多キカ故ナリ。滿洲國ニ於テハ此ノ缺點ニ鑑ミ鑛山ハ原則上國有トナシ之ヲ統制セントスル氣運濃厚ナレバ將來ノ發展ハ之ヲ期待シ得ヘシ。

第七章　吉林省ノ商工業概說

吉林省ノ商工業ハ吉林省ノ農業、鑛業、林業等ノ上ニ依存セラレタルモノノ如ク、從來ニ於ケルソノ發達ハ顯著ナルモノニ非ズ。

第一節　商　業

第一項　緒　論

民國以來吉林省ノ商業ハ人口ノ增加、生產增加等ノ結果ニヨリ急激ナル發達ヲ遂グルニ至レリ。滿洲國ノ獨立ハ政治的ニ見テ世界ノ建設史上ニ輝カシキ異彩ヲ投ズルト共ニ經濟的ニ云フモ東洋市場ノ生産並ニ通商關係、殊ニ密接ナル關係ニアル日本ノ經濟界ニ一大轉換期ヲ劃セルモノト思ハル。

從來滿洲ノ經濟界ニ就キ特ニ注意ヲ要スベキハ、列國資本ノ投資ガ滿洲經濟界ニ於テ重大ナル役割ヲ示シツヽアルコト此ナリ。

第二項　商業機關

吉林省ニ於ケル商業機關ハ商會ノミト稱スルヲ得ベク、商會ハ各地商人ガ政府ノ命ヲ受ケ設立シタルモノニシテ其ノ宗旨ハ商業ノ利益ヲ保護增進スルモノニシテ、其ノ職員ハ各商人ノ公選ニシテ同業ノ聯絡、商業調査及ビ公益ノ維持ヲ職務トセリ。故ニ各地方ニ於ケル商會ノ勢力ハ經濟的ノミナラズ政治的ニモ地方ニ影響ヲ與フル事大ナルモノアリ。

吉林省各地總商會及商會一覽表（民國二十年度）

縣別	年經費數目	設立年月
吉林總商會	永洋五萬二千元	光緒三十二年
長春總商會	哈洋二萬四千元	光緒三十二年
雙陽縣商會	永洋五千元	宣統二年十一月成立
汪清縣商會	吉錢三十九萬六千吊	民國六年十月
樺甸縣商會	哈洋四千二百元	民國元年
珠河縣商會	哈洋九千六百元	民國十二年三月

双城縣商會	永洋二萬三千元	光緒三十四年
農安縣商會	現大洋三萬元	光緒三十二年八月
長嶺縣商會	無定額	民國四年六月
方正縣商會	哈大洋一萬四千元	宣統元年
磐石縣商會	官帖三百萬吊	民國十九年六月
五常縣商會	永洋一萬元	宣統二年
東寧縣商會	哈大洋六千元	宣統二年
勃利縣商會	哈大洋一千二百元	民國十七年六月
樺川縣商會	永大洋一萬一千元	宣統四年一月
阿城縣商會	永大洋一萬二千二百元	光緒三十四年三月
依蘭縣商會	哈大洋二萬一千元	宣統二年
富錦縣商會	哈大洋一萬五千元	宣統四年

尚ホ商業機關トシテ擧ゲラルベキハ同業公會、市場ナドアレドモ之ニ對スル何等ノ正確ナル資料ナシ

第三項　合辦事業

滿洲ニ於ケル滿外合辦事業ノ主要ナルモノハ、銀行、電氣、礦業、交易、信託、木材等ニシテ日本トノ關係殊ニ多ク日滿合辦事業ハ本溪湖煤鐵公司ヲ以テ嚆矢トナス。

吉林省ニ於ケル合辦事業ノ主ナルモノ左ノ如シ。

公司名	國別	創立年月	所在地	資本(單位圓)
天寶山鉛銅鑛公司	日滿	民國六年	延吉	五〇〇、〇〇〇
老頭溝煤鑛公司	日滿	民國七年	延吉	二〇〇、〇〇〇
穆稜煤鑛公司	滿俄	民國十三年	穆稜	六、〇〇〇、〇〇〇
中東海林實業公司	日滿	民國十三年	哈爾濱	三、〇〇〇、〇〇〇
天圖輕便鐵道公司	日滿	民國十一年	吉林	四、〇〇〇、〇〇〇

尙ホ豐材股份公司、興林造紙股份公司、黃泉採木公司、富寧股份有限公司ハ合シテ共榮企業株式會社ヲ設立シタレドモ舊政權時代ノ外商排斥ニ遭ヒ、今尙事業ハ休止ノ狀態ナリ。

第四項　各地商況

イ　吉　林

吉林省城ニ於ケル商況ハ活況ト言フベカラズ、主ナル取引ハ糧石、木材、棉紗、棉布、山貨ニシテ今商會ヨリノ報告ニツキ之ヲ見ルニ、

錢業ハ爲替ノ資金融通及各種貨幣ノ代客賣買ヲ以テ業トナスモ既ニ貨幣ハ劃一セラレタルヲ以テ市場ハ閑散ノ狀態ナリ。本業ハ二十八家アリ資金總額五十五萬元餘ナリ。

當業營業ハ不振ナリ。本業ハ二十二家アリテ資金總額國幣六十萬元ナリ。

糧業、本業ハ糧石ノ賣買運輸ヲナスヲ營業トナスモノニシテ本業ハ百十八家アリ資本總額ハ國幣六十萬元餘ナルモ地方ノ治安治ラザル爲メ營業不振ナリ。

雜貨業　本業ヲ見ルニ營業誠ニ不振ナリ。三十五家アリ。
總資本額ハ四十五萬元ナリ。
發行店業　本業ハ雜貨土產ノ代客賣買ヲ爲スモノニシテ歷年秋冬兩季ノ營業ハ旺盛ナルモ時局關係及ビ
稅金ノ高キ爲メ、營業殊ニ不振ナリ。九家アリ資金總額ハ國幣十八萬元ナリ。
藥　業　營業不振ナリ。合計二十八家アリ。資本總額ハ國幣四十三萬元ナリ。
乾鮮貨業　本業ハ各種乾鮮菓、鮮貨紙張等ノ賣買ヲ業トナス。五十五家アリ資金總額十三萬三千元ナレ
ドモ營業良好ト云フベカラズ。
京貨業　本業ハ東西兩洋ノ洋裝品及ビ磁器、玩具等ノ賣買ヲ營業トナス。十一家アリ資金總額國幣七萬
七千元ナリ。各家營業不振ナリ。
磁　業　本業ハ磁鐵蘆蓆等ノ物品ヲ以テ營業トナス。十家アリ資本總額ハ國幣十二萬元ナリ。
山貨業　本業ハ山貨即チ薓茸、皮張、藥材等ノ販買ヲナスモノニシテ各家資本總額國幣二萬元ニスギ
ズ。
估衣業　本業ハ四季新舊衣服ノ賣買ヲ以テ營業トナス。本業ハ七家アリ資金總額國幣十一萬元ナリ。
酒　業　本業ハ燒酒製造、販買ヲ業トスルモノニシテ十三家アリ。資金總額國幣九萬三千元ナリ。
吉林省城ノ商業ヲ總ジテ之ヲ見ルニ不振ニシテ商家ハ中央銀行ノ低利資金ヲ要望シツヽアル狀態ナリ
ロ、樺　甸
本縣ハ雜貨業二十五家、餜局五家、糧棧十一家、磁鐵業十家、梨窨業十一家ニシテ貨幣ハ永大洋、哈

一三一

大洋、現大洋、國幣、金票ナドニシテ事變后糧石ノ價値下落シ、商業ハ凋落セリ。

ハ　農　安

本縣ハ粮米業七家、雜貨業二十八家、燒酒業三家、當業七家、藥業八家、染業五家ニシテ當地流通貨幣ハ現洋、哈洋、吉洋、官帖、江帖、奉票等ニシテ最モ流通シツツアルモノハ官帖ナリ。近來國幣ノ流通カ頓ニ增大セリ。當地ニ進口ノ商品ハ磁鐵、綢緞、煙麻煤炭、棉紗等ニシテ穀物ハ一旦農安縣城ニ集リ新京ニ運銷ス。

ニ　長　春

本縣ハ縣城ノ大部分ハ新京特別市中ニ入リシ爲メ、商情トシテ述ブ可キ價値少シ。

ホ　伊　通

本縣ハ雜貨兼油糧業四家、中西葯業十六家、糧業五家、兌換紙幣業二家、皮業二家、木舖業三家ナドアリ。

流通紙幣ハ永洋、官帖、奉票ナド多ク國幣ハ日ニ流通力ヲ增シツヽアリ。

ヘ　延　吉

本縣ハ粮業六家、油業六家、雜貨布莊七家、絲房雜貨業七家、下雜貨業十一家等ニシテ當地貨幣ハ吉洋、日金、銀洋、哈洋、奉票、官帖ニシテ商情不良ナリ。

ト　琿　春

本縣ハ屠宰業八家、糖業二家、葯業八家、印刷業三家、木材業十家、酒業七家、雜貨業九十家、油房

十一家、木器業十五家、粮業五家、皮革業七家、五金業二十九家等ニテ流通貨幣ハ延吉ニ同ジ。商情概ネ良好ナリ。

チ　依　蘭

雜貨業二十三家、糧業二十二家、錢業十四家、當業五家、染業四家、油房三家、火磨二家、印刷二家紙坊一家等アリ。貨幣ハ吉洋吉帖、江帖、金票、國幣ナド流通シツツアルモ市場活潑ナラズ。

リ　珠　河

糧業九家、雜貨業十六家、藥業九家、鐵業十家、錢業、染業、書店業等十八家ニシテ流通紙幣ハ哈大洋、吉大洋、官帖、金票ニシテ商情良好ナラズ。

ヌ　寧　安

本縣ニハ粮業三十二家、油業二十家、雜貨業五十五家、肉業十八家、靴鞋業六家、藥業十八家、鐵業十家、當業十家、木業十二家、銀舖業七家等アリ、流通貨幣ハ官帖、哈大洋、吉大洋、國幣、金票等ニシテ商況活況ヲ呈セズ。

以上商況ハ大同元年六月實業部令ニヨリテ各地商情ヲ調査セル報告書中縣城ヲ中心トセル商況概況ナリ。

第五項　商政問題

光緒年間商部ヲ設置シ商法ヲ編定シ、光緒二十九年商部ハ商會簡明章程二十六條付則六條ヲ制定セリ次イデ商會董事章程八條各省商務議員章程十八條ヲ制定シ並ニ各省ニ商務局ヲ設置シタリ。

ソノ後、商部ハ各省ニ命シテ商會ノ設立ヲ奬勵セリ。東三省ニ於ケル商會モソレト前后シテ各處ニ設立セラレ始メハ商務會ト稱シタリ。民國四年商會法發布ニヨリ東三省各地ハ商會法ニ依據シテ總商會、商會ヲ設立シタリ。

民國十八年國民政府ハ商會法ヲ發布シタルニヨリ、東三省ノ總商會ノ商會モ該法ニ依リ改組シ、委員制トナシ、ソノ后同業公會ノ組織、市場、交易所ノ設立モアリ尙ホ總商會內ニハ商事公斷處ヲ設クルナド發達ノ過程ヲ辿レリ。

滿洲國成立スルヤ中央政府實業部ニ於テ商會ヲ監督指導スルコト、ナリ、民國四年ノ商會法ニヨリテ滿洲國內商會ハ改組セラレタリ。

第六項　結　論

滿洲國成立スルヤ滿洲經濟界ハ未曾有ノ危機ニ立チシモ日滿兩國ノ眞ノ提携ニヨリテ、ソノ危機ヲ免レタリ。今尙ホ吉林省內ニ於テハ治安治マラザル地方少カラズト雖モ本年七月一日ヨリ吉林省治安維持會ハ日滿兩軍ト協力シテ治安恢復工作ヲ續行中ナレバ、吉林省ニ於ケル商業ノ發達ハ商政ノ確立ト共ニ期シテ待ツベキモノアラントス。

第二節　工　業

第一項　緒　論

吉林省ニ於ケル工業ハ製粉、油房、製材等ノ二三ノ工業ヲ除クモノノ外ハ未ダ幼稚ナルモノナリ。蓋シ吉林經濟界ノ重心ハ商工業ニ存ラズシテ農業、鑛業、林業ニアルコトハ前述セル如クナリ。

第二項　吉林省內ノ工業概況

茲ニ民國十八年度吉林省工業統計表ヲ見ルニ

類別	製造戸數	資本總額	所要職工人數	類別	製造戸數	資本總額	所要職工人數
製粉業	二三	七、三二九、〇〇〇元	未詳	火柴工業	四	四七〇、〇〇〇元	三八〇人
製紙	二〇	九八、七〇〇	三六〇	醬油	一六	四三〇、〇〇〇	四二八
製造玻璃	四	二一、〇〇〇	一八一	蠟燭製造	一	三〇、〇〇〇	四〇
毛織業	一	一、〇〇〇、〇〇〇	三五〇	肥皂製造業	一	二、〇〇〇	二八
皮革工業	三	五〇四、〇〇〇	一九〇	製材業	一〇	四〇、〇〇〇	一二一
木器製造	一一	七三、六五〇	一七九	製銑業	一	六、〇〇〇	四〇
釀酒業	一	三〇、〇〇〇	四〇	帽子製造	二	三、〇〇〇	五二
棉織業	二二	二八一、一〇〇	八六八	紫色業	一一	四九、五〇〇	一一〇
染料工業	九	一七、〇七〇	八〇	竹藤業	一	七、〇〇〇	二六

ナホ十八年度吉林省工人工資調査表ヲ見ルニ

工業種類	工資數	工業種類	工資數	工業種類	工資數	工業種類	工資數
織工	二五元	縫紉	三〇元	木工	三〇元	鞋工	一八元
泥瓦	三〇	造紙	二五	造香	二四	造轉	三〇

瓦盆 二四元 樂匠 二四元 銅匠 二四元 金銀匠 二〇元
鐵匠 二〇 錫匠 三〇 畫匠 二一 燒鍋 三〇
油房 三〇 製紅 三〇 麵紛 三〇 粮業 一八
製醬 一八 染房 二一 火柴 二一 名匠 三〇

第三項　外人經營工業（哈爾濱ヲ含ム）

民國二十年ノ東北年鑑ニヨリテ之ヲ見ルニ

1、日本人經營工業ノ最モ著明ナルモノハ、中東海林採木有限公司、札免公司、寧安木材公司、鴨綠江採木公司、宮本木材店、高橋材木店、東洋棉花株式會社等ニシテ倘ホ此外次ノ如キモノアリ。

玩具 三五 玻璃 二 電機 三 皮革 三 釀造 九
打棉 五 建築 三九 印刷 一四 製靴 二二

2、露西亞人ノ經營ニカヽルモノハ次ノ如シ。

木材 二二 製粉 七 化學工業 六 製糖 一四 釀酒 八
製油 二 肥皂 四 建築 二五 玻璃 二九 印刷 四八

3、英國人ノ經營ニカヽル工業ハ

煉瓦 一〇 罐頭 二八
製革 三 毛皮 一二 煙草 二

4、其他ノ外人ノ經營ニカヽル工業ハ

獨乙人　印刷　八　製粉　二　佛國人　製粉　三　製靴　一
希人　釀造　二　煙草　一　伊太利人　彫刻　一　瑞典人　火柴　三
等アリ。

各地工業ノ概況

(1) 吉林
木業、八十一家、鐵業、五十五家、織業六家、細皮業九家、服裝業七家、皮業、二十五家、屠業二十六家、印刷業八家、銅業四家、首飾業二十五家、靴業十六家、餜食業（菓子工廠）十六家、染業八家、洋鐵業十七家、鐘表業三十一家、醬油業二十二家、泥瓦業七家、裁紉業十一家等ニシテ各業ノ工人ハ合計約三千人餘ナリ。尙ホ主ナル工業トシテ擧グベキハ裕德隆油坊、衆志洋火公司、金華洋火公司、永衡電燈廠、省立工藝廠、省立女工廠、吉林第一監獄工場、吉林游民習藝所、吉林旗務工廠、職業學校工廠等ナリ。

(2) 農安
釀酒三家、造紙二家、醬油五家、皮革二家、染業十五家、織業四家、窰業三家等主ナルモノニシテ大小一二九ノ工廠アリ。

(3) 樺甸
工業ト名付クベキモノ電燈廠ノミト報ジ居レリ。

(4) 阿城

工場數六五ヲ有シ火柴工廠、火磨、油房、木瓦石磚等ノ工業、主ナルモノニシテ、資產ノ大ナルモノハ六萬元、最小ノモノハ二千元ナリ。

(5) 寧安

製粉工場三處、電燈工處一處、皮靴工廠一處、油業工廠十七處、燒鍋六處ニシテ製粉工場ハ各工廠資本金三十萬元、電燈廠十萬元、靴廠業各一萬元、燒鍋四、五萬圓ノ資本ヲ有ス。

(6) 富錦

製粉工場三處、電燈廠一處アリ。製粉工場ノ總資本額ハ八十五萬元、電燈廠ハ十萬元ノ資本ヲ有ス。

(7) 延吉

工場五處アリ毛織、曹燭、造醬、及ビ鐵工等ニシテ、コノ資本額合計五萬元餘ナリ。ナホ此ノ外ニ電燈廠アリ。

第四、結論

吉林ニ工會ノ成立ヲ見タルハ清ノ宣統二年ニシテ工務總會ハ商會ト分離シ今日ニ至レルモノナルガ吉林省工業ハナホ家內工業ノ域ヲ脫セズ交通ノ發達トトモニ將來一段ノ發展アルモノト思惟セラル。

第八章　吉林省ノ敎育概況

第一項　概論

舊軍閥時代ノ敎育ハ省費ノ大部分ガ軍費ニ費消セラレ居リタル關係上之ガ充實ヲ期スル事ヲ得ザリシ

事並ニ、疲弊セル民衆ノ就學率又極メテ惡シキコト等ニ依リ甚ダシキ不振ニテ民衆ノ八、九割マデハ無學文盲ノ狀態ナリキ。且ツ舊軍閥政權ノ誤レル指導方針ハ敎育ノ本義ヲ喪失シ、學校ヲシテ敎育機關タラシメズシテ、一ツノ宣傳機關タラシメタル所多ク、支那本土ト同樣「愛國救國」ノ美名ノ下ニ排日排外主義敎育ヲ行ヒ、公民、修身ハモトヨリ圖畫、手工ニ至ルマデ悉ク排日排外ノ思想ヲ腦裡ニ刻スルガ如ク敎育ヲ施シタルモノナリ。而シテ又舊政權時代ニ於ケル學校敎師特ニ初等敎育ニ從事セル者ノ素質ハ頗ル劣惡ニシテ中等敎育未了程度ノ者多ク、地方有力者トノ緣故ニ依リ又ハ一時ノ糊口ノ資ヲ得ンガタメノ足場トシテ利用シタル者モ尠カラズ、且ツ地方ノ學校ノ大多數ニハ敎師以外ニ職員ナル者アリテ校長或ハ地方有力者ノ親類緣者ガ之ニ就キ無爲ニシテ高給ヲ貪リ居タル狀態ナリキ、之ヲ以テ舊軍閥政權時代ニ於ケル敎育ガ如何ニ等閑視セラレアリシカヲ窺知スル事ヲ得ベシ。

然ルニ昭和六年九月十八日事變後、大同元年三月一日我滿洲國ノ成立スルヤ三千萬民衆ヲシテ立國ノ精神ヲ知ラシムルヲ以テ尤モ急務ナリトシ、大同元年三月二十五日國務院令第二號ヲ發シ各學校ヲシテ從來ノ三民主義及黨義敎科書ヲ一律ニ廢止シ、四書孝經ヲ講授シ以テ禮儀ヲ遵崇スルノ念ヲ篤カラシメタリ、而シテ吉林省ニ於テハ新京、吉林、哈爾濱其他ノ主要都市ニ於テ建國運動會ヲ開催シ、民族融和ノ精神ヲ涵養シ、兼ネテ体育ノ向上ヲ圖リタリ、又六月ニハ各省區市ニ令シテ三民主義ヲ奉シ排外敎材ヲ濫用シテ國体ヲ侮辱スル等ノ徒輩ヲ取締ルヘク嚴飭ヲ加ヘ、中、小學校敎科書中ノ三民主義、排外敎材ノ刪正ヲ命シ、次テ滿洲國建國史畧ヲ刊行頒布シテ我建國ノ史的必然性ヲ知ラシメ、又奉天省敎育廳及南滿洲敎育會編纂ノ小學校敎科書ヲ審定シテ全省ニ使用スヘク命令シタリ。

私立學校ニ對シテハ私立學校辦法制定セラレ、ソノ取締ヲ嚴ニシ而シテ各學校ニ國旗掲揚心得ヲ訓令シ以テ國民的意識ヲ旺ナラシメタリ。

中央政府ニ於テハ各省教育廳長會議開催セラレ、我國教育ノ方針、學校体系、現行教育行政制度ノ改善等ヲ諮問回答セシメ、其ノ他指示事項、協議事項等ヲ討究シ、他方教育ノ振興ヲ圖レリ。祀孔祭ニ關スル宣傳ビラ、ポスター、孔子教等ノ印刷物ヲ各縣ニ發送シテ祀孔祭ヲ盛大ニ擧行セシムル資料トシ以テ聖德ヲ仰キ道德ヲ重ンスルノ精神ヲ振起セリ、滿洲國童子團設立セラルヽヤ、指導者ヲ同講習會ニ出席セシメ日本各地ヨリノ少年團幹部ノ臨席ヲ得テ、舊軍閥時代ノ指導精神ヲ一洗シテ新國家ノ指導原理ヲ諒解シ認識ヲ確實ナラシメタリ。

又中央政府ニ於ケル各種講習會、講演會等ニハ省下各縣ヨリ優良ナル校長、教員ヲ出席セシメ國務總理以下政府要人及日本内地ノ名士等ノ建國精神ニ關スル講演等ヲ聽講セシメテ新國家ノ認識ヲ確實ナラシメ教員素質ノ向上ト信念ノ確立ヲ圖ラムトシツヽアリ。

第二項、新國家ニ對スル認識

大部分ハ滿洲國ハ當然生ルヘクシテ生レタルモノ、卽チ三千萬民衆ノ熱烈ナル意志ニ依リ成立セルモノト認メ、只管今後ノ平和繁榮ヲ希ヒツヽアリ、殊ニ學校長、教員ノ一部ハ一日モ早ク滿洲國ニ對スル正確ナル認識ヲ把握セントシテ大イニ努メツヽアル跡歴然タルモノアリ。而モ學生等ニ對シテモカヽル熱意ヲ以テ臨ム結果ハ學生思想上ニモ頗ル好影響ヲ及ホスコトトナリ、彼等ノ作文、圖書等各種成績品ニモ亦言動上等ニモ反映表現サレツヽアル現況ナリ。

尚各縣各村ニ於ケル狀態ハ今尚調査不充分ニシテ斷定的ニハ言ヒ難キモ實地調査ノ屆ケル地方ノ多クハ新國家ニ對シテ多大ノ希望ト熱意ヲ示シツヽアル狀態ナリ。

第三項、敎員學生ノ思想

大体ニ於テ新國家ノ命令ヲ遵奉シ眞面目ニソノ業ニ勵ミツヽアル模樣ナリ。然レ共極小部分ノ者ハ未タ旗幟不鮮明ニシテ共産黨或ハ國民黨ニ加担シ、日和見的ナリ。彼等ノカヽル態度ニ出ツル根本原因ハ全ク現在ノ滿洲國ノ存立ニ對スル不安ノ念ヨリ生スルモノナリ。

惟フニ今ヤカヽル徒輩モコノ滿洲國ノ健實ナル歩ミヲ見テハ當然解消サルヘキモノト思ハル。

第四項、敎育方針

滿洲國ノ敎育方針ニ就テハ中央文敎部ニ於テモ來ダソノ發表ヲ見ズ、從ツテ當省ノ敎育モ確立セル方針ヲ標榜スル域ニ達セザルモ、大体立國ノ精神ヨリ見テ、從來ノ三民主義、國民黨義ニ換フルニ王道主義ヲ以テシ、王道ノ眞義ニ基キ建國ノ理想ヲ明ラカニシ、身心ヲ練磨シ德性ヲ涵養シ以テ、普通敎育ノ普及ヲ計リ、國民タルノ資格ヲ完成シ實際ニ順應シテ産業敎育ノ振興ヲ計リ、國民生活ノ安定ト發展トニ必要ナル知識技能ヲ敎授シ、着實勤勞ノ習慣ヲ養成シ、國際關係ヲ明カニシ、人種民族ノ偏見ヲ去リ民族ノ融和ニ努メ進ンデ國運ノ隆昌ニ努力シ、人類ノ大同ニ資セントスルモノナリ。

第五項、學制

1、小學校ハ初級四年高級二年計六ケ年ノ修業年限ニシテ、國民全般ニ義務敎育ノ普及ヲ計畫シ居ルモ未ダ其ノ域ニ達セズ。即チ民國二十年度ニ於テ二十%餘ノ就學率トナリ居リ、事變後ノ今日ニアリテ

一四一

ハ匪賊、水害等ノタメ未開ノ學校モ相當アリ、遺憾乍ラ事變前ニ比シテ幾分低下ノ現狀ニアリ、速カニ未開ノ學校ヲ開校セシメ、他面向學心ヲ刺戟シテ國民教育ノ普及發達ヲ計ルベキモノナリ。

2、中等教育ハ中學校ヲ更ニ初級、高級ニ別チ、年限ハ各三年ナリ、而シテ初級中學ニ於テハ專ラ普通學科ヲ、高級中學ニアリテハ專門學科ヲ主トシ、又高級中學ハ之ヲ文科、理科、工科、師範科、商科農科等ニ別ツモ當省ニアリテハ文科、理科、師範科、工科（土木科、機械科）ノ各高級中學ヲ有スルノミ、女子教育機關トシテハ女子中學、女子師範アリ、又初級高級ノ別アリテ其ノ內容ハ殆ンド男子中學及ビ師範ニ仝ジ、而シテ各高級中學卒業生ハ各大學ニ入學スルコトヲ得

教科目及教授時數

各學校ニ於テ現ニ課セル學科目ハ次ノ如クニシテ各土地ノ事情ニヨリ、小學校ニテハ二十時間乃至三十時間、中等學校ニ於テハ三十時間乃至三十六時間適宜撰擇シテ之ヲ課シツヽアリ、又小學校ニテハ奉天省編纂ノ教科書ヲ、中等學校ニ於テハ各教師ヲシテ任意撰擇セシメ居ルモ近キ將來ハ目下編纂及ビ計畫中ノ文教部作製ノモノヲ一律ニ使用スルコトヽナラン、學科目左ノ如シ。

初級小學校―修身、國語、算術、自然、体育、音樂、工作、美術

高級小學校―國語、地理、歷史、自然、美術、工作、孝經、算術、体育、音樂、衛生、日語（實驗小學校ノミ）、

初級中學校―國文、經學、英文、日文（吉林市內ノミ）、算術、理科、歷史、地理、生理衛生、博物、体育、音樂、圖畫、工藝、教育（職業教育）、

高級中學校—國文、經學、英文、日文、体育、理科、地理、歷史、政治學、法制、心理、論理、修辭學
人生哲學、博物、理科實驗、解析幾何、微積分、文學史、代數、美術史
師範學校—國文、經學、英文、日文、數學、法制經濟、歷史、地理、心理、論理、人生哲學、生理、
博物、体育、音樂、圖畫、美術、教育、物理、化學、實習
工科中學校—國文、經學、日文、英文、算術、代數、幾何、三角、化學、物理、音樂、地史、体育、原
動學、機械製圖、工場實習、解折、微積分、工程力學、材料强弱學、機械工作學、機械原
料學、機械設計、汽機內燃學、機關學、電工學、水力學、物理化學實驗、材料實驗、工場
管理、工場實習、鐵路工程、市政工程、測量
女子中學及女子師範ニハ此ノ外女子トシテ必要ナル工藝（縫紐造花等）、教育、家事（家政學）等ヲ課
セリ。

第六項、學校狀況

本省內ニ於ケル事變前ノ小學校等ハ省市縣立一、四六五校、私立四六校、計一、五一一校。中等學校數（中學校、職業學校及師範學校）ハ省市縣立四二校、私立四校、計四六校、大學一校ナリ。學級數小學三、〇八九、中等學校一八九、大學一一ニシテ生徒數ハ小學生徒一二九、三一六、中等學校學生數八、五五九、大學生三八九計一三〇、二六四ニシテ敎職員數ハ小學敎員四、〇一八、中等學校四五六、大學三七人ナリキ、而シテ事變後大同元年三月調査ニ依レバ省市縣立小學校九一五、中等學校二五、私立小學校六六、中等學校二、計小學校九八一、中等學校二七校ニ減少セリ、學級數ニ於テハ小學校省市

縣立私立計一、九〇三、中等學校計一四八、總計二、〇五一、生徒數小學生六三、四二七、中等學生四、五八二人、計六八、〇〇九人ニ減ジタリ。ソノ後一年ヲ經過シタル大同二年三月調査ニ依レバ、開校數小學校四三七、中等學校二六、小學生徒四一、五九四、中等學生五、〇一五八人ニシテ、元年三月調査ヨリ減少シ居ルモ、之ハ治安關係ニ依ルモノニシテ今後ハ治安回復シツヽアルヲ以テ漸次開校數モ增加シ、生徒數モ增加スルモノト思ハル、現在ニ於テハ事變前ノ約四〇%ノ開校數ヲ示シタリ。

以下事變前及大同元年三月、大同二年三月調査ニ依ル學校、學級、生徒、教職員數ノ比較表ヲ示セバ次ノ如シ。

A、事變前ニ於ケル狀況

1. 吉林省市縣立各校統計表

（據民國二十年省市縣督學報告）

種別	學校數	學級數	學生數	職教員	經費（永洋）
小學校	1465	2994	125428	3852	1842299
中學校及職業學校	30	120	5756	301	419947
師範學校	12	40	1414	98	196561
大學校	1	11	389	37	141670
總計	1508	3165	132987	4288	2600477

2. 吉林省各縣私立各校統計表

（據民國二十年各縣督學報告）

種別	學校數	學級數	學生數	職教員	經費（永洋）	種別	學校數	學級數	學生數	職教員	經費（永洋）
小學校	46	95	3888	166	12000						
中學校	4	29	1389	57	36700	總計	50	124	5277	223	48700

3. 吉林全省各校統計表 （據民國二十年省市縣督學報告）

種別	學校數	學級數	學生數	職教員	經費（永洋）	種別	學校數	學級數	學生數	職教員	經費（永洋）
小學校	1511	3089	129316	4018	1854299	大學校	1	11	389	37	141670
中學校及職業學校	34	149	7145	358	456647						
師範學校	12	40	1414	98	196561	總計	1558	3289	138264	4511	2649177

四、吉林省市縣立各學校概況表 （民國二十年省市縣督學官報告）

省市縣別	小學校					中等學校					大學校					總計				
	學校數	學級數	學生數	職教員	經費	學校數	學級數	學生數	職教員	經費	學校數	學級數	學生數	職教員	經費	學校數	學級數	學生數	職教員	經費
吉林省	26	92	3.988	111	89.473	15	87	3.245	207	387.969	1	11	389	37	141.670	42	190	7.802	355	619.112

濛江縣	磐石縣	伊通縣	雙陽縣	長春縣	長嶺縣	農安縣	德惠縣	舒蘭縣	永吉縣	濱江市	吉林市
9	34	36	39	87	21	46	43	43	167	1	10
19	74	34	60	154	28	122	86	58	287	3	37
677	3.179	3.652	2.302	6.055	1.112	4.326	2.318	2.390	14.035	105	1.263
24	104	104	68	172	38	153	99	67	476	6	41
	53.314	72.307	32.685		14.853	64.846	52.948	24.411	256.729		29.780
	1	1	1	1	1	1	1	1	1		
			3	2	1	5	3	1	10		
			106	109	30	172	85	30	575		
			5	8	5	12	10	6	22		
			8.834	9.068	3.204	4,364	13,060	4.008	32,539		
9	35	37	40	88	22	47	44	44	168	1	10
19	74	84	63	156	29	127	89	59	297	3	37
677	3.179	3.652	2.408	6.164	1.142	4,498	2.403	2.420	14.640	105	1.233
24	104	104	73	180	43	165	109	73	498	6	41
	53.314	72.307	41.519	9.068	18.057	69.210	66.008	28.419	289.268		29.780

一四六

	寶清縣	密山縣	穆稜縣	東寧縣	寧安縣	額穆縣	敦化縣	汪清縣	琿春縣	延吉縣	和龍縣	樺甸縣
	15	20	14	14	67	28	9	34	53	27	31	19
	31	47	29	26	160	50	27	64	88	102	100	43
	888	1.573	1.420	772	5.949	2,079	797	2.613	3.519	330	3.235	1.871
	37	55	45	28	200	61	27	85	97	115	128	59
	13.140	33 456	44.891	19.575		36.747	16,819	24.090		131.118	56.299	28,705
		1			2				1	1		1
					5				3	3		1
					190				80	50		29
					19				11	11		7
					15.596				10.895	17,920		2.400
	15	21	14	14	69	28	9	34	54	28	31	20
	31	47	29	26	165	50	27	64	91	105	100	44
	888	1.573	1.420	772	6.139	2.079	797	2.613	3.599	380	3.235	1.900
	37	55	45	28	219	61	27	85	108	126	128	66
	13.140	33.456	44.891	19.575	15.596	36.747	16.819	24.090	10.895	149.038	56,299	31.105

濱江縣	阿城縣	賓縣	珠河縣	葦河縣	延壽縣	方正縣	依蘭縣	勃利縣	樺川縣	富錦縣	同江縣
37	51	36	13	9	26	11	23	12	24	35	13
82	93	78	33	20	56	24	79	27	65		20
3.036	2.804	3.046	1.567	662	1.906	933	2.775	1.332	2.463		593
103	112	97	64	27	92	32	128	40	111		20
	79.197	81.756	38.858	16.729	50.003	16.454	104.761	23.492	81.780		9.952
		1			1		2		1	1	
		5			3		6		3		
		190			85		258		90		
		11			8		24		8		
		17.298			10.500		23.308		13,000		
37	51	37	13	9	27	11	25	12	25	36	13
82	93	83	33	20	59	24	85	27	68		20
3.036	2.804	3.236	1.567	662	1.991	933	3.033	1.332	2.553		593
103	112	108	64	27	100	32	152	40	119		20
	79.197	99.054	388.58	16.729	60.503	16.454	128 069	23.492	94.780		9.952

雙城縣	五常縣	榆樹縣	扶餘縣	總計
98	28	90	66	1.465
175	58	129	184	2.994
7.553	2.292	4.446	6.762	125.428
213	68	141	204	3.852
	36.106	87.868	119.427	1.842.299
1	1	2	2	42
5	3	5	6	160
193	151	192	310	7.170
9	8	8		399
16.698	11.772	14.075		616.508
				1
				11
				389
				37
				141.670
99	29	92	66	1.508
180	61	134	190	3.165
7.746	2.443	4.638	7.072	132.987
222	76	149	204	4.288
16.698	47.878	101.943	119.427	2.600.477

五、吉林省各縣私立各校概況表

（民國二十年省市縣督學官報告）

縣別		吉林省	吉林市	德惠縣
小學校	學校數		3	1
	學級數		6	1
	學生數		228	15
	教職員		11	1
	經費			
中等學校	學校數	2		
	學級數	24		
	學生數	1.208		
	教職員	39		
	經費	12.200		
總計	學校數	2	3	1
	學級數	24	6	1
	學生數	1.208	228	15
	教職員	39	11	1
	經費	12.200		

長春縣	5	27	1.219	31	12.000	1	3	114	12	16.200	6	30	1.333	43	28.200
雙陽縣	1	2	70	2							1	2	70	2	
伊通縣	3	8	414	12							3	8	414	12	
延吉縣	15	29	790	61							15	29	790	61	
敦化縣	1	1	56	2		1	2	67	6	8.300	2	3	123	8	8.300
甯安縣	1	3	125	4							1	3	125	4	
樺川縣	1	3	99	4							1	3	99	4	
勃利縣	1	2	97	5							1	2	97	5	
方正縣	2	2	80	4							2	2	80	4	
珠河縣	1	1	52	4							1	1	52	4	
賓縣	3	4	140	5							3	4	140	5	
阿城縣	1	2	72	4							1	2	72	4	

省市縣別	省市縣立 學校數	省市縣立 學級數	省市縣立 學生數	省市縣立 職教員	省市縣立 經費(永洋)	省市縣私立 學校數	省市縣私立 學級數	省市縣私立 學生數	省市縣私立 職教員	省市縣私立 經費(永洋)	總計 學校數	總計 學級數	總計 學生數	總計 職教員	總計 經費(永洋)
榆樹縣	7	4	431	16							7	4	431	16	
合計	46	95	3,888	166	12.000	4	29	1.389	57	36.700	50	124	5,277	223	48,700

備考 1、右記縣市以外ノ縣ハ未報告ニ付キ記載セズ
2、經費ハ永大洋ヲ以テ表示ス

六、吉林全省各校概況表

（民國二十年省市縣督學官報告）

省市縣別	省市縣立 學校數	省市縣立 學級數	省市縣立 學生數	省市縣立 職教員	省市縣立 經費(永洋)	省市縣私立 學校數	省市縣私立 學級數	省市縣私立 學生數	省市縣私立 職教員	省市縣私立 經費(永洋)	總計 學校數	總計 學級數	總計 學生數	總計 職教員	總計 經費(永洋)
吉林省	42	190	7.802	355	619.112	2	24	1.208	39	12.200	44	214	9.010	394	631.312
吉林市	10	37	1.263	41	29.780	3	6	228	11		13	43	1.491	52	29.780
濱江市	1	3	105	6							1	3	105	6	
永吉縣	168	297	14.640	498	289.268						168	297	14.640	498	289.268
舒蘭縣	44	59	2.420	73	28.419						44	59	2.420	73	28.419

一五一

琿春縣	延吉縣	和龍縣	樺甸縣	濛江縣	磐石縣	伊通縣	雙陽縣	長春縣	長嶺縣	農安縣	德惠縣
54	28	31	20	9	35	37	40	88	22	47	44
91	105	100	44	19	74	84	63	156	29	127	89
3.599	230	3.235	1.900	677	3.179	3.652	2.408	6.164	1.142	4.498	2.403
108	126	128	66	24	104	104	73	180	43	165	109
10.895	149.038	56.229	31.105		53.314	72.307	41.519	9.068	18.057	69.210	65.808
	15					3	1	6			1
	29					8	2	30			1
	790					414	70	1.333			15
	61					12	2	43			1
								28.200			
54	43	31	20	9	35	40	41	94	22	47	45
91	134	100	44	19	74	92	65	186	29	127	90
3.599	1.170	3.235	1.900	677	3.179	4.066	2.478	7.497	1.142	4 498	2.418
108	187	128	66	24	104	116	75	223	43	165	110
10.895	149.038	56.229	31.105		53.314	72.307	41.519	37.268	18.057	69.210	65.808

一五二

勃利縣	樺川縣	富錦縣	同江縣	寶清縣	密山縣	穆稜縣	東寧縣	甯安縣	額穆縣	敦化縣	汪清縣
12	25	36	13	15	21	14	14	69	28	9	34
27	68		20	31	47	29	26	165	50	27	64
1.332	2.553		593	888	1.573	14.200	772	6.139	2.079	797	2.613
40	119		20	37	55	45	28	219	61	27	85
23.492	94.780		9.952	13.140	33.456	44.891	19.575	15.596	36.747	16.819	24.090
1	1							1		2	
2	3							3		3	
97	99							125		123	
5	4							4		8	
										8.300	
13	26	36	13	15	21	14	14	70	28	11	34
29	71		20	31	47	29	26	168	50	30	64
1.429	2.652		593	888	1.573	14.200	772	6.264	2.079	920	2.613
45	123		20	37	55	45	28	223	61	35	85
23.492	94.780		9.952	13.140	33.456	44.891	19.575	15.596	36.747	25.119	24.090

榆樹縣	五常縣	雙城縣	濱江縣	阿城縣	賓縣	珠河縣	葦河縣	延壽縣	方正縣	依蘭縣
92	29	99	37	51	37	13	9	27	11	25
134	61	180	82	93	83	33	20	59	24	85
4.638	2.443	7.746	3.036	2.804	3.236	1.567	662	1.991	933	3.033
149	76	222	103	112	108	64	27	100	32	152
101,943	47.878	16.698		79.197	99.054	38.858	16.729	60.503	16.454	128.069
7				1	3	1			2	
4				2	4	1			2	
431				72	140	52			80	
16				4	5	4			4	
99	29	99	37	52	40	14	9	27	13	25
138	61	180	82	95	87	34	20	59	26	85
5.069	2.443	7.746	3.036	2.876	3.376	1.619	662	1.991	1.013	3.033
165	76	222	103	116	113	68	27	100	36	152
101.943	47.878	16.698		79.197	99.054	38.858	16.729	60.503	16.454	128.069

扶餘縣	68	190	7.072	204	119.427						68	190	7.072	204	119.427
總計	1.508	3.165	132.167	4.288	2.600.477	50	124	5.277	223	48.700	1.558	3.289	137.444	4.511	2.649.177

B、事變後ニ於ケル教育狀況

1. 吉林省市縣立各校統計表

（大同元年三月調）

種別	學校數	學級數	學生數	職教員	種別	學校數	學級數	學生數	職教員	種別	學校數	學級數	學生數	職教員
小學校	915	1.721	59.228	2.134	師範學校	7	49	1.431	101					
中學校	16	79	2.448	185	職業學校	2	7	149	18	計總	940	1.856	63.256	2.438

2. 吉林省市縣私立各校統計表

（大同元年三月調）

種別	學校數	學級數	學生數	職教員	種別	學校數	學級數	學生數	職教員	種別	學校	學級數	學生數	職教數
小學校	66	182	4.199	200	中學校	2	13	554	26	總計	68	195	4.753	226

3. 吉林全省各校統計表

（大同元年三月調）

種別	學校數	學級數	學生數	職教員
小學校	981	1.903	63.427	2.334
中學校	18	92	3.002	211
師範學校	7	49	1.431	101
職業學校	2	7	149	18
總計	1.008	2.051	68.009	2.664

四、吉林省市縣立各學校概況表

（大同元年三月調）

省市縣別	小學校				中等學校				總計			
	學校數	學級數	學生數	職教員	學校數	學級數	學生數	職教員	學校數	學級數	學生數	職教員
吉林省	7	41	1.135	52	12	92	2.614	185	19	133	3.749	237
吉林市	10	37	1.394	41					10	37	1.394	40
濱江市	2	5	130	5					2	5	130	5
延吉市	1	3	67						1	3	67	
永吉縣	271	336	12.893	419	1	10	308	21	272	346	13.201	440
舒蘭縣	51	73	2.728	110	1	1	30	6	52	74	2.758	116

汪清縣	琿春縣	延吉縣	和龍縣	樺甸縣	濛江縣	磐石縣	雙陽縣	長春縣	長嶺縣	農安縣	德惠縣
34	8	27	33	18	9	23	39	79	14	9	64
65	30	86	102	46	18	69	58	142	19	45	84
2.391	1.280	1.990	3.582	1.856	513	2.713	2.272	4.566	608	1.848	2.021
67	38	107	113	60	19	94	67	152	22	60	119
				1		1	1	2	1	1	1
				1		3	3	3	1	6	3
				29		115	83	119	21	170	77
				6		7	6	18	3	12	12
34	8	27	33	19	9	24	40	81	15	10	65
65	30	86	102	47	18	72	61	145	20	51	87
2.391	1.280	1.990	3.582	1 885	513	2.828	2.355	4.685	629	2.018	2.098
67	38	107	113	66	19	101	73	170	25	72	131

寧安縣	4	32	775	41					4	32	775	41
富錦縣	39	43	1.709	51	1	3	159	6	40	46	1.868	57
樺川縣	24	75	2.790	114	1	4	128	10	25	79	2.918	124
珠河縣	14	14	522	20					14	14	522	20
阿城縣	18	27	1.181	36					18	27	1.181	36
濱江縣	16	72	2.465	95					16	72	2.465	95
雙城縣	94	194	5.567	225	1	5	175	12	95	199	5.742	237
楡樹縣	6								6			
乾安縣	1	5	232	7					1	5	232	7
總計	915	1.721	59,228	2.134	25	135	4.028	304	940	1.856	63.256	2.438

備考
1、右記以外ノ各縣ハ未報告ニ付キ記載セズ
2、省立第六中學ハ第一師範ニ、第二中學ハ第二師範ニ合併シ、第五師範及其附屬小學校ハ未開校ナリ
3、吉林省立大學ハ停止セルニ付キ計上セズ

五、吉林省市縣私立各校概況表

（大同元年三月調）

種別	省市縣別	吉林省	吉林市	德惠縣	長嶺縣	双陽縣	和龍縣	延吉縣	濱江縣	計
小學校	學校數		2	1	1	1	18	41	2	66
	學級數		2	1	3	2	48	113	13	182
	學生數			25	93	78	1.265	2.167	571	4.199
	職教員			1	3	2	49	123	22	200
中等學校	學校數	2								2
	學級數	13								13
	學生數	554								554
	職教員	26								26
總計	學校數	2	2	1	1	1	18	41	2	68
	學級數	13	2	1	3	2	48	113	13	195
	學生數	554		25	93	78	1.265	12.167	571	4.753
	職教員	26		1	3	2	49	123	22	226

備考　右記以外各縣市ハ未報告ニツキ記載セズ

六、吉林全省各校概況表

（大同元年三月調）

省市縣別	省市縣立 學校數	省市縣立 學級數	省市縣立 學生數	省市縣立 職教員	省市縣私立 學校數	省市縣私立 學級數	省市縣私立 學生數	省市縣私立 職教員	總計 學校數	總計 學級數	總計 學生數	總計 職教員
吉林省	19	133	3.749	237	2	13	554	26	21	146	4.303	263
吉林市	10	37	1.394	41	2	2			12	39	1.394	41
濱江市	2	5	130	5					2	5	130	5
延吉市	1	3	67						1	3	67	
永吉縣	272	346	13.201	440					272	346	13.201	440
舒蘭縣	52	74	2.758	116					52	74	2.758	116
德惠縣	65	87	2.098	131	1	1	25	1	66	88	2.123	132
農安縣	10	51	2.018	72					10	51	2.018	72

一六〇

長嶺縣	15	20	629	25	1	3	93	3	16	23	722	28
長春縣	81	145	4.685	170					81	145	4.685	170
雙陽縣	40	61	2.355	73	1	2	78	2	41	63	2.433	75
磐石縣	24	72	2.828	101					24	72	2.828	101
濛江縣	9	18	513	19					9	18	513	19
樺甸縣	19	47	1.885	66					19	47	1.885	66
和龍縣	33	102	3.583	113	18	48	1.265	49	51	150	4.848	162
延吉縣	27	86	1.990	107	41	113	2.167	123	68	199	4.157	230
琿春縣	8	30	1.280	38					8	30	1.280	38
汪清縣	34	65	2.391	67					34	65	2.391	67
寧安縣	4	32	775	41					4	32	775	41
富錦縣	40	46	1.868	57					40	46	1.868	57

一六一

樺川縣	25	79	2.918	124					25	79	2.918	124
珠河縣	14	14	522	20					14	14	522	20
阿城縣	18	27	1.181	36					18	27	1.181	36
濱江縣	16	72	2.465	95	2	13	571	22	18	85	3.036	117
雙城縣	95	199	5.742	237					95	199	5.742	237
楡樹縣	6								6			
乾安縣	1	5	232	7					1	5	232	7
總計	940	1.856	63.257	2.438	68	195	4.753	226	1.008	2.051	68.010	2.664

七、吉林全省市縣公私立開學校數統計表

（大同二年三月調）

種別	公私別	學校數	學級數	學生數	教員數
中等學校	公立	二三	一四一	四、四〇四	二九一
	私立	三	一三	六一一	四三

小學校 公立	小學校 私立	總計 公立	總計 私立	總計 計
四二六	一一	四四九	一四	四六三
九九〇	一四	一、一三一	二七	一、一五八
四〇、四八九	一、一〇五	四四、八九三	一、七一六	四六、六〇九
一、二七二	三五	一、五六三	七八	一、六四一

八、省市縣立開校學校概況

（大同二年三月調）

縣市別／種別	中等學校 學校數	中等學校 學級數	中等學校 學生數	中等學校 教員數	小學校 學校數	小學校 學級數	小學校 學生數	小學校 教員數	計 學校數	計 學級數	計 學生數	計 教員數
吉林省	一二	一〇七	三、二五八	二〇三	七	四二	一、六七七	五二	一九	一四九	四、九三五	二五五
吉林市					一〇	三六	二、四〇一	四二	一〇	三六	二、四〇一	四二
濱江市					一	*五	一五〇	七	一	*五	一三〇	七
延吉市	一	三	六七	五					一	三	六七	五
永吉縣	一	七	四二一	二〇	一〇六	一九七	一〇、二九五	二六三	一〇七	二〇四	一〇、七〇六	二〇三
農安縣	一	*五	一四三	一二	二二	*五九	二、九三〇	七四	二三	六四	三、〇七三	八五
長嶺縣	一	一	二二	二	一三	二一	八八五	二四	一四	二二	九〇七	二六

△長春縣	一	三	一二	九	五八	一一五	二、八八六	一四〇	五九	一一八	二、九九七	一四九
雙陽縣	—			—	一八※	三三	一、四八九	四一	一八	三三	一、四八九	四一
磐石縣	一※	三	七四	七	四※	二三	七八八	三六	五	二五	八六二	三三
濛江縣	—		—	—	六※	一三	四四七	一四	六	一三	四四七	一四
樺甸縣	—		—	—	二一※	三五	一、〇九八	五一	二一	三五	一、〇九八	五一
△和龍縣	—	—	—	—	六	二七	八二五	三五	六	二七	八二三	三五
延吉縣		—	—	—	一六	五三	一、七二六	六六	一六	五三	一、七二六	六六
△琿春縣	二	二五	八	一三	七	二一	七二三	二五	八	四六	八〇三	三七
汪清縣	—	—	—	—	三※	六	三四七	八	三	六	三四七	八
敦化縣	—			—	六※	一一	七五六	一七	六	一一	七五六	一七
額穆縣	—			—	九	一七	七五〇	一九	九	一七	七五〇	一九
△寧安縣				—	五	三七	一、〇四一	五一	五	三七	一、〇四〇	五一
穆稜縣			—	—	一五	四一	一、三五一	六二	一五	四一	一、三五一	六三
△寶清縣		—		—				—		—		
饒河縣				—	二※	四	一四七	五	二	四	一四七	五
△富錦縣	一	二	四三	三	二一	二五	八五八	二六	二三	三四	九〇〇	二九
延壽縣	—	—	—	—	一九※	二八	一、一六〇	四三	一五	三八	一、一六〇	四三
珠河縣	—	—	—	—	九	三八	一、三〇四	四六	九	三八	一、三〇四	四六

一六四

賓縣	一※	三	六三	四	一九※	三五	一、一一三	二八	二〇	三八	一、一七四	三二
阿城縣					四	二一	八七一	二一	四	二一	八七一	二一
△楡樹縣					二	六	二〇三	八	二	六	二〇三	八
扶餘縣	二※	五	一三四	一六	二〇※	四一	二、二四二	五七	二二	四六	二、三七六	七三
乾安縣					一※	一三	一二八	四	一	一三	一二八	四
計	三三	一四一	四、四〇三	二九二	四三六	九九〇	四〇、四八九	一、二七三	四四九	一、一三一	四四、八九三	一、五六三

備考

1、事變前省立中學七校ナリシモ事變後ハ合併シテ二校トナス

2、省立學校中未開學ノモノ師範學校一、附屬小學校一アリ

3、省立小學校欄内中ニ幼雅園一ヲ含ム

4、各縣名ノ△印ハ大同元年十一月報告ノモノ、但シ伊通舒蘭ノ兩縣ハ未開校ナリ

5、學級數欄ノ※印ハ推定數ヲ示ス

6 德惠、東寧、密山、虎林、撫遠、同江、樺川、勃利、依蘭、方正、葦河、濱江、雙城、五常、九台等各縣ハ未報告ニツキ此ノ表ニハ掲載セズ

9. 吉林省市縣公私立學校已未開學統計表

（大同二年三月調）

種別		已開校數	未開校數	未已開校數合計	已開校數百分比
師範學校	公立	7	1	8	88%
	私立				
	計	7	1	8	88%

中學校	公立	12	4	16	75%
	私立	3		3	100%
	計	15	4	19	78%
職業學校	公立	3		3	100%
	私立				
	計	3		3	100%
小學校	公立	427	832	1.259	34%
	私立	11	101	112	10%
	計	438	933	1.371	32%
總計	公立	449	837	1.286	35%
	私立	14	101	115	12%
	計	463	938	1.401	33%

一〇、吉林省市縣立學校事變前後概況比較表

（大同二年三月調）

種別	學校數 事變前	學校數 元年春	學校數 元年秋	學校數 二年春	學級數 事變前	學級數 元年春	學級數 元年秋	學級數 二年春	學生數 事變前	學生數 元年春	學生數 元年秋	學生數 二年春	職教員 事變前	職教員 元年春	職教員 元年秋	職教員 二年春
吉林省	42	19	19	19	190	33	138	149	7.802	3.749	4.08[illegible]	4.935	355	237	315	253

	磐石縣	伊通縣	雙陽縣	長春縣	長嶺縣	農安縣	德惠縣	舒蘭縣	永吉縣	延吉市	濱江市	吉林市
	35	37	40	88	22	47	44	44	168		1	10
	24		40	81	15	10	65	52	272	1	2	10
				59	1	21			19	1	1	10
	5		18	59	14	23			107	1	1	10
	74	84	63	156	29	127	89	59	297		3	37
	72		61	145	20	51	87	74	346	3	5	37
				113	1	62			94	3	3	37
	25		32	118	22	64			204	3	5	36
	3,179	3.652	2.408	6.164	1.142	4.498	2.403	2,120	14.640		105	1.263
	2.828		2.355	4.685	629	2.018	2.098	2.758	13.201	67	130	1.394
	[illegible]			3.997	30	2.316			3.997	51	150	808
	862		1.489	2.997	907	3.073			10.706	67	150	2.401
	104	104	73	180	43	165	109	73	498		6	41
	101		73	170	25	72	131	116	440		5	41
	[illegible]			149	5	83			130	9	6	42
	33		41	149	26	85			302	5	7	42

濛江縣	9	9		6	19	18		13	677	513		447	24	19		14
樺甸縣	20	19	12	11	44	47	25	35	1,900	1,885	1,265	1,998	66	66	56	51
和龍縣	31	33	6	6	100	102	27	27	3,235	3,582	825	825	128	113	35	35
延吉縣	28	27	18	16	105	86	52	53	[illegible]	1,996	1,342	1,726	126	107	63	66
琿春縣	54	8	8	8	91	30	21	24	2,599	1,280	803	862	108	38	42	37
汪清縣	34	34	7	3	64	65	9	6	2,613	2,391	338	347	85	67	12	8
敦化縣	9		1	6	27		6	12	797			756	27		9	17
額穆縣	28			9	50			17	2,079			750	61			19
寧安縣	69	4	5	5	165	32	37	37	6,139	775	1,940	1,940	219	41	51	51
東寧縣	14				26				762				28			
穆稜縣	14			15	29			41	1,420			1,251	45			62
密山縣	21				47				1,573				55			

一六八

珠河縣	葦河縣	延壽縣	方正縣	依蘭縣	勃利縣	樺川縣	富錦縣	同江縣	饒河縣	虎林縣	寶清縣
13	9	27	11	25	12	25	36	13		13	15
14						25	40				
9		25					22		2		
33	20	59	24	85	27	68	46	20		20	31
14						79					
38		38					24		4		
1,567	662	1,991	933	3,033	1332	2,553	1,868	503		503	888
522						2,918					
1,204		1,160					900		147		
64	27	100	32	152	40	119	57	20		20	37
20						124					
46		42					29		5		

總計	乾安縣	扶餘縣	楡樹縣	五常縣	雙城縣	濱江縣	阿城縣	賓縣
1.521		68	92	29	99	37	51	37
940	1		6		95	16	18	
205		26	2				4	
449	1	22	2				4	20
3.131		190	34	61	180	82	93	83
1.710	5				199	72	27	
694		37	6				10	
1.131	3	46	6				21	28
121.328		7.072	4.368	2.443	7.746	3.036	2.804	3.236
61.388	232				5.742	2.465	1.181	
23.360		1.693	203				430	
44.893	128	2.376	203				871	1.174
4.365		204	149	76	222	103	112	148
2.301	7				237	95	36	
1.088		61	8				12	
1.563	4	73	8				21	32

備考

1. 延吉市及虎林、饒河、撫遠、乾安ノ各縣ノ事變前ニ於ケル數字ハ未報告ニ付キ記載セズ
2. 表中事變前ノ數ハ民國二十年省市縣督學ノ報告ニ依ル
3. 表中元年春ノ數ハ元年三月ノ調査報告ニ依ル
4. 表中元年秋ノ數ハ元年十一月調査報告ニ依ル

5, 表中二年春ノ數ハ二年三月調査報告ニ依ル

9. 德惠、東寧、密山、虎林、撫遠、同江、樺川、勃利、依蘭、方正、葦河、濱江、雙城、五常、九台等十五縣ノ二年春調査報告ハ未提出ニツキ記載セズ

7. 二年春職教員欄ノ數字ハ教員數ヲ示ス

一一、吉林省市縣私立學校事變前後概況比較表

（大同二年三月調）

種別／縣市別	學校數 事變前	學校數 元年春	學校數 元年秋	學校數 二年春	學級數 事變前	學級數 元年春	學級數 元年秋	學級數 二年春	學生數 事變前	學生數 元年春	學生數 元年秋	學生數 二年春	教職員數 事變前	教職員數 元年春	教職員數 元年秋	教職員數 二年春
吉林省	二	二	二	三	二四	一三	三	一三	一、二〇八	五五四	五〇五	六二	三九	二六	三三	四三
吉林市	三	二	三	三	六	二	六	六	三八		二四	一七五	二		二	八
德惠縣	一	一			一	一			一五	二五			一	一		
長嶺縣		一				三				九三				三		
長春縣	六				三〇				一、三三三				四三			
双陽縣	一	一		一	二	二		二	七〇	七八		六八	二	二		一
伊通縣	三				八				四一四				一三			
和龍縣		一八	一	一		四八	六	六		一、二六五	一三三	一三三		四九	六	六
延吉縣	一五	四一			二九	一一三			七九〇	二、一六七			六二	一三三		
敦化縣	二				三				一三三				八			

一七一

寧安縣	一				三				一二五				四			
樺川縣	一				三				九九				四			
勃利縣	一				二				九七				五			
方正縣	二				二				八〇				四			
珠河縣	一				一				五三				四			
賓縣	三	二			四	一三			一四〇	五七			五	三		
阿城縣	一		一		二		一		七三		三一		四		一	
楡樹縣	七		一		四		一		四三一		三三		一六		一	
扶餘縣			六	六			一九				六〇三	七二九			二四	二〇
計	五〇	六八	一四	一四	一二四	一九五	四五	二七	五、二七七	四、二三九	一、五一九	一、七一六	二三三	二三六	七六	七八

備考 1. 事變前ノ數字ハ民國二十年省市縣督學官ノ報告ニ依ル

2. 元年春ノ數字ハ大同元年三月ノ調査報告ニ依ル

3. 元年秋ノ數字ハ大同元年十一月ノ調査報告ニ依ル

4. 濱江、延吉ノ兩市及永吉、舒蘭、農安、磐石、濛江、樺甸、琿春、額穆、穆稜、寶清、饒河、富錦、延壽、葦河、雙城、五常、乾安等十七縣ニハ私立學校ナシ

5. 德惠、汪淸、東寧、密山、虎林、撫遠、同江、樺川、勃利、依蘭、方正、濱江、九台等十三縣ハ二年春ノ調査未提出ニ附キ此ノ數ヲ欠グ

6. 長嶺、伊通、延吉、敦化、寧安、珠河、賓縣、阿城、楡樹ノ十縣ハ未開校ナリ

7. 二年春調査ノ職教員欄内ノ數ハ敎員數ノミナリ

一二、吉林全省學校事變前後統計比較表

（大同二年三月調）

種別		事變前	元年春	元年秋	二年春
學校數	公立	一、五〇八	九四〇	二一四	四四九
	私立	五〇	六八	一四	一四
	計	一、五五八	一、〇〇八	二二八	四六三
學級數	公立	三、一六五	一、八五六	六九九	一、一三一
	私立	一二四	一九五	四五	二七
	計	三、二八九	二、〇五一	七四四	一、一五八
學生數	公立	一三二、九八七	六三、二五六	二二、五二一	四四、八九三
	私立	五、二七七	四、七五三	一、五一九	一、七一六
	計	一三八、二六四	六八、〇〇九	二四、〇四〇	四六、六〇九
職教員	公立	四、二八八	二、四三八	一、〇八八	一、五六三
	私立	二二三	二二六	七六	七八
	計	四、五一一	二、六六四	一、一六四	一、六四一

一三、吉林省市縣立學校開校未開校數表

（大同二年三月調）

種別		吉林省	吉林市	濱江市	延吉市	永吉縣	舒蘭縣	農安縣	長嶺縣	長春縣	雙陽縣
中等學校	已開	12			1	1		1		1	
	未開	1					1				1
	計	13			1	1	1	1		1	1
小學校	已開	7	10	1		106		22	14	58	18
	未開	1				165	51	24	8	29	21
	計	8	10	1		271	51	46	22	87	39
總計	已開	19	10	1	1	107		23	14	59	18
	未開	2				165	52	24	8	29	22
	計	21	10	1	1	272	52	47	22	88	40
已開校數百分比		90	100	100	100	40	0	49	64	67	45

穆稜縣	寧安縣	額穆縣	敦化縣	汪清縣	琿春縣	延吉縣	和龍縣	樺甸縣	濛江縣	磐石縣	伊通縣
					1					1	
											1
					1					1	1
15	5	9	6	3	7	16	6	11	6	4	
	64	19	3	31	46	36	27	8	4	30	36
15	69	28	9	34	53	52	33	19	10	34	36
15	5	9	6	3	8	16	6	11	6	5	
	64	19	3	31	46	36	27	8	4	30	37
15	69	28	9	34	54	52	33	19	10	35	37
100	7	32	67	9	15	31	18	58	60	14	0

寶清縣					13	13		13	13	0
饒河縣				2		2	2		2	100
富錦縣	1		1	21	18	39	22	18	40	55
延壽縣				25		25	25		25	100
珠河縣				9	5	14	9	5	14	64
賓縣	1		1	19	17	36	20	17	37	54
阿城縣				4	51	55	4	51	55	7
楡樹縣		1	1	2	89	91	2	90	92	2
扶餘縣	2		2	20	36	56	22	36	58	38
乾安縣				1		1	1		1	100
總計	22	5	27	427	832	1,259	449	837	1,286	35

備考

1. 省立學校ニシテ未開校ノモノハ第五師範學校ト第五師範ノ附屬小學校ノ兩校ナリ
2. 德惠、東寧、密山、虎林、撫遠、同江、樺川、勃利、依蘭、方正、葦河、濱江、雙城、

五常、九台ノ諸縣ハ教育概況未報告ニツキ此ノ表ニハ缺グ

第七、社會教育

吉林省ノ社會教育機關トシテハ、滿洲國建國以前ニ於テハ圖書館、教育館、民衆學校、体育場、講演所等アリシガ、滿洲事變ニ際シ之等機關ノ殆ンド大部分ハ休止ノヤムナキニ至レリ。而シテ吉林省教育廳ハ之等ノ諸機關中ノ急ヲ要スルモノヨリ漸次整理ニ着手シ今日ノ狀態ヲ見ルニ至レリ。

省内二十一縣ヨリノ調査報告ニ依レバ左ノ如ク復活開館セル現狀ナリ、

教育館一八、民衆學校一一、圖書館六、体育場六、講演所五、教養工廠二、教養院二、救濟所二、

第八、留學生

本省ニ於ケル留學生ハ省費生ト縣費生トニ分レ、省費生中ニ又省選派費生（留學費全額支給）ト一部補助費生トアリ、現在留學生數ハ次ノ如シ

	省選派費生	省補費生	經費
日本	九	九	金一二、七四四圓
歐米	五	五	一、六〇〇磅
國内	五	一〇	日金九〇〇圓 國幣四、八〇〇圓

滿洲國ノ現狀ニ於テハ高等專門教育ノ設備ハ未ダ不能ナルヲ以テ寧ロ留學生制度ニ依リテ之ニ代フル次第ナリ。從來留學生中ニハ留歐、留米、留日、國内等アリシモ、現今ノ日滿ノ密接ナル關係ニ鑑ミ留日學生ニ重キヲ置クノ方針ヲ取リツヽアリ、而シテ經費ハ軍閥時代ニ於テハ省費ヲ以テ行ヒツヽアリシ

モ、滿洲國建國後ハ中央政府ノ文教部ニ於テ之ヲ行ヒ省ニ於テハ推薦ヲ爲スニ止マレリ。大同元年度ニ於テハ本省ヨリ六名ノ選拔ヲ得テ留日學生トシテ日本ニ向ヘリ、又大同二年度ニ於テモ略同數ノ學生ヲ送ル予定ナリト。

本省ニハ又旗費留學生ナルモノアリ、ソレハ旗族教育ノ促進、人材養成ノタメ指定ノ旗款收入ヲ以テ本省旗生學費トシテ之ガ補助ヲナスモノナリ。今大同二年八月現在ノ人員數ヲ示セバ次ノ如シ。

		圓
留日	一二	八、六四〇・〇〇
留歐	二	四、五六〇・〇〇
留米	三	五、四〇〇・〇〇
哈爾濱工業大學	一〇六	六五、五六〇・〇〇
省外大學暨高中校	一二八	一七、五〇〇・〇〇
省內高級中學	一八五	五、八三五・六〇
省內初級中學	三一九	五、〇一五・八〇
計	七五五	一一二、五一一・四〇

第九、教員ノ日本派遣

教育ノ改良進歩ヲ計ラントセバ、先ヅ文明國ノ施設ヲ視察シ以テ他山ノ石トセザルベカラズ、即チ本省教育廳ハ現職ニアリテ二ケ年以上ノ經驗ヲ有スルモノヨリ四名ヲ撰拔シ、他省ノ教員十六名ト共ニ去ル六月一日ヨリ向フ一ケ年間ノ予定ヲ以テ左記學校ヘ派遣セリ。

廣島高師　二　東京高師　一　玉川學園　一

第一〇　日語普及教育

唇齒補車ノ關係ニアル日滿ガ眞ニ親善融合ノ實ヲ擧ゲンガ爲メニハ兩國民互ニ其ノ國語ニ通ズルノ必要アリ、依ッテ本省ニ於テハ去ル三月ヨリ一中、師範、工科中學、女子中學、縣立中學、文光中學、毓文中學校等ニ日系敎師ヲ派シテ全校生徒ニ毎週二時間ヅヽノ日語ヲ課セル外、左ノ如キ學校ニ於テモ鋭意日語ノ普及ニ努メツヽアリ。

校名	位置	年限	學生數	時間數	經費
吉林民衆敎育促進會立第一日語學校	實驗小學校	六ヶ月	五〇	六	省補助
仝　第二日語學校	毓文中學内	仝	六〇	六	仝
仝　第三日語學校	民衆敎育館内	仝	一三七	六	仝
吉林市立日語學校	公衆運動場	仝	六〇	六	仝
農安縣小學校			四四	一二	
同文商業學校		六ヶ月	一一〇	六	

右ノ外各縣ニ於テモ日語夜學校或ハ講習會ヲ開催シ、ソノ普及ニ努力シツヽアリ。

第一一、敎育經費

經費ハ主トシテ其ノ管轄セル省縣市町村ヨリ支出シ、基金、學田ノ租入授業料等ニテ之ヲ補ヒ居タリ今舊政權時代ニ於ケル省内各縣ノ敎育經費ヲ列記スレバ次ノ如シ（民國二十年度分）

吉林省立六一九、一一二元、吉林市二九、七八〇元、永吉縣二八九、二六八元、舒蘭縣二八、四一九元德惠縣六六、〇〇八元、農安縣六九、二一〇元、長嶺縣一八、〇五七元、長春縣九、〇六八元、雙陽縣四一、五一九元、伊通縣七二、三〇七元、磐石縣五三、三一四元、樺甸縣三一、一〇五元、和龍縣五六、二九九元、延吉縣一四九、〇三八元、琿春縣一〇、八九五元、汪清縣二四、〇九〇元、敦化縣一六、八一九元、額穆縣三六、七四七元、東寧縣一九、五七五元、穆稜縣四四、八九一元、密山縣三三、四五六元、寶清縣一三、一四〇元、同江縣九、九五二元、樺川縣九四、七八〇元、勃利縣二三、四九二元、依蘭縣一二八、〇六九元、方正縣一六、四五四元、延壽縣六〇、五〇三元、葦河縣一六、七二九元、珠河縣三八、八五八元、賓縣九九、〇五四元、阿城縣七九、一九七元、雙城縣一六、六九八元、五常縣四七、八七八元、楡樹縣一〇一、九四三元、扶餘縣一一九、四二七元合計二、六〇〇、四七七元ナリ。

大同元年度ニ於ケル教育關係事業ノ經費ヲ示セバ左ノ如シ。

教育廳費	一九五、二四〇・〇〇圓	省立學校經費	三八五、五四〇・〇〇圓
私立學校補助費	二六、四四五・〇〇	其他教育經費	七一、六八五・〇〇
文化機關經費	四五、一五四・〇〇		

又大同元年度ニ於ケル各縣公署教育局經費ノ提出預算ヲ示セバ左ノ如シ。

縣名	金額	縣名	金額
永吉	一一七、一〇一・九〇圓	寧安	三五、四四九・〇〇圓
長春	七三、四〇〇・四五	扶餘	四二、〇〇九・八四

雙城	一〇二、八五一・〇〇
濱江	一二〇、〇〇〇・〇〇
磐石	三六、〇〇〇・〇〇
賓	四七、五七六・一六
琿春	五〇、八三一・〇〇
撫遠	五六五・〇〇
葦河	—
舒蘭	三七、七一〇・〇〇
樺川	三九、七九六・〇〇
密山	二、六七〇・〇〇
穆稜	—
額穆	—
富錦	四、一〇七・五三
方正	七、三〇〇・〇〇
饒河	—
阿城	三七、三六六・〇〇
汪清	二七、九〇四・〇〇

延吉	七七、〇六六・五九
楡樹	二三、八七八・二四
德惠	五〇、五九一・八三
依蘭	六五、五四三・〇〇
農安	五九、三〇三・〇〇
敦化	一九、七七九・〇〇
伊通	一一、六二六・〇八
同江	—
五常	一六、一一七・〇〇
樺甸	二九、二〇〇・〇〇
東寧	—
雙陽	四五、七八三・〇〇
和龍	二九、九二三・七四
寶清	—
虎林	—
長嶺	一四、六四四・〇〇
濛江	—

珠河　　二七、二二八・〇〇　　勃利　　――
乾安　　――　　延壽　　二五、八九七・〇〇
九台　　一三、〇〇〇・〇〇

第九章　宗教概說

本省内ニ於ケル在來ノ宗教ハ佛教、儒教、道教、回々教、喇嘛教其他ノ雜教ニシテ、外來ノモノトシテハ基督教（新舊）、希臘教及ビ猶太教等アリ。

宗教ノ種類ヨリ言ヘバ決シテ少シトハ云フヲ得サルモ、内容及ビソノ信徒數ニ至リテハ實ニ微々タルモノナリ。此ハ信徒ノ一般的特性又ハ國民性ノ然ラシムル爲ナラン。卽チ彼等ハ稍モスレバ事大思想ニ捉ハレ結局形式ニ流レテ其ノ實ヲ得サルガ爲メナリ。從ツテ眞ニ信仰ノ道理ヲ知レルモノハ極メテ少數ナルヘシ。又一ツハ傳道者ノ方ニ於テ布教上ノ困難存在セシ事モ重大ナル原因ナラン。要之從來ノ如キ否今後ニ於テモ複雜ナル社會ノ組織下ニアリテハ宗教機關ノ經營實ニ困難ニテ統制アル布教ノ出來サル事ハ當然ナリ、殊ニ在來ノ諸宗教ニ在リテハ信徒ト寺院トノ間ニ聯絡ナク信徒ハ思フ儘ニ盲信シ、寺院ハ寺院ニテ廢寺トナルガ儘ニ放棄セラレ居リタル狀況ナリ。

之ニ對シテ外人布教ノ耶蘇教ハ可成ノ發達ヲ遂ゲ、就中耶蘇教新教タル長老派ハ**アイルランド**長老教會、丁抹**ルーテル**教會、**キリスト**青年會、**スコツトランド**合同自由教會、聖書教會等ノ傳道部ト多數ノ宣教師ヲ以テ各地ニ附屬事業ヲ經營シツツアリ。然シナガラ此ノ宗教系統ニ屬スルモノガ過去ニ於テ廢

々禍ヲ惹キ起セシコトハ特ニ注意スヘキ點ナラン。

喇嘛教ノ如キモ清朝時代ニ政策的ニ利用サレタル事ハ世間周知ノ事ナリ、此ノ如ク省内否滿洲ニ於ケル宗教ハ微々タリト雖モ過去ニ於テハ重大ナル意義ヲ有シタリキ。宗教ソノモノニ關シテハ頼ルヘキ文獻モ精密ナル統計モナク、信徒數ニ至リテハ模糊トシテ不明ナルヲ以テ僅ニ東北年鑑及ビ本省教育廳調査（大同元年六月）ニ依リ以下各種宗教ニ就キ概況ヲ記述セン。

第一項　佛　教

在來ノ佛教ハ賈苦薩派、雲棲派、法眼派、曹洞派、臨濟派等三十餘派ニ分ル、此ノ中臨濟派其ノ大部分ヲ占ム。寺院ハ日本ト同ジク庵ノ稱號ヲ有シ、到ル處ノ都邑ニ存在スルモ何等宗教生活上ノ社會的中心トハナリ居ラス。佛教ノ最モ盛ンナル地方ハ吉林、長春、阿城、琿春、寧安地方ナリ。二十七縣ノ調査報告ニ依レバ布教所五十四ケ所アリ、ソノ信徒數約四萬人ナリ。

近年支那ノ中央ニ於テハ官途ニアル人々モ此方面ニ意ヲ用ヒ僧學校ヲ建テ僧教育會ヲ興シ、各省ノ僧團ハ聯合シテ中華佛教會ヲ組織シタリ。同會ハ各種ノ學校、傳習所ノ設立並ビニ講演、社會事業ヲ興スコトヲ主トシ說教、教育慈善事業ヲナサント企圖セリ、又同會ハ各省各縣ニ佛教會支部ヲ置キ全國佛教徒ノ連絡ヲ保持スルコトトセリ。本省内ニアリテモ一昨年ノ事變迄ハ各地ニ佛教會ノ支部アリテ本部トノ聯絡ヲ取リツツアリシガ事變以來聯絡ヲ斷チ、ソノ活動ヲ休止シ居ル狀況ナリ。各地方ノ支部ハ大抵ソノ地ノ主要ナル寺院内ニ設ケラルルヲ普通トシ維持費ノ捻出ハ會章ノ定ムル處ニヨリ會員ヨリ之ヲ負擔ス。

會員ニハ特別會員、普通會員ノ別ヲ存ス、吉林支部ハ省城内致和門裡方正胡同内ニアリ、特別會員ハ每年十元、普通會員ハ五元ヲ納入スル事ニ決定シアリ。

佛敎會ノ活動ハ廢寺ノ處理、貧民救濟等アルモ、省内ニ於テハ殆ンド活動ノ見ルヘキモノナシ。

佛敎ニ關聯シテ存在スル慈善事業ノ主ナルモノヲ揭クレバ、

1、廣濟慈善會　佛ノ慈善ヲ說キ貧民ニ衣食ヲ施與ス

2、五義慈善會　右ト略同ジ

3、理敎公會　觀世音菩薩ヲ信仰スル佛敎團体ノ一種ナリ、後述スル雜敎中ニモ數ヘラル可キモノニシテ、其ノ信仰ノ形式ニ於テ他ト趣ヲ異ニスルヲ以テ理敎ト稱セラル、此ノ理敎徒ニ維持サルル慈善會ガ卽チ理敎公會ナリ、之等ノ敎徒ヲ在理ト云ヒ敎徒タラサルモノヲ不在理ト云フ。敎義ハ禁烟、禁酒、菜食及ビ膝座ノ苦行トス。

4、中國佛敎會　現在ハ著シキ活動ヲ見ズ。

第二項　道　敎

道敎ハ老子ヲ祖トシタルモノニテ、元來ハ宗敎ニ非リシモ後世ニ至リ佛敎ニ擬シ偶像ヲ設ケテ冠婚葬祭ヲ行フ事トナレリ。道敎ハ吉福ニシテ不老長生シ自然ト合化シ行クヲ根本精神トス。佛敎ノ僧侶ニ相當スルモノヲ道士ト呼ブモ多クハ醉生夢死ノ生活ヲナシ世道人心ヲ敎化スルガ如キ望ムヘクモアラズ。敎派モ龍門派、金山派等所謂三十六宗七十二派ヲ生ジタリ、當省内ニ於テハ龍門派ニ屬スルモノ最モ多シ。其ノ寺院ヲ觀宮廟ト云ヒ、廟宇中最モ有名ナルハ奉天省ノ千山ノ廟ナルガ吉林省ニモ多クノ廟存在

セリ、娘々廟、關帝廟、寺觀廟、武聖宮、城隍廟等苟モ滿洲人ノ多ク住スル都市村邑ニハ之ヲ見サル所ナシ。

本省内二十七縣ヨリノ調査報告回答中十縣ハ治安ノ關係上調査不能ニ付キ判明セサルモ十七縣内ニ八〇ケ所ノ布教所アリ。農安、琿春、長嶺、永吉縣地方最モ盛ンニシテ、ソノ信徒數約二萬五千ナリ。此ノ數ヲ以テ正確ナル信徒數ト推定スルヲ得サルモ、大体ニ於テ本省内ニ於ケル道教ノ傳播狀況ヲ之ニヨリ略々察知スルコトヲ得。現在ニ於テハ著シキ活動ヲ見ズ。

第三項　儒　教

儒教ハ孔子以前ヨリ存在シ居リタル思想ニ基キ、孔子ノ集成シタルモノナリ。孔子ノ後ニハ子思、孟子荀子等之ヲ祖述シ漢ニ至ツテ國教トナリ、以後歷代ノ尊信ヲ受ケ宋代ニ及ビテ高遠ナル哲學思想ヲ加味シ、所謂理學ヲ生シタリ。現在流布セル儒教ハ專ラ宋代ノ理學、就中朱喜ノ學ヲ宗トシ之ヲ正統トナシ居レルモノナリ。儒教ニ於テハ死生ノ問題ニ言及セス。從來到ル處ニ孔子廟ヲ設ケ之ヲ祀リ、孔門ノ諸賢孟子等ハ勿論歷代ノ大儒又之ニ配祀サレ春秋二季ノ釋尊ニ於テハ犧牲ヲ供ヘ舞樂ヲ奏シ、前淸時代マデハ官吏之ニ三拜九叩ノ禮ヲ行ヒ紳士學生モ之ニ參加スル等殆ンド純然タル宗教的儀式行ハレ居タリ、故ニ此點ニ於テハ儒教モ亦宗教的色彩ヲ帶フルモノト云フコトヲ得ン。民國以後ニ及ビテ儒教ヲ國教トスルヤ否ヤニ關シ一時問題トナリ今尙決定セス要スルニ現在ニ於テハ前淸時代ニ比シソノ勢力ハ衰微シアルモノト云フヲ得ヘシ。儒教ハ純然タル宗教ト異リ宗教團体モナク僅カニ知識階級ニ屬スル有志間ニ研究サレ居ルニ過キズ、併シ乍ラ滿洲國ノ成立ト共ニ王道ハ天下ノ國教ト化シ今ヤ各地ニ孔道研究會ナルモノ生レ儒學ノ恢復ヲ企圖シツツアリ。

文廟ノ復活

孔道一時廢レタレドモ其ノ廟ハ已然トシテ今尙存在セリ、古來儒敎ハ學ノ道トシ將又治國ノ方略トシテハ不拔ノ存在ナリシガ宗敎トシテハ實ニ微力ニシテ强固ナル信仰團体組織ナカリキ。從ッテ儒學一度衰ヘ始ムルヤ文廟ノ維持ハ實ニ困難ナル問題ナリキ。現ニ各縣地方ニ存在スル所ノ廟中古キハ百餘年ヲ經、新シキニ至リテハ民國時代ニ建立サレタルモノアリ。文廟中ニハ古代ノ賢哲、孔子、曾子、顏子、孟子ヲ祀リ春秋二季ノ祭祀ニハ滿洲國ハ國祭日トシテ盛大ニ之ヲ祀ル事トセリ。

之等ノ廟ハ或ハ各界人士ニ依リ、或ハ所有地ノ利息ニヨリ、或ハ敎育費中ヨリ又ハ省庫等ヨリ支出ヲ仰ギ漸ク維持サレタルモノナルガ中ニハ維持困難ノ爲祭祀モ行ハレズ荒廢ソノ極ニ達シタルモノアリ。滿洲國成ルヤ再ビ王道行ハルルニ至リ各縣ニ令シテ文廟ノ復活ヲナサシムル事トナレリ。省内二十七縣ノ調査中一五縣ニ各々一ツノ文廟アリ、今後ハ益々文廟ノ復活著シキモノアリト思惟サル。

第四項　回々敎

一般ニ**マホメツト**敎ト稱サル、彼ノ宗敎ハ唯一至上、宇宙創造ノ神**アラー**ノ敎ニシテ、眞ノ宗敎トイフニ値スルモノハ他ニナシト信ズルモノナリ、故ニ彼ハ平和、安全、救濟、恭敬ヲ意味スル**イスラム**ヲ以テ自已ノ宗敎ニ命名シタリ、卽チ彼ノ神ハ**イスラヘルム**ノ神ニシテ、基督ノ神タルニ他ナラズ。回々敎ノ敎理ハ十箇ノ信仰個條ノ中ニ收メラレアリ　卽チ、

1、**アラー**ヲ信ズルコト

2、天使ヲ信ズルコト
3、**コーラン**ヲ信ズルコト（回敎ニ於ケル敎典）
4、豫言者ヲ信ズル
5、最後ノ審判ト復活ニ對スル信仰
6、宿命ノ信仰
7、祈禱、一日五回
8、喜捨
9、斷食
10、巡禮

右ノ中1ヨリ6マデハ信仰ニシテ7ヨリ10マデハ勤行ナリ。

省内ニ於ケル回敎徒ノ多クハ下層階級ノ者ニ限ラレ屠牛者又ハ製革者、旅館、浴場ヲ營ム者ニ多ク、吉林、長春、寧安、三姓、琿春等最モ盛ナリ。敎徒ハ佛敎、道敎、ト異リ色彩最モ鮮明ニシテ從來ハ異敎徒ヲ惡ミ敎徒間ハ親密ニテ團結心强ク異敎徒トハ婚姻スラ結バサリキ。現今ニ於テハ此ノ傾向ハ段々失ハレ異敎徒トノ婚姻モ結バルルニ至レリ。又著シキ特徵トシテハ豚肉ヲ食セズ羊肉ヲ常食トセル事ナリ、屠羊ハ必ズ祭長ノ指令ヲ俟ツテ之ヲ屠殺シ、出所不明ノ肉類ハ之ヲ食セサルヲ普通トス、故ニ料理店ノ如キモ各市場ニハ回々敎徒專屬ノモノアル程ナリ。敎徒ノ數ハ不詳ナレドモ吉林省城ニテハ全住民ノ十分ノ一ヲ占ムルモノト思料セラル。調査縣二十七中ニ於テ布敎所ハ永吉縣ノ一〇ヲ最多トシ三十有餘アリ、敎徒數亦三萬三千餘ノ多キニ達ス。

第五項　基督敎

基督敎ハ滿洲ニ進入シテヨリ悠久ノ歷史アリ、或人ハ金時代ノ上京廢址ニテ（雙城縣境）十二世紀ノ金屬十字架ヲ發堀シ之ヲ以テ當時基督敎ノ曾テ滿洲ニ在リシ證據トナスモノアリ。唐代ニ景敎流行シ聶士託利安派宣敎師長安ニ來リテ布敎ス、卽チ宋代一朝ノ長年月ヲ經テ遼金ニ來レルモノトスル亦有リ得ヘキコト乍ラ確然タル證據ナシ、只蒙古時代ニハ西方トノ接觸常ニ繁ク基督敎トノ關係ハ深カリシ又想像サレ得ヘク、托廓洛金漢ハ曾テ敎徒トナリ洗禮ヲ受ケタル事實アレバ洮兒河附近ニ發見ノ金屬十字架ハ一部考古學者ノ最モ興味ヲ持ツ亦然アルヘキ處ナルモ、基督敎ノ滿洲流布ハ蒙古、金ニ源ヲ發シ居ルモノト斷定スルハ不可ナラン、從ツテ今日ノ滿洲ニ於ケル基督敎ノ流布ハ、當然俄人ノ東侵以後ヲ以テ基點トスベキモノナラン。俄國既ニ滿洲ヲ經營スルノ意アリテヨリ希臘敎侵入シ來リ、商業取引亦開ケ英法、丹、比、米國等ノ布敎事業ハ相續キ、哈爾濱ハ希臘敎ノ滿洲ニ於ケル中樞トナレリ。

耶蘇舊敎（所謂天主敎）ハ一八三八年宣敎師祿爾（佛人）ノ滿洲ニ來リ布敎スルアリテヨリ、當時支那內地ヨリ來リ開墾ニ從事スルモノノ中ニテ敎徒トナルモノ多ク、彼等ハ凡テ其ノ宗敎ノ庇護ヲ受ケタリ、此カタメ之ニ歸依スルモノ益々增加シ當時信徒二千人前後ナリシモノ最近（十八年調査）ニテハ信徒既ニ十萬ヲ越ヘタリ。本省內ニ於テモ調査報告縣中同敎布敎所七十有餘信徒二萬一千餘ニシテ吉林、濱江、延吉、和龍、琿春、阿城、長春、磐石等ノ諸縣最モ盛ンナリ。

之ニ依レバ如何ニ傳道上ノ基礎深ク進步ノ迅速ナリシカヲ知ルコトヲ得ン。此等宣敎師ノ國籍ヲ見ルニ吉林東邊、依蘭一帶ハ佛人、獨逸人ニシテ滿人ノ宣教師トナルモノ外人ノ數ト略々等シ。

1、耶蘇新教（長老會）

關東大會ハ長老ニ由リテ組織サレタルモノナリ、其ノ起源ニ溯ツテ見ルニ民國前四十四年及四十二年英國ノ愛爾蘭及蘇爾蘭ノ兩長老會來華シ各分擔ヲ定メテ布教ニ從事シ教會學校等ヲ設立セリ、民國前二十年ノ頃兩會合一シ關東長老會ヲ組織シ自ラ信徒、政治、規則ヲ定メ方針及ビ堂會分立ニツキテハ長老會本部ノ指圖ヲ仰カサル事トセリ、此卽チ關東教會ノ自治自立ノ基礎ナリ。

民國前四年老會ヲ大會ニ改メ遼東、遼西、吉林ノ三區會ヲ增設シ民國十一年ニ至リテ全國長老會ハ倫敦會、公理會ヲ合シテ中華基督教會臨時總會ヲ組織シ關東大會ハ中華基督教會關東大會ト改稱ス、同時ニ兩支會ハ本部ニ屬シ宣教師モ本大會ノ治下ニ服務セン事ヲ希望スルニ至ル、又參事部ヲ組織シテ執行機關ト爲シ民國十六年ニ至リ蘇、愛兩本部ノ同意ヲ得テ兩支會教師等中華基督教會ニ加入服務スルコトトナレリ。本會ハ行政ト工作ノ便利ノ爲メ範圍內ノ工作地ヲ十六教區ニ分チ吉林モ一區會トナリソノ區會ノ下ニ吉林教區、海龍教區、長春教區、楡樹教區、阿城教區、呼蘭教區ノ六教區ヲ設ク。

本關東教會ノ活動地帶ニハ支會二四五個所アリ、堂會六九、小學校五四、初級中學男子七、女子四、男女高級中學各々一、醫學專門學校一、男子醫院一〇、女子醫院一〇、聾啞學校一、瞽目學校一ヲ奉天吉林、黑龍江省ニ經營セリ。信徒ノ數ハ本省內ノミニテモ約二萬一千餘アリ。

基督教青年會

基督教會ノ分會トテシ組織セラレシモ現在ニテハ同會ヨリ分離獨立セリ。基督教ノ信仰研究ヲ主タル目的トシタルモ現在ニテハ語學、社會事業ノ研究或ハ會員相互ノ親睦ヲ計ル爲ニ利用セラレ、宗教的色彩ハ稀薄ニナリツツアリ、吉林基督教青年會會員數約一千餘名アリ。

基督教復臨安息會

上海ノ基督復臨安息總會ノ支部ニシテ、聖書研究ノ爲ノ信者ノ會合ニシテ會員數比較的少ク不詳ナリ

第六項　希臘教

希臘教ハ所謂「俄國正教」ナリ、清朝康熙二十四年、中國ガ黑龍江岸薩城恢復後露人捕虜四十五名北京ニ送ラレ、ソノ内ニ宣教師利安第夫アリ、教會ヲ建テシヨリ初マル。布教主義ヲ取ラズシテタヾ信徒ノ子女生ル時洗禮ヲ行ヒ、其他結婚、死亡ノ際ニ宗教ノ儀式ヲ行フニ止ル。本省內ニハ餘リ布教サレ居ラズ、又信徒數モ不詳ナリ。

第七項　猶太教

猶太教寺院ハ僅カニ哈爾濱ニ一ケ所アリ、信徒數二萬餘、一面坡ニ五〇〇餘ノ信徒アルモ本省內ニ於テハ盛ナラズ。

第八項　喇嘛教

喇嘛教ハ主トシテ蒙古ニ行ハルル宗教ナルガ蒙古懷柔ニ彼ノ民族ノ强烈ナル信仰心ヲ利用スル政策ヲ取リシ爲メ今ヤ滿洲各地ニ喇嘛ノ寺廟ト信者ヲ有スルニ至レリ、本省內ニハ餘リ信者モナク寺廟亦少ク活動力ナシ。

第九項　雜教

雜敎ハ種々アルモ其ノ主ナルモノハ薩滿敎ト在理敎ナリ。薩滿敎ハ滿洲民族固有ノ宗敎ニシテ女巫ガ宗敎儀式中最モ重要ナル役目ヲツトムルモノナリ。而シ現在ニ於テハ巫ハ男性ノ場合多ク、寧ロ男性ノ方有力ナル所アリ。現今ニテハ比較的他宗敎ノ影響少キ北滿地方ノ滿洲國人ノ間ニ原始的ノマヽニ傳ハリ居ルモ次第ニ影ヲヒソメツツアリ。

吉林省內ニテハ極メテ北方ノミニ少數ノモノ存在セリ。

在理敎ハ純然タル傳敎ノ一派ニシテ觀世音菩薩ヲ本尊トナシ、聖衆古佛（假想佛）ノ靈光利益ニヨリ自ラ八戒ヲ守リ後世安樂ヲ主眼トナシ自ラ清淨ヲ持ス、卽チ在清裡ノ稱アル所以ニシテ最モ團結强キ自修團体ナリ、在裡敎ハ明末開祖ニヨリ開宗發源セラレ、更ニ清初伊老仙師此ノ敎義ノ傳道ニ最モ力ヲ盡シ、爾來逐年非常ナル勢ヒヲ以テ傳播シ今日ノ隆盛ヲ見ルニ至レリ。

在裡敎ノ眼目タル八戒トハ香、紙、像、鷄、猫、犬、煙、酒ニシテ就中煙草、酒ヲ二大戒トシ卽チ嚴正ナル禁酒、禁煙ヲ標幟トナシアリ。在裡敎信者ノ中ニハ一生涯ノ在裡ト一年若クハ數年ノ在裡トアリ而シテ同敎ハ極メテ自由ニシテ何等ノ制裁ナク出入亦自由ナリ。何等ノ秘密ヲ存セズ其ノ在裡ナル事ヲ公表シテ他ヨリ勸メラレタル酒煙ノ饗應ヲ辭スルモノナリ。本省內ニ於ケル在裡信者ハ頗ル多數ニシテ幾十萬人ナルカヲ知ラズ、各所ニ在裡公所ヲ設置シ、月ニ數回同志會合シテ各自修養ヲナシ公所ヲ主宰スル同敎ノ達光、領正ヨリ法話ヲ聽キ祖師ノ靈光利益ヲ祈リ、八戒ヲ守リ、未來、冥福ヲ祈願スル他力本願ナリ、然レバ到ル處ニ非常ニ多數ノ信者ヲ有シ、又慈善事業ニ參加シ稀ニ學校等ヲ經營スル公所モアリ、各地ノ美風良俗ヲ助長シ佛ノ功德ヲ行フ。各地各階級人士ヲ網羅シ居ルモノナレバ口ヨリ耳ニ傳フル宣傳等ニハ非常ニ有效ニシテ大ニ用フヘキモノト思ハル。本年ニ至リテハ在裡教有力者相集リ日本觀光團ヲ組織シ、約一ヶ月ノ日數ヲ以テ旅行シ歸來シテヨリ日本ノ文化施設及滿洲國ノ王道主義ノ宣傳等ニツトメツツアルハ周知ノ事ナラン。

第十項　道院ト世界紅字會

宗教運動トシテ滿洲國人間ニ隱然タル勢力ヲ有スルモノニ道院及ビ世界紅卍字會アリ。道院ノ起源ハ民國九年十二月山東省濱縣ニ於テ洪解空、劉福綠ノ兩名ガ老祖（道院ノ祖神）ノ神憑ニ基ク亂示ニ依リ「太乙北適直經」ト名ヅクル經典ヲ結集シ道場ヲ設ケ、縣名ニ依ツテ之ヲ濱壇ト稱シタルガ道院ノ濫觴ナリ。

亂示トハ支那ニ古代ヨリ傳ハル一種ノ自動的記述ニシテ大本教ノ御筆先ニ類スルモノナリ、蓋シ老祖トハ天地萬物ノ始祖卽チ大道ノ根源ニシテ儒教ニ云フ道ヲ人格化シタルモノナリ。民國十年陰曆二月九日淮安縣人杜秉寅ガ山東省濟南ニ開教スルト共ニ濱壇ヲ改メテ道院（老祖ノ本体）ト稱シタリ。

世界紅卍字會ハ道院ノ分院トモ云フヘキモノニシテ、民國十一年陰曆十月ニ成立サレタリ。紅卍字ノ名ハ太陽ノ如ク恩惠ノ廣大無限ナルヲ意味シ、又卍ハ吉祥雲海ト稱シテ佛相ヲ象徵ス、故ニ世界的ニ宣傳シソノ會員信徒タル者ニハ種族國境等ノ差別ナシ。本會ハ道院ニ對シテ不卽不離ノ關係ニアリ、先ツ道院ニ於テ靜座內觀ノ修養ヲ積ミ更ニ紅卍字會ニ於テ社會事業タル善行ノ實踐ヲ標榜シツツアリ。

道院ト紅卍字會トハ異体同心ニシテ卽チ紅卍字會ハ道院內ニ附設サレタル一分課ト見ラルヘク道院ノ信徒ハ一面紅卍字會員ナリ。斯クテ道義ヲ本トシ共ニ社會教化事業ニ盡瘁シツツアリ。ソノ運動ノ經過ハ僅ニ十ケ年ニ過キサルモ、北ハ北滿邊僻ノ地マデ傳道サレ二三〇有餘ノ支部ヲ有シアル狀況ナリ。滿洲ニ於テハ漸ク四五年前ソノ緒ニ就キタルニモ拘ラズ非常ナル勢ヲ以テ傳播シ吉林省內ニテモ分院並ニ分會ハ多數設ケラレアル現狀ナリ、ソノ會員モ全道院ヲ通シテ百萬人以上ト稱シ或ハ數百萬人ト稱スルモ詳カナラズ。

紅卍字會ノ慈善事業トシテ左ノ如キモノアリ。

1、貧民子弟敎育ノタメ學校ノ經營

2、山東地方ヨリ移住セル貧民ニ對シ公共團体ト協力シテ衣食ヲ惠與シ移住民ヲ斡旋ス

3、天災、饑饉ノ際罹災民救助ノタメ會員外ヨリモ寄附金ヲ募集シ救濟ス

4、會報ノ發行等

以上ハタヾ宗敎ノ概要ヲ略述シタルノミニシテ、調査統計等ノ不備ナルタメ其ノ傾向ナド捕捉シ難シ從來ノ調査ハ不完全ナレドモ將來ト雖モ地方治安ノ確立シ且ツ適當ナル調査機關ノ完備ヲ見サル限リ只概要ヲ知ルヲ得ルノミナラン。

第十章　吉林省ノ交通概說

第一節　鐵　道

外國資本並ニ外國技術ノ極端ナル拒避ニ禍サレタル吉林省内ノ鐵道網タル實ニ幼稚ナルモノニシテ到底之ヲ文明諸外國ト比較サルヘキ程度ノモノニ非ス。今本省内ニ於ケル總テノ鐵道ニ就キ之ヲ見ルニ

北滿鐵路東部線	五四九、〇六粁
北滿鐵路南部線	二四〇、〇〇
吉長鐵路	一二七、七〇
吉敦鐵路	二一〇、四〇
吉海鐵路	一八三、四〇
天圖鐵路	一一一、五〇
穆稜炭礦鐵路	六二、九〇
蛟奶支線	一一、〇〇
專用鐵路（東部線支線）	四一四、〇九（三八七露里）
以上既成鐵道合計	一、九一〇、〇五粁

此ニ敷設中ノモノ並ニ計畫進行中ノモノ

拉賓線	二六八、四粁

敦圖線　一九一、九粁

北廻線（朝陽川、―灰幕洞）　七四、〇〇粁

南廻線（朝陽川―圖們江岸）　五八、八〇粁

圖寧線（灰幕洞、牡丹江岸）　二五七、一〇粁

ヤブリ線（ヤブリ方正間ノ未成ノ分）　五八、七〇

以上合計　八一三、七〇

以上總合計　二、七二三、粁七五

即チ本省內ニ於ケル既成鐵路並ニ現在敷設中ノ拉賓線、敦圖線及ヒ近ク着手サルヘキ圖寧線ヲ加ヘソノ總延長粁數二千七百二十三粁七五ニシテ、ソノ面積ニ比較シ實ニ寥々タルモノナリ。今面積ノ略々伯仲セル關係上日本本土ト比較スルニ下關東京間一千百三十粁五ニシテソノ約二倍半ナリ。日本全國ニ於ケル一方粁當リ三、二粁ナルニ比較シ本省ニテハ僅カニ〇、〇〇八粁ニテ其ノ發達ノ程度推シテ知ル可キノミ。

第一項　北滿鐵路東、南部線、

北滿鐵路東部線　哈爾賓―綏芬河　五四九、粁〇六

北滿鐵路南部線　哈爾賓―新京　二四〇、〇〇

一八九七年起工、一九〇三年開通

一、沿　革

本線ハ東淸鐵道又ハ東支鐵道或ハ中東鐵道ト各人勝手ニ呼稱サレツヽアルカ滿洲國ニ於テハ之ヲ北滿鐵路ト呼ブニ至レリ。

東淸鐵道布設條約ハ千八百九十六年九月（條約ノ締結ハ八月ナルモ九月北京ニテ批准セラレタリ）締結セラレ所謂「**カシニー**」密約ニ基クモノニシテ露國ハ西比利亞鐵道後貝加爾線ノ一端赤塔驛附近ヨリ南下シ滿洲里ヲ經テ支那領内ヲ貫キ烏蘇里鐵道ニ連絡シテ浦港ニ達スベキ鐵道布設權ヲ得タルモノトス。

「**カシニー**條約次ノ如シ。」

一、西比利亞鐵道後貝加爾線ヨリ北滿ニ通ズル鐵道ハ露淸銀行（露亞銀行）ニ之レガ經營ヲ委任シ該銀行ハ本鐵道ノタメ會社ヲ組織シ資本金五百萬留露淸兩國人ニ限リ株ヲ所有スルヲ得。

二、會社ノ特權ハ全線運輸開始ノ日ヨリ八十箇年トシ之レヲ經過セバ無報酬ニテ全鐵道ヲ支那ニ讓與スベク、又運輸開始後三十六年ヲ經過セバ支那政府之レヲ買收スルヲ得ベシ。

三、鐵道會社ハ滿洲ニ於ケル鑛山及商工業ヲ營ムヲ得ベシ。

四、鐵道軌間ハ露國標準軌道カ五呎ノモノヲ採用ス。

五、鐵道ハ露國ノ軍隊ヲ運送スルヲ得シ。

六、會社ノ事務ハ株主ヨリ選擧セラルル九人ノ重役ニヨリ執行セラレ總裁ハ淸國政府之レヲ任命シ、副總裁ハ重役ノ互選ヲ以テ定ム。

七、鐵道ニヨリ北滿洲ニ輸出入スル貨物ハ海關稅率ノ三分ノ一ヲ減稅シ輸出入品ガ鐵道沿線ヨリ内地ニ入ルニ當リテハ子口半稅ヲ徵收ス（但シ三分ノ一ヲ減稅シタル額ノ半分ヲ以テ子口半稅トス）之レ東支鐵道創始ノ發端ニシテ同年十二月本條約ニ基キ東淸鐵道會社條例裁可セラレ條約面ノ權利義務ハ一切會社ニ移サレシガ千八百九十七年二月右條例ニヨリ東支鐵道會社ノ組織ヲ見、三月創立式ヲ擧行シテ株主總會ヲ開キ、駐露淸國公使許景澄氏總裁ニ、露國參事院議官「ケルベツク」氏副總裁トナリテ一切ノ業務ヲ委ネ本社ヲ露都ニ支社ヲ北京ニ、鐵道廳ヲ哈爾賓ニ設ケタリ。

東支鐵道會社ノ組織ナルヤ露國ハ大規模ノ施工團体ヲ派遣シテ敷線ノ地ヲ相セシメ鐵道工事ハ極メテ迅速ニ着手セラレシガ、偶々千八百九十年獨逸ノ膠洲灣租借事件起ルニ迨ビ、露國亦之レニ倣ヒ同年三月所謂哈巴羅夫條約ヲ締結シ旅順大連灣ノ二十五箇年間租借權ヲ獲得スルト共ニ東淸鐵道布設條約ト同一條件ヲ以テ哈爾賓ヨリ旅順、大連ニ至ル支線布設權ヲ得、多年ノ宿望タル不凍港突出ノ目的ヲ達シ若シ必要トスル時ハ營口及鴨綠江ノ中間ニ於テ遼東半島沿岸ノ最モ便利ナル一地點迄支線ヲ敷設スルノ確認ヲ得タリ、即チ哈爾賓ヲ以テ三線交叉ノ地トナス。而シテ各方面ノ工事ハ哈爾賓ヲ中心トシテ頗ル迅速ニ運バレ千八百九十七年春工ヲ起シ千九百一年ニハ早クモ露支國境滿洲里ヨリ北滿ヲ横斷シテ綏芬河ニ達シ浦港ニ連絡セシガ、哈爾賓ヨリ大連旅順ニ至ル支線ヲ完成シ、牛莊支線ヲ合セバ全長約七千百哩ヲ略成シ千九百三年七月一般運輸ヲ開始セリ。爾來露國ハ沿線軍事上ノ要害、市街ノ建造等ニ主力ヲ注ギシモ其後千九百五年日露戰爭ノ結果ポーツマウス條約ニ寬城子以南ヲ我國ニ讓與セシモ現時尙ホ北滿鐵路總哩數ハ千零六十七哩ニシテ在支外國鐵道中最長ノモノニ屬ス。

先述セルガ如ク北滿鐵路ハ淸國政府ト露淸銀行トノ組合ヲ規約シ敷設ノ契約ナリシモノニシテ會社ノ

創設セラルヽヤ露清兩國合辦ノ株式會社タラシメ東支鐵道會社條約ニ依リ附與セラレタル前記指定地間ノ鐵道敷設經營及其ノ地域內ニ於ケル鑛業及附帶商工業ヽ水路航運等ヲ兼營スル一切ノ權利ヲ繼承セリ。

然ルニ東支鐵道會社ノ資本金即チ株式總額ハ條例面ニヨルニ僅ニ五百萬留ニシテ其ノ他ハ總テ露國政府保証ノ下ニ債劵ヲ發行シ露清銀行之カ機關トナリ財源ノ伸縮ハ勢ヒ該銀行ノ監督機關タル露國政府ノ手中ニ收メラレ名義上ノ私立會社ハ實際上露國政府ノ直營ニ等シク鐵道敷設ノ當時露國國庫ノ支出金六億六千二百萬留ナリシト云ハレ爾後政府ノ補給支出平均年二千萬留ニ達セントセリヽ故ニ淸國政府ハ敷設所用土地ノ代價トシテ露國政府ヨリ受ケタル五百萬庫平兩ニ對スル株主トシテ形式上ノ虛位ヲ擁シ實權ハ總テ露國之ヲ掌握スルニ至レリ。

更ニ附言ヲ要スヘキハ鐵道附屬地帶內ニ於ケル露國ノ特權ナリトス。卽チ露國ハ千八百九十六年九月東淸鐵道會社條約ニ於テ鐵道地帶內ニ於ケル政治軍事上ノ特權ヲ有シ鐵道地帶內ハ實際上露國主權ノ下ニアリシ觀ヲ呈セリヽ此ノ事實ハ會社ノ組織ニ徵スルモ頗ル明白ニシテ民政部司法部陸軍部行政警察部等鐵道經營上直接關係ナキ局課ヲ設ケヽ鐵道守備ヲ屯營セシムルト共ニ更ニ鐵道警察權ヲ獲得シ會社條例中ニ於テ鐵道及其附屬物ノ爲メ讓渡セラレタル土地ニ於ケル法規ノ維持及秩序ノ保持ハ會社ノ任命スル警察係ニ委任スベキヲ規定セリ。

以上ノ如ク歷史アル露國ノ特權ハ偶々千九百十八年ノ革命ニヨリ「**ロマノフ**」家ノ覆沒トナリ勞農露國ノ出現ヲ見其影響極東ニ波及シテヨリ一時鐵道長官「**ホルワット**」氏東支鐵道ヲ節制セシガ爾來同鐵道

ハ革命ト共ニ勃興セシ幾多ノ革命委員會ニ於テ爭覇ノ目標トナリ、殆ンド鐵道管理權ノ所在不明タルニ至リシガ當時漸ク對外的ニ目覺メ來リシ支那ハ此ノ間ニ處シテ巧ミニ東支鐵道ノ回收ニ歩ヲ進メ多年次位タリシ總裁ノ職ヲ補シテ郭宗熙氏ヲ之ニ任ジ更ニ顏世清氏ヲシテ支那側理事ニ就任セシメ千九百二十年三月ニハ從業員同盟罷業ニ乘ジテ沿線ノ警備及附屬地帶警察權掌握ノ爲メ露國鐵道守備隊ノ武裝解除ニ成功シ、九月ニハ露國公使及領事ノ待遇停止ヲ斷行シテ露國公使ノ東支鐵道ニ對スル公的地位ヲ失ハシメ、且ツ鐵道地帶内ニ於ケル露國領事裁判權停止ノ結果支那ハ名實共ニ東支鐵道ヲ管理スルニ至レリ。但シ警察權ニ關シテハ當時北京公使團ニ於テ國際共同警察制編成ノ議アリシガ故ニ暫ク舊制ニ從フコトトナリテ今ニ至リシガ、東支鐵道實權ノ回收ハ十月交通部ト露亞銀行トノ間ニ締結セラレタル東三省鐵道管理追加契約附屬文書ニヨリ具体的ニ實現セリ。

斯クテ露西亞ノ第一次革命以來前後八年ヲ費シ合法的ニ又ハ非合法的ニ彼ノ得タリシ利權ヲ盡ク回收シ一九二四年以來ハ完全ナル支那側ノ獨占時代ニ入レリ。一九二〇年ニハ鐵道附屬地内ニ於ケル訴訟ノ便宜上東省特別區ナルモノヲ設ケ以テ附屬地内ニ於ケル一般ノ行政ヲ管掌シ來リシカ今ヤ滿洲國建設サレ東省特別區ナルモノノ存在モ奇異ニ感セラルヽニ至レリ。況ンヤ昨今ニ於テハ北滿鐵路ノ買收問題起リ交渉中ニテソノ推移ニ就キテハ目下豫斷ヲ許サザルモノアリ。前述ノ露清銀行ハ後北方銀行ト合併シ露亞銀行ト稱スルニ至リシモソノ資本ノ大部分ハ佛蘭西ナリシ關係上北滿鐵路ハ一面佛國ノ投資鐵道トモ見做サル可ク、此ノ間ニ複雜ナル關係アランモ南部線ニ並行セル拉賓線完成、東部線ニ對スル圖寧線初メ其他ノ線ニシテ夫々完成センカ本省内ニ於ケル北滿鐵路ノ價値タルヤ大イニ減殺サルヽニ至ルヘシ。

第二項　吉長鐵道

一二七、粁七〇

新京—吉林間

一、沿革

本線敷設ノ議ニ就キテハ千八百九十四年ノ交吉林將軍長順其急設ノ要アルヲ密奏セルコトアリ、其後露國ガ東省鐵路公司ヲシテ支那ト東清鐵道南部線敷設權ヲ得ルヤ、吉長線モ亦遼東還附ノ報酬トシテ東清鐵道支線ノ名ノ下ニ其敷設權ヲ獲得セルモノニシテ其後千九百四年日露ノ役我國ガ敷設セル、奉天新民府間三十七哩ノ軍用狹軌鐵道ヲ戰後支那ニ讓渡スルト同時ニ本線合同契約ヲ約セルモノニシテ千九百七年四月新奉及吉長鐵道協約ヲ訂立シ翌年十一月日支合同資本ヲ以テ敷設ノ約ヲ結ビ、千九百九年八月南滿鐵道ト支那政府トノ間ニ借款契約締結サレ、鐵道敷設費五百三十萬圓中二百十五萬圓ハ南鐵滿道會社ヨリ貸與シ他ハ支那政府ヨリ支出スルニ決定セリ、但シ之ヨリ先キ支那ハ千九百五年時ノ吉林將軍達貴ノ上奏ニヨリ支那ヨリ八十萬兩、吉林銀元廠ヨリ七十八萬兩ノ資金支出ヲ計畫シ吉長線敷設ニ着手セントセシモ時偶々日露ノ和議成リ且ツ媾和條約ニ伴フ日支間協約ニヨリ遂ニ合同出資ヲ約セルモノトス。之レ本鐵道ガ我國トノ關係ヲ生ゼシ第一歩ニシテ當時吉林省民ハ利權外溢ヲ名トシテ之ニ反對シ吉林鐵路公司及ヒ公民保路會等ヲ組織シテ集資自辦ヲ請願スル所アリシモ、條約變更ノ容易ナラザルヨリ遂ニ成ス所ナカリキ。

斯クテ本線ノ敷設ハ其一半ヲ日本ヨリ貸與シ其他ハ支那政府自ラ支出ヲ計畫シ、列國ガ京奉、京漢等ノ諸鐵道ニ投資セルトハ大ニ趣ヲ異ニセルモノニシテ償還期限二十五箇年、五箇年据置後二十箇年年賦

二〇〇

償還ト定メ、借款期間中ハ日本人技師長及會計主任ヲ用ヒ營業收入ハ新京正金銀行支店ニ預入シ餘剩アル時ハ殘額中借款元利六箇月分ヲ預金トシテ存置シ其餘ハ支那政府ノ用ニ充ツト規定セリ、千九百九年起工以來屢資金不足シ且ハ工事中革命起リ殊ニ淸政府ノ滅亡シテヨリ工事ノ障害尠ナカラズ、加フルニ總辦李方年其他ノ不正行爲アリテ工事遲延シ千九百十二年漸ク全線開通セリ、然レドモ開通後尙ホ工事ノ不完全ナル處多ク營業收入ノ一部ヲ割キテ之レニ用ヒシモ其額固ヨリ云フニ足ラズ土們嶺隧道ノ如キ亦久シク着手スルニ至ラザリキ從ツテ營業成績良好ナラズ、殊ニ貨物運賃率制度ノ杜選、停車場ニ於ケル貨物積卸設備ノ不完全及貨場取扱者ノ不注意等ハ却テ馬車輸送ヲ增加シ收益ヲ增大セントスルニハ多額ノ資本ヲ要スルヤ必セリ。這ニ於テカ千九百十五年五月日支協約ノ締結ニ際シ其第七條ニ於テ南滿洲及東部内蒙古ニ於ケル規定ヲ協約シ支那政府ハ從來外國資本家ト締結セル鐵道借款契約ノ事項ヲ標準トシ速カニ吉長鐵道ニ關スル協約ノ改訂ヲ行フベキヲ約シ且ツ將來支那政府ニ於テ外國資本ニ對シ現在ノ各鐵道借款契約ヨリモ有利ナル條約ヲ附與シタル時ハ日本ノ希望ニヨリ更ニ前記借款契約ノ改訂ヲ爲スベキヲ規定シ、千九百十六年二月之ガ交渉ヲ開始セシ以來前後三十餘回ノ正式會合ヲ重ネ同年末略成立ヲ告ゲシモ偶々一部民黨ノ大反對アリシト且ハ天津大公報ノ内容漏洩等ノコトアリテ、端ナクモ兩國間ニ問題ヲ惹起シ交渉遲延セシガ千九百十八年一月滿鐵理事龍居賴三氏ト交通部次長權量氏トノ間ニ協約ノ調印ヲ終リ、本鐵道ノ積極的改善ヲ圖ルト共ニ其營業ハ南滿鐵道會社ノ受託經理ニ歸スルコトトナレリ。

第二次借款契約ハ供款額六百五十萬圓ニシテ第一次借款ニヨリ既ニ貸與セル借款額中ノ未償還額百

九十八萬八千七百五十圓ヲ扣除シ殘額四百五十一萬一千二百五十圓ヲ新タニ交付セルモノトス。償還期限三十箇年借款期間中ハ支那政府局長ヲ置キテ業務ヲ監督スルモ、一切ノ業務ハ擧ゲテ南滿鐵道會社ニ委託シ、日本人三名ヲ選任シテ工務、運輸、會計ノ主任ニ充テ、其一人ヲ選ビテ南滿鐵道會社ノ代表タラシメ會社ノ權利義務ヲ執行セシムルコトトセリ。

二、鐵道工事

前述セシガ如ク本線ハ支那政府ガ鐵道建設ニ要スル資本ノ一半ヲ日本ニ借リ其他ヲ支那政府自ラ支出シ或ハ株ヲ募集シテ補充セントスル計畫ナリシガ故ニ屢々資本ノ不足ヲ告ゲ且ハ工事中淸室亡ビ支障尠ナカラズ千九百九年十月起工シ千九百十一年十月迄ニ僅カニ飮馬河（新京南滿驛ヨリ約二十七哩）營城子間十哩ヲ布設スルノミニテ革命ニ遇ヒ工事ヲ中止セシガ千九百十二年四月工事ヲ繼續シ同年十月全通セリ、鐵軌及材料ハ多ク漢陽製鐵廠ヨリ購入シ建設費三百六十二萬圓（吉林兩）一哩平均四萬五千八百二十二兩ヲ要セリ、猶ホ本線ハ全通後久シク正式開通ヲ擧ゲザリシガ此レハ土們嶺隧道工事ノ完成セザリシニ因ルモノトス、土們嶺ハ馬鞍山（新京ヨリ四十哩）樺皮廠（新京ヨリ五十七哩）間ニアリ本線第一ノ難工事ニシテ千九百十八年十月工事ニ着手シ其設計ヲ改ムルコト數次千九百二十年八月一日漸ク開通セリ。

全長千六百呎、總工費二十七萬三千四百六十二元ヲ要セリ、而シテ本隧道竣成前ニ於テハ土們嶺超家店間一列車（貨物列車）ヲ三回ニ分割運轉セシガ爲メ新京、吉林間一日六回以上ノ往復不可能ナリシモ竣成後ハ十二回ノ往復自由トナレリ。

本線ハ吉林ニ於テ松花江ノ水運ト連絡シ又新京ニ於テ南滿鐵道ニ連絡スルモノナリ。
元來吉林一帶ノ木材及農產物ハ從前松花江ノ水運ニ依リ吉林ヨリ陶賴昭ニ至リ此ヨリ哈爾濱又ハ新京ニ轉送スルカ又ハ陶賴昭ヨリ更ニ水路扶餘ヲ經テ哈爾賓ニ出サレ北滿ニ輸送サレシヲ此等ノ水路ト競爭シ直チニ新京ニ搬出シ以テ南滿鐵道會社ノ利ヲ圖ラントセシモノニシテソノ全長僅ニ百二十七粁七ナルモ敦圖線ノ敷設ニ依リ更ニ本年ニ於テハ吉會線ノ開通セラルヽニ依リ北部朝鮮更ニ裏日本トノ連絡ナリ日滿間ノ連絡、北部滿洲ノ開發ニ貢獻スル處甚大ナルモノアリ。

第三項　吉敦鐵路

二一〇、粁四

吉林—敦化間

大正十五年起工、昭和三年開通

本鐵道ハ吉會線ノ前半ヲナナスモノニシテ明治四十二年九月ノ間島ニ關スル日清協約第六條ノ協定ニ基キ日本カ投資優先權ヲ獲得セシモノナリ。大正七年六月十八日時ノ日本寺內內閣ハ西原借款ノ名ニ於テ吉會鐵道借欵豫備契約ヲ北京交通部ト特殊銀行團（日本興業銀行、朝鮮銀行、台灣銀行）トノ間ニ締結セシメソノ第九條ニ基キ金一千萬圓ヲ前貸シスル事トナリ調印ノ翌日六月十九日章駐日公使ニ東京ニ於テ之ヲ手交セリ。本豫備契約ニ準據セル正約ハソノ第八條ニ依レバ六ケ月以內ニ締結サルヘキ筈ナリシモ前記一千萬圓ヲ政費ニ流用セル等ノ爲メ民間ノ反對ニ遭ヒ又他面當事者間ニ諸種ノ條件ニ於テ意見ノ一致ヲ見ルヿ能ハズ荏苒正約ノ締結ナクシテ推移セリ、漸ク大正十五年（一九二五年）ノ春ニ至リ滿鐵ハ吉會全線ノ問題トハ分離シテ吉林敦化間ノ工事ノ一切ヲ請負ヒ同年六月起工シ昭和三年十月全線ノ開通ヲ見ルニ至レルモノナリ。今之カ經過ヲ述ブルニ一千九百二十五年春滿鐵ト張作霖トノ間ニ本線工事請負ニ就キ協定成ルヤ張作霖ハ交通部ニ對シテ之カ進行ヲ促スト同時ニ一面吉長鐵路管理局長魏英武ヲシテ滿鐵理事松岡洋右ト協商セシメタル結果、契約十ケ條附屬文書五件及聲明書一件ヲ協定シテ、先ヅ張作霖次イテ十月二十四日交通部總長葉恭綽トノ間ニ調印ヲ完了セルモノナリ。該契約ノ內容ハ資金立替工事請負ノ形式ニシテ本線全長約四百支里二ケ年竣功、立替資金總額日金一千八百萬圓、金額交付年利九分、工事期間中日本人一名ヲ總工程師ニ用ヒ、立替金ノ未濟中ハ日本人一人ヲ總會計トナシ局長ノ命令ニ服從セシムル事トシ、局長ハ工事ノ監督及全線管理ノ權ヲ有シ、本件立替金ハ軍政各費ニ流用スル事ヲ得サル事トシ、回收ハ隨時之ヲナシ得ヘク、市況良好ナル時ハ公債發行ノ商議ヲナス事ヲ得ル如ク、又工事竣功後一ケ年ヲ經テ償還スルヲ得サル時ハ三十ケ年賦トシテ皆濟スル事トシ嘗ツテ前渡金ヲ交付セル吉會鐵道借款正約締結前ノ暫行契約トシテ將來吉長鐵道ト合併シ得ヘキ事及合併ノ際吉長鐵道契約ノ改廢ヲ提議シ得ヘキ事等ヲモ明定シ尙ホ所要材料購入ニ關シテハ局長ノ承認ヲ經タル後一般市場ニ於テ入札又ハ指定購買ヲナスモノニシテ其ノ他列車ノ運轉、工事請負、工事ノ檢查等總テ國有鐵道ノ一般規則ニ依ル事トセリ。

其後葉恭綽去リ許世英內閣成立スルヤ新任交通總長龔心湛ノ部下、船政司長凌昭ハ一九二五年十月二十二日通電ヲ發シテ契約ノ內容ヲ發キ、本契約ヲ以テ賣國喪權ノ行爲ナリトシテ可成リノ**センセーション**ヲ起シタルモ奉天ニ於テハ張作霖ハ東三省ヲ以テ自治區域トナス旨ヲ宣佈シ吉敦鐵道問題ニ關シテモ中央ノ指令ヲ受ケス、一九二六年一月二十六日吉長鐵路局內ニ吉敦鐵路建築工程局ヲ設立シ吉長鐵路局長魏英武ヲシテ局長ヲ兼ネシメ之カ進行ヲ計ラシメタリ。

吉林ヨリ江密峯ヲ經テ蛟河ニ至レバ所謂蛟河平野拓ケ更ニ牡丹嶺ヲ越ユレハ敦化ノ太平原ニ至リ其ノ間沿線ニハ七八、七四〇陌ノ可耕地ト約三億五千萬石ノ森林地帶ヲ擁シ其他背後地一帶ニ亘ル各種鑛山ヲ併セ所謂滿洲ノ寶庫タル吉林省ノ中樞地域ヲ横斷セリ。尙ホ本線ハ吉長線ト連絡シ滿鐵ノ培養線トシテ期待サレタルニモ不拘事變前ニ於テハ却ッテ問題タリシ滿鐵ノ平行線吉海、瀋海ノ培養線タリシカ如キ觀アリシモ滿洲事變後ハ大イニ面目ヲ一新シ殊ニ吉會線ノ後半部敦圖線ノ開通セルト拉法ヨリノ拉賓線モ本年中ニハ開通スベク然ル曉ニ於テハ北鮮羅津雄基港ノ完成ニヨリ大連一港主義ハ破棄セラレ日滿間ノ連絡ニ否歐亞連絡上ノ幹線トシテ從來ノ貿易經路ニ一大變革ヲ招來スルヤ必然ニシテ從ッテ沿線各地ノ發展ハ期シテ待ッヘク本省ノ發展ニ貢獻スル處至大ナルモノアラントス。

第四項　吉海鐵路

吉林省城――海龍　　一八三、四〇

起工　民國十六年六月二十五日

開通　民國十八年五月十五日

本鐵道ハ吉林省城ヨリ起リ西陽、双河鎭、烟筒山、小城子、盤石、朝陽鎭ヲ經テ奉天省ノ海龍ニ至ル間ニシテ吉林ニ於テ吉長、吉敦ノ二線ニ、海龍ニ於テ瀋海、開海ノ二線ニ連絡スルモノナリ。東三省ニ於ケル外資ニ依ル鐵道敷設熱ニ刺戟セラレタル吉林ノ農、工、商敎各團体ハ省議會ニ本鐵道敷設問題ヲ提議シタルヲ以テ省議會ニ於テハ之ヲ確定シ省公署ニ於テ之カ許可方ヲ咨リタル結果吉林省長公署ニ於テハ民國十五年十一月十日吉海鐵路建設籌備處ナルモノヲ組織シ現民政廳長李銘書ヲ總辦ニ齊耀塘、艾廼芳兩氏ヲ幫辦ニ任命シ資本總額吉大洋一千二百萬元中一千萬元ヲ吉林省公署ヨリ出ス事トシ殘リ二百萬元ハ一般商民ヨリ募集スル事ト決定セリ。吉海鐵路ヲ建設シ瀋海鐵路ト連絡セシムルハ交通ノ利便促進ノ爲メ將又地方ノ開發、文化啓蒙ニ資スル處大ナルモノアリ。元來吉林省ハ物資豊富ニシテ滿洲ノ資源ナルモ今日ニ至ル迄交通ノ便ナク爲メニ利益ヲ收得スル事不可能ナル狀態ニアリキ、滿蒙ニ於ケル各鐵道多クハ外人ノ所有ニ歸シ吉林省ニ於ケル吉長、吉敦鐵道ノ如キ亦外人ノ資本ニ依リ經營セラレ從ッテ利得凡テ外人ノ所得ニ歸シ利權ノ外溢此ヨリ甚タシキハナシ。今農、工、商、敎各團体自ラ資ヲ集メテ鐵道ヲ布設シ瀋海線ト連絡セシメント期ス、甚タ機ヲ得タルモノト稱スベシ云々ナル訓令的趣旨書ヲ省公署ハ發シテ此ガ促進ニ努力セリ。

斯クテ十五年十二月二十日ヨリハ朝陽鎭ヲ起點トシテ十六年二月十三日ヨリハ吉林ヲ起點トシテ之カ測量ニ着手シ三月末完了セリ仍ッテ六月二十五日愈々盛大ナル開工式ヲ擧行シ同時ニ開工ニ着手セリ爾後二ケ年ヲ費シ民國十八年五月十五日全線ノ開通ヲ見ルニ至レリ、民國十九年七月一日ニハ吉海鐵路管理局ナルモノヲ設ケテ開通後ノ營業一切ヲ管掌セシムル事トセリ。

最初ノ資本ハ吉大洋一千二百萬元ノ豫定ナリシモ不足ヲ生ジ二千三百萬元トナシ尙ホ民國二十年事變後ニ於テ外債ノ端數支拂ノ爲メ舊財政廳ヨリ更ニ吉大洋八十萬元ヲ出セリ即チ財政廳ヨリ支給セシ額前後合計二千四百七十一萬二千八百零六元ノ多額ニ達セリ。

元來本線ハ民國七年（一九一八年）九月二十四日締結セラレタル所謂滿蒙四鐵道ノ一線ニ屬スルモノ

ニシテ民國十四年四月開通セル瀋海線ニ連絡シ滿鐵ノ平行線トシテ從來問題ヲ惹起セシハ周知ノ如シ、現在ニ於テハ他線ト同樣滿鐵ニ委任經營サレソノ統制下ニ營業シツヽアルモ治安ノ關係上僅カニ一往復スルノミニテ業績思ハシカラザルモノアリ。

第五項　天圖輕便鐵路

頭道溝―圖們江岸　一一一、五〇粁

民國十一年着工、民國十三年全線開通

一、沿革

南滿太興合名會社（社長飯田延太郎）カ經營スル中日官商合辦老頭兒溝煤鑛及ヒ天寶山銀銅鑛ノ鑛産搬出及間島地方開發ニ資スル爲メ天寶山ヨリ圖們江岸ニ達スル輕便鐵道ノ敷設ヲ該會社代表者ト吉林省紳商、文祿ト提携シテ合辦スルノ計畫ヲ立テ案ヲ具シテ大正六年八月コレヲ時ノ吉林省長ニ呈出シ交通部ニ傳達ヲ請ヒ許可ノ指令ヲ要求セリ、當時吉林省長郭宗熙ハ以爲ラク、往年彼ノ露國人カ松花江江岸森林伐採條約ノ範圍ヲ超ヘ濫リニ林場ニ於テ輕便鐵道ヲ敷設シ恣ニ中國ノ主權ヲ蹂躙セルニ反シ、天圖輕便鐵道ノ計ハ中日合辦ノ組織ヲ以テ中日合辦鑛山ノ採鑛並ニ物資ヲ運搬スルヲ目的トシ、且中國ノ法律ニ準據シテ成立シタルモノナレハ、彼ノ露國人等カ勝手ニ建設シタル森林鐵道ニ比スヘキモノニ非ストナシ、頗ル天圖鐵道ノ敷設ニ贊成シ遂ニ之ヲ交通部ニ傳達シテ許可ヲ申請スル運トナリ當時交通部總長ハ曹汝霖ニシテ次長葉恭綽ハ公司ヨリ呈出セル契約條項中稍々法規ニ適合セサル所アリトナシ、吉林省長諮問シ十餘項ノ多キニ亘リテ、ソノ改訂補修ヲ命シタリ。

天圖公司ハ一ニ該修正命令ヲ遵奉シ直ニ契約ヲ改訂シ再ヒ交通部ニ呈請シタル結果民國七年三月十六日部批第六十四號ヲ以テ時ノ交通部總長曹汝霖ノ名ニ於テ批准立案トナリ、茲ニ天圖輕便鐵道ハ完全ナル敷設權ヲ獲得スルニ至レルモノナリ。是ニ於テ合辦公司ハ直ニ總公司ヲ吉林ニ設立シ分公司ヲ延吉縣龍井村ニ置キ互ニ資金ヲ供出シ中日職員百十數名ヲ任命シ線路ノ測量ヲ完了シ軌條枕木等ヲ購入シ、一面延吉道尹ハ該鐵道ノ監督官タル督辦ヲ命セラレ、道尹公署內ニ督辦公署ヲ置キ必要ノ吏員ヲ任命シ、又吉林省長ノ認可ヲ經テ租地處ヲ設ケ地方官紳ト會同シテ各地主ト線路用地買收ニ關スル公定價格ヲ取極メ、一面公司ハ愼重ナル態度ヲトリ吉林省內ニ於ケル模範的合辦事業ノ典型タラン事ヲ期シ何等ノ反對モナク一瀉千里ノ勢ヲ以テ順調ニ進渉セシカ、起工免狀タル開工執照ノ問題ニツキ手續進行中北京內閣變動シ、且ツ支那一帶ニ排日熱瀰漫シ、曹毓麟交通部總長タルニ及ヒ開工執照下附ニ至ル迄工事差止メノ命令ニ接シタルモ公司ハカヽル非法ノ命令ニ服從スル事能ハサルヲ以テ直ニ代表者ヲ北京ニ派遣シ該命令ノ取消ヲ請求シタル際時宛モ曹總長ハ安福禍首ノ罪ニ座シ身ヲ以テ我公使館ニ逃レ葉恭綽之ニ代リタリ。葉ハ該鐵道敷設權批准ノ際次長トシテ交通部ニ在リ親シク本件ヲ處理シタル一人ナレハ本問題ニ頗ル同情ノ意ヲ表シ日本代表者ニ對シ、本件ハ頗ル解決困難ナレハ、改メテ吉林省長ノ手ヲ經テ公文ニヨリ關係書類ヲ再提出セハ直ニ開工執照ヲ下附スヘシト傳達セリ。

仍ツテ公司代表者ハ直ニ吉林ニ馳セ歸リ省長鮑貴卿ニ就キ再ヒ公文ノ發送ヲ出願シタルニ省長ハソノ請ヲ容レ天圖鐵道ハ決シテ中國ノ主權ヲ害スルモノニ非ス、又地方ニ於テハ何等反對ナク一般ノ狀況ハ郭前省長時代ト異ル點ナシ故ニ速カニ開工執照ヲ下附セラル可キモノナリトノ公文ト共ニ最モ正當ニシテ合法的ナル各關係書類ヲ添ヘ交通部ニ送附シタリ。

斯クシテ公司代表ハ直ニ北京ニ赴キ執照下附ノ手續中又復葉恭綽ハ總理靳雲鵬ト相容レザルノ故ヲ以テ野ニ下リ本問題ハ再ビ頓挫スルノ止ムナキニ至レルガ次デ張之潭交通總長タルニ反ビ本問題ガ民國（大正）七年以來ノ懸案ニシテ開工執照下附遲延ハ何等合法的理由ナキニ鑑ミ加之公司開設以來久シク損害益々多ク遂ニハ國交ヲ害フ恐アリトシ先ヅ帝國公使ニ對シ開工執照下附以前ト雖モ工事ヲ開始シテ差支ナキ旨ヲ聲明シ次デ大正十年八月十八日帝國公使ノ要求ニ對シ工事開始確認ノ意思ヲ表示スルタメ開工執照ニ成ルヘキ公文ヲ公使ニ送致セルト同時ニ吉林省長ニ對シテモ亦公使要求ノ次第ヲ移牒セリ。是ニ於テ本問題ハ一段落ヲ告ゲ日本政府ヨリモ天圖鐵道工事開始差支ナキ旨指令ヲ發シタリ。

天圖鐵道工事開始遲延ハ實ニ斯ノ如ク北京内閣屢々變動シ吉林省長又數次交迭セルガタメ開工執照ノ下附遲延セルニ起因セルモ鐵道ノ敷設權ハ確定動カスヘカラザルモノニシテ一部地方民中ニハ鐵道ヲ理解セズシテ徒ニ反對ノ氣勢ヲ擧ゲルモノアリタルヲ以テ地方長官タル孫督軍ニ一應諒解ヲ得ント欲シ交渉スル所アリシガ、孫督軍ハ能クコレヲ諒トシ大正十一年五月山海關ノ陣營ニ於テ天圖問題ニ關シテハ何等異議ナキヲ吉林省當局ニ對シ電訓スヘキ旨聲明シタルガ次デ天圖鐵道ヲ吉林省政府ト飯田延太郎トノ合辦ニ改組セントノ議起リ數回ノ折衝ヲ重ネタル結果同年十月十二日交涉纏マリ十一月八日改訂契約書ニ雙方調印ヲ了シ同時ニ資本金二百萬圓ヲ四百萬圓ニ增資セルモノナリ。コレヨリ先大正六年十二月以後冬季中ニモ拘ラズ豫定線ニ對シ線路ノ實測ヲナシタルニ會寧ヨリ兀良哈ヲ經テ龍井村ニ至ル線路ハ山脈及地勢上工事ニ多大ノ費用ヲ要シ且短日月ニ工事ヲ竣成スル能ハザルニヨリコレガ變更ヲ企劃シ現在線ノ上三峰對岸地方ヲ基點トシテ八道河子東盛湧ヲ經テ龍井村ニ出ヅルコトトナシ大正十一年五月ソノ測量敷設ヲ完成シ既ニ上三峰對岸地方ヨリ龍井村ニ至ル三十六哩一分ハ大正十二年十月龍井村老頭溝間ハ二十六哩八分（以上本線）朝陽川延吉（局子街）間六哩二分（支線）ハ十三年十一月何レモ運輸營業ヲ開始シ目下營業總延長六十九哩ニ達セリ。而シテ老頭溝天寶山間ハ線路延長工事見合セ中ナリ。同鐵道ハ從來上三峰對岸龍井村間及延吉支線一日三往復、朝陽川老頭溝一日二往復ノ列車ヲ運轉シツヽアリシガ滿洲國成立後滿鐵ノ手ニヨリ敦圖線ノ敷設工事進メラルヽニ及ヒ買收サルヽニ至レリ。

第六項　穆稜炭礦鐵道

本線ハ東支鐵道東部線ノ下城子驛ヨリ穆稜河ニ沿フテ北上シ穆稜炭礦即チ馬橋河炭田ニ至ル幹線六二粁九及ヒ待避線一〇粁一六ヲ云フモノニシテ炭礦露國代表**スキデルスキー**氏ノ手ニ依リ東支鐵道援助ノ下ニ一千九百二十三年秋起工シ一千九百二十五年三月開通セルモノニシテ軌間ハ東支線ト同シク五呎ナリ。元來ハ穆稜炭ノ運搬ノ爲メ敷設サレタルノナルモ後旅客ノ運送ニモ使用スル事トナシタリ。本鐵道ノ純益ニ關シテハ三割ハ吉林地方實業教育ノ補助ニ七割ハ公司ノ所得トシ職員ノ賞與ヲ除キ殘額ヲ吉林省政府ト合辦人**スキデルスキー**ト折半スル事ニ協定サレタリ。一九三一年十一月末迄ニ本鐵道ニ投資サレタル總額ハ一千八百三萬五百零三元ナリ。本鐵道ハ穆稜炭礦ノ消長ト運命ヲ共ニスルモノニテ穆稜炭礦ノ現狀ヨリ推シ將來ハ密山炭田迄延長シ之カ運搬ニ努力スルノ必要アラン。

第七項　蛟奶支線

本線ハ吉敦線蛟河驛ヨリ奶子山ニ至ル十一粁ノ省有鐵道ニシテ專ラ奶子山炭礦ノ運炭ノ目的ヲ以テ敷

設サレタルモノニテ吉敦鐵路管理局ニ委任經營ヲサレツヽアリ。

第八項　專用鐵路

玆ニ專用鐵道ト假稱スルハ東支鐵道東部線ニ於ケル石炭又ハ材木ノ運搬ヲ目的トシ敷設セラレタル左記鐵道ヲ一括シテ謂フモノニシテ何レモ東支鐵道ノ援助ニ依レルモノニシテ從ツテソノ材料等總テ該路局ヨリ購入又ハ借用シ軌間ハ此ト同一幅ヲ採用セリ、各鐵路ノ名稱、延長次ノ如シ

一、札賚諾爾煤礦鐵路	一〇俄里
二、牙克石森林鐵路	七〃
三、伊勒克特森林鐵路	四五〃
四、一面坡森林鐵路	二四〃
五、露卞西歐森林鐵路	六七〃
六、葦沙河森林鐵路	六八〃
七、亞補露斯亞森林鐵路	六〇〃
八、石道河子森林鐵路	六〇〃
九、橫道河子森林鐵路	七〃
一〇、馬橋河森林鐵路	三九〃
以上合計	三八七俄里　即チ約四百十四粁ナリ

第九項　拉濱鐵路

二六八粁四

拉法—哈爾濱

大同元年春着工

大同二年中ニ開通

從來ニ於テモ吉林ヨリ東支南部線ニ平行シテ五常ニ至ル線ハ屢々計畫サレタル歴史ヲ有セリ。即チ民國八年ニ於テハ吉林省官銀號總辦劉文田氏等發起トナリ計畫セシモ奉吉確執ノ餘波ヲ蒙リテ停頓シ其後當時ノ吉林省財政廳長蔡運升又計畫セシモ果サスシテ轉任トナリソノ後ヲ受ケテ舒蘭縣知事共益公司代表社員峰簱氏等中心トナリ盡力セシモ實現スルニ至ラザリキ、又民國十七年（昭和三年）ニハ滿鐵總裁山本條太郎氏ト東省當局トノ間ニ例ノ新滿蒙五鐵道中ノ一ツトシテ交渉ヲ重ネラレタル歴史ヲ有シ居レリ。

滿洲事變後政治的ニ軍事的ニ痛切ニ必要ヲ感シタル當局ニ於テハ至急之カ建設ヲナス事トナリ順序トシテ吉長吉敦鐵路管理局ヨリ大同元年五月二十六日附ヲ以テ吉林省公署ニ吉敦線ノ拉法站ヨリ哈爾濱ニ至ル所謂拉濱線ヲ建設シ度キ旨ヲ請願セリ、茲ニ於テ省公署ハ中央交通部ニ之ヲ咨リ通過各縣即チ額穆舒蘭、五常、阿城、濱江、ノ各縣長ニ對シ協助保護方訓令セリ。大同元年五月末ヨリ測量ヲ開始シソノ佔用地ハ吉長、吉敦鐵路局ノ購地暫行章程ニヨリ辦理スル事トセリ。大同元年六月十八日ヨリ起工シ額穆縣ヨリ警察隊ヲ派遣シ保護スル一面鐵路局自身ニ於テモ拉濱線護路隊ナルモノヲ組織シ之カ保護ヲナサシメ本年ノ四月ニハ拉法、小城子間ノ假營業ヲ開始セリ目下着々進渉中ニテ本年秋迄ニハ全通ノ豫定ナリ。

大同二年三月一日滿洲國政府ハ滿鐵ヲシテ滿洲國々有鐵道ノ經營ヲ委任シ尙ホ新設鐵道ノ建築ヲ請負

ハシムル旨發表セリ。蓋シ滿鐵ハ滿洲國即チ舊東三省政府ニ對シテ巨額ノ債權即チ吉長、吉海、四洮、洮昂、洮索、齊克、呼海（松花江水運事業ノ一部ヲ含ム）、瀋海、奉山ノ既成諸鐵道ニ就テ合計一億三千萬圓ノ債權ヲ有シ居リ此等ノ諸鐵道ニ屬スル一切ノ財產及ヒ收入ヲ以テ本借欵ノ擔保トシテ諸鐵道ノ經營カ滿鐵ニ委任セラレタルモノト思料セラル。玆ニ於テ滿洲國政府ハ同國內ノ鐵道網ノ普及ノ爲メニ敦化—圖們江、拉法—哈爾賓、泰東—海倫（所謂海克線）ノ建設ヲ滿鐵ヲシテ請負ハシムル事トナレリ。此等ノ新鐵道ノ建設ニ要スル資本金合計約一億圓、別ニ天圖鐵道ノ買收資金六百萬圓ヲモ滿鐵ヨリ借欵スル事トナレリ。

本拉賓線ノ鐵路用地ノ買收價格ニ就キテハ關係者間ニ於テ幾度カ交涉ノ結果大同二年六月二十日漸ク左ノ如ク決定セリ。地價一畝當リ菜園地一等地三十三元（國幣）二等地三十元、三等地二十七元平均三十元ト決定シ田地ハ一等地二十元、二等地十八元、三等地十六元、四等地十四元、五等地十二元、平均十六元ト決定セリ。尙ホ荒地ハ一等地六元、二等地五元、三等地四元、平均五元ト決定、地上物件ニ就キテハ磚墻瓦房一等ノモノ六百元、二等五百元、三等四百元、磚墻鐵瓦房三百元、磚墻平房二百五十元、前面磚墻平房二百元、磚墻草房百八十元、土墻鐵瓦房百五十元、土墻草房一等百十元、二等九十元、三等七十元、四等五十元、五等四十元、六等三十元、七等二十五元、倉庫一等三十元、二等二十五元、三等二十元、四等十五元、五等十元ト決定シタルガ濱江、阿城ノ一部ニ對シテハ特例ヲ認メ止ムヲ得サル場所ノミ改メテ特ニ價格ヲ協定スル事トナレリ。

本線ノ豫定驛名下ノ如シ

拉法—五家子—馬鞍山—上營—小城子—六道嶺子—火了屯—水曲柳崗—山河屯—五常—桃山—背陰河
拉林—土城子—三家子—西大塡—哈爾濱

第一〇項　敦圖線

本線　敦化—灰幕洞　一九一、九粁
支線　朝陽川—圖們江岸　五八、八粁

民國二十年末着工、大同二年四月末開通

一千九百年（明治四十二年）間島ニ關スル日淸協約ノ締結ニヨリ、間島ニ於ケル支那ノ領土權ヲ認ムルト共ニ此カ交換條件トシテ支那ヲシテソノ第六條ニ吉會鐵道ノ投資權ヲ留保セシメ將來吉長鐵道ヲ延長シテ延吉南境ニ至ル場合ニハ更ニ圖們江ヲ渡リテ會寧ニ達セシメ朝鮮鐵道ト連絡スヘキヲ承認セシメ一切ノ辦法ハ吉長鐵道ト一律ニシ日本ハソノ敷設費ノ半額ヲ投資スルノ權利ヲ獲得セリ。而シテ開辦期ハ支那政府情況ヲ酌量シテ日本政府ト商議ノ上決スベシトセルモ其後何等ノ進渉ヲ見サリキ、蓋シ日本ハ投資權ヲ得タルノミニテ敷設權ハ之ヲ得タルモノニ非ザリシ爲メソノ着工ニ附キテハ何等ノ干渉權ナカリシナリ。十年ヲ經過セル一千九百十八年六月十八日ニ至リ漸ク支那政府交通部ト日本特殊銀行團代表日本興業銀行トノ間ニ吉會鐵道借欵豫備契約ヲ締結セリ。調印ノ翌日ニ於テ建設準備金ノ前渡金トシテ金一千萬圓ヲ東京ニ於テ章駐日公使ニ交附セリ。本借欵章約ニヨリ支那政府ハ本鐵道敷設費其ノ他ノ必要條件ヲ定メ特殊銀行團ノ同意ヲ求ムルコトトナリ又將來建設費ニ充ツヘキ資金ニ就キテハ日本特殊銀行團ハ支那政府ノ爲メ五分利付金貨公債ヲ發行シ其ノ公債募集ニヨリ得タル資金ヲ以テ前記前貸金ヲ優先的ニ返済スヘク且ツ正約ハ前記豫備契約調印ノ日ヨリ六箇月以内（一九一八年十二月十七日滿期）ニ締結スベキヲ定メタリシカ前渡金ノ政費流用ヲ知リタル民間側ノ反對ニ遭ヒ且ツ當事者間ニモ意見ノ相違アリ果シテ何時正約ハ締結サルヘキヤ不明ナル狀態ニアリシヲ以テ日本側ニ於テハ本線トハ別問題トシテ一九二五年十月二十四日滿鐵ト吉林敦化間ノ工事請負契約ヲ締結セシメタリシナリ。其後昭和三年ニ至リ所謂新滿蒙五鐵道ニ關スル交渉進メラレ遂ニ同年五月十四日附ヲ以テ吉會鐵道中敦設未完成ノ部分タル敦化ヨリ朝鮮國境ニ至ル敦圖線ニ關シ交通部ト滿鐵總裁山本條太郎氏トノ間ニ工事請負契約ノ調印ヲ了シタリ。

本線ハ敦化ヨリ灰幕洞ニ至ル一九一、九粁ニシテ支線ハ朝陽川ヨリ分レ舊天圖輕便鐵道ト同樣ノ道程ヲ辿リ開山屯ニ至ル五八、八粁ニシテ本線ハ一年有半ノ歳月ト尊キ人命ヲ犧牲トシ本年四月末全通セシモノナリ。本線ノ通過地ハ敦化、大橋、大石頭、哈爾巴嶺、三道溝、明月溝、楡樹川、老頭溝、銅佛寺、朝陽川、延吉、小盤嶺、葦子溝、灰漠洞ナリ、支線ハ天圖鐵道ヲ六百萬元余ヲ以テ買收シ目下改築中ニテ朝陽川ヨリ分岐シテ龍井村、東盛湧、八道河子ヲ經テ江岸ノ開山屯ニ至リ對岸ノ上三峯ニ連絡スルモノニシテソノ延長五十八、八粁ニシテ朝陽川、馬鞍山、青林、石明子及ヒ湖泉ノ五隧道アリ。

第十一項　圖寧線

圖們江岸—牡丹江岸　二五七、一粁

本線ハ圖們江岸灰幕洞ヨリ嘎呀河ニ沿フテ北上シ老爺嶺ヲ越ヘ東京城寧安ヲ經北滿鐵路東部線ノ牡丹江站ニ至ル線ニシテ更ニ寧安ヨリ海林站迄支線ヲ設クル筈ナリ。本大同二年三月一日ノ日滿兩國ノ聲明ニヨリ滿洲國國有鐵道ノ委任經營ト共ニ將來布設サルヘキ新線ノ請負工事ヲ滿鐵ヲシテナサシムル事トナリタル結果當然滿鐵ニ於テ敷設スベキ權利ヲ有スル新線ニシテ滿鐵ハ敦圖線ノ完成ヲ終ルヤ直チニ本線ノ敷設ニ着工シ灰漠洞ニ建設事務所ヲ設ケ之カ實地測量ニ着手シ大同三年秋迄ニハ完成ノ予定ナリ。右ハ將來東支鐵道ヲ横斷シテ穆稜、勃利、依蘭各縣ノ原野ヲ縱斷シテ松花江牡丹江ノ合流點依蘭ニ延長サル、予定ナリト聞ク、然ル曉ニ於テハ從來松花江ヲ遡航シテ哈爾濱ニ出サレタル數百萬噸ノ穀類、木材、毛皮其ノ他ノ特産物ノ大半ハ依蘭ニ集中サレ本線ニ依リ南下輸送セラルヘキハ經濟的見地ヨリ見テ明ナル事ナリ。

第十二項　豫定線

一、**ヤブロニヤ**支線ノ延長、

現在北滿鐵路東部線ノ**ヤブロニヤ**驛ヨリ木材運搬ノ爲メ北方ニ八十六露里延長シ居ルヲ治安維持ノ關係上又一面ニハ經濟的見地ヨリ之ヲ更ニ延長シテ方正縣城ニ至リ更ニ松花江岸ニ達セシメントスル計畫線ナリ、方正縣城ニハ途中ヨリ更ニ支線ヲ出スモノナルカ分岐點ヨリ方正縣城迄五十八粁七ニシテ中二十一粁三ハ許可濟ナルヲ以テ殘リ三十七粁四及ビ方正縣城ヨリ松花江岸ニ至ル七粁計四十四粁四ニ對シ敷設許可ヲ與フル必要アリ。若シ省ヨリ相當ノ補助金ヲ與フル時ハ日本商近藤公司ニ於テ敷設シ度キ意圖ヲ有シ居リ既ニ該公司ヨリ右ニ對スル申請書ノ呈出アリ省公署ハ中央交通部、實業部ニ對シ右ニ關シ轉咨セリ。

二、寧安――依蘭間

三、新京―大賚間（舊長大線）

民國十七年（昭和三年）時ノ東三省當局ニ向ッテ日本ヨリ要求セシ所謂新滿蒙五鐵道中ノ一線ニシテ舊軍閥時代ニハ爲メニ種々ノ問題ヲ惹起セシモ滿洲國成立サレ本年三月一日國有鐵道ノ委任經營並ニ將來計畫スヘキ新線ノ建設擧ゲテ滿鐵ニ委任サレタル爲メ本予定線モ近ク滿鐵ニ依リ着手サルヘキモノト思料セラル。

四、寧安―密山―寶清―富錦―同江

五、五常―一面坡―延壽―方正

第十三項　往來計畫サレタル未成線

一、寧　海　線

寧安ヨリ東支鐵道東部線ノ海林驛ニ至ル十四哩間ノ鐵道ニシテ寧古搭農務會長兼商務會副會長孫氏ノ奔走ニヨリ具体化セシモノニシテ資本額ヲ大洋四十萬元トシ寧安、海林地方ノ農商民ヨリ醵出セシメ材料ハ東支鐵道ヨリ供給ヲ受クル事トナリ一九二五年中ニ完成ノ筈ナリシモノナリ。

二、吉　三　線

三姓、一面坡間約百四十哩ノ間ニシテ東部線一面坡ヨリ延壽、方正縣城ヲ通過シ依蘭ニ達セントスルモノナリ。露人技師**チホミシフ**氏ガ北滿鐵道會社ヲ組織シ、**マワリスキー**氏所有ノ一面坡延壽縣ノ敷設權ヲ買收シコノ間ヲ第一期線トシテ漸次方正、三姓ニ及バントスルモノニシテ予定工費二百五十萬元、內滿洲人出資七十萬元、敷設材料車輛等ハ東支鐵道ヨリ供給シ初メノ營業ハ**マワリフ**

キー商會ニ委任スル事ニ決定シアリタルモノナリ。

三、石扶線

本線ハ東支鐵道石頭城子（三分口）ヨリ扶餘（伯都訥）ニ至ル、六十六哩ノ線路ニシテ、主トシテ滿鐵計畫ノ長扶線ニ對抗スル目的ヲ以ッテ東支鐵道側ノ立案シタルモノナリ。一九二五年六月滿鐵ノ長扶線建設計畫ノ報ニ接シタル、イワノフ長官ハ獨斷ヲ以ッテ人ヲ扶餘ニ派シ同地有力者等ニ鐵道建設ノ利ヲ說キ該地ノ巨商糧棧ノ財東韓瀛洲氏姚錫九氏孫曉峯氏等ヲ發起人トシ吉林官邊ニ對シ認可ヲ出願セシムルト同時ニ、其ノ許可ヲ俟タズシテ直ニ測量工事ニ從事シ、詳細ナル圖面ヲ作製セルモノナリ。其際東支側ヨリ提出シタリト傳ヘラル、條件ニ依レバ

一、軌條及此ニ對スル附屬品枕木等ハ全部無償ヲ以テ提供シ、

二、機關車ハ一輛一日大洋四十元、三等客車同四元二等客車同六元貨車同四元ヲ以テ提供スト云フニアリ。

建設費トシテ豫算額百十五萬元ヲ計上シ、發起人韓二十萬元其他姚等相當額ヲ負担シ不足額ハ一般商民ノ株式募集ニ待ッ事トシタルモノナリ。

四、長扶線

本線ハ南滿鐵道ノ終端長春驛ヨリ農安ヲ經テ扶餘ニ至ラントスル延長凡ソ九十五哩間ニシテ大正三年ノ交長春民國側商人ト農安有力者間ニ長農間一四〇支里ノ輕便鐵道建設計畫アリ、資金其他ノ關係ニテ實現スルニ至ラザリシモノナリ大正七年頃更ニ長春運輸會社關係者ニ依リ再立案セラレタルモ、又目的

ヲ達セズ立消ニナリタルガ、大正十年頃東支線ノ輸送力ノ恢復ニヨリ農安、大賚附近ノ物資ガ洮盌方面ニ流出スルニ及ヒ滿鐵ニ於テモ自衞上研究スルニ至リ東三省當局ニ向ッテ建設方交渉セシモノナリ。昭和六年末本線ノ建設資金ヲ三百七十萬元トシ長春、農安、扶餘三縣ノ商民ニ於テ負担シ差シ當リ三縣自治積立金中ヨリ融通ヲ受クル事トシ一九二七年春ヨリ豫定線ノ測量ヲ開始シ全線ヲ二段ニ分チ長春、農安間ヲ第一段、農安、扶餘間ヲ第二段トスル事ニ確定シ請願書ヲ提出スル運ビニ迄至リシモノナリカ、ル中ニ張作霖ノ爆死事件アリ東三省當局ノ動搖ノ爲メ遂ニ實現スルニ至ラザリシモノナリ。本線モ亦他ノ新設線ト同樣滿鐵ニ於テ建設サル可キモノナルヲ以テ滿鐵ハ多年ノ宿望達成ノ爲メ遠カラズ着手サルヘキモノト思料セラル。

第二節　水　運

本省内ニ於テル河川中水運ノ便アルハ松花江ヲ第一トシ牡丹江、圖們江、烏蘇江等アルモ皆冬期結氷スルノ缺點ヲ有シ從ッテ利用セラル可キ期間ハ概ネ四月下旬ヨリ十一月上旬ニ亘ル約二百日間ニ過キズ。

第一項　松　花　江

松花江ハ本省水運ノ骨髓ヲナスモノニシテ白頭山頂ノ火口内ノ天地ニソノ源ヲ發シ幾多ノ支流ヲ合シテ黑龍江ニ合スル迄實ニソノ全長二千粁余ニ達ス。

今(一)吉林上流(二)吉林陶頼昭間(三)陶頼昭、扶餘間(四)扶餘、哈爾賓間(五)哈爾賓、江口間ノ五區ニ分ツテ概説セン。

(一)吉林上流

吉林上流ハ山嶽地帶ヲ流ル、ガ故ニ急灘淺瀨諸所ニアリテ汽船ノ航行ニハ適セズ獨木舟、筏ヲ通ズル程度ニテ省域ニ近キ五十粁余ノ間小蒸汽船ノ航行ニ適ス、省城ニ來ル貨物ハ薪炭、木材ヲ第一トシ石炭、石材、農產物之ニ次グ。

(二)吉林、陶賴昭間(一九九粁)

本區間ハ水深三呎乃至五呎アリ河幅モ三百米ヨリ五百米アリテ解氷期間中ハ吃水淺キ汽船及ヒ荷船往來スルモ吉林下流十粁余ノ處ニ所謂九站ノ險灘アリ奔流ノ爲メ汽船ト雖モ遡航甚ダ困難ナリ。更ニ四十粁餘ニシテ烏拉街ノ險灘アリ狹水道ニシテ減水甚シキ時ハ舟航ヲ阻止サル而シテ此處ヲ出テヨリハ平原地帶ニシテ河幅廣ク水流緩カナリ。

(三)陶賴昭、扶餘間(一六二粁)

本區間ハ河幅廣ク一粁ニ達シ減水セル時モ四百乃至五百米アリ。扶餘附近ハ增水時ニハ四粁乃至五粁ニ及ブ事アリ一樣ナラズ。而シテ一般ニ水深淺ク二呎ニ過キサル處アリ且ツ年々水路ノ變遷甚シク處々淺瀨ヲ生スルカ故ニ汽船ノ航行ハ頗ル困難ナリ、蓋シ伊通河並ニ飮馬河ヨリ流出スル土砂ハ合流點下流ノ河床ニ堆積シ且ツ流水ノ爲メソノ位置ヲ變スルカ故ナリ、一千九百六年以來屢々該區間ノ汽船航行ヲ計畫セシモ資本欠乏ノ爲メ成功セサリキ。僅ニ哈爾賓、扶餘間航行ノ小汽船カ貨物旅客ノ都合ニヨリ增水期年數回遡航セシ事アリシノミ、然ルニ一千九百十五年以來ハ利國輪船公司ハ毎月數回吉林、扶餘間ノ航行ヲナスニ至レリ。以上ヲ要スルニ扶餘上流ニ於ケル松花江ノ水運ハ未タ發達見ルヘキモノナシ、思フニ松花江上流地方ノ特產物ハ總テ南方若クハ東方ニ搬出サルヘキ性質ノモノナルニ拘ラス江水ハ北流シ從ッテ南滿市場トノ連絡ナク且ツ特產物ノ出廻期ニ於テ結氷シテ舟航不可能ナルト吉長吉敦吉海ノ各鐵道ニ依ル方便利ナルカ爲メナラン

(四)扶餘、哈爾賓間(二二六八粁)

扶餘ノ下流四理ノ地點ニ三呎內外ノ淺瀨アリ減水時航行ニ支障ヲ來ス事スアルモ三岔口ニ於テ嫩江ヲ合シテヨリハ急ニ水量增加シ普通八呎減水時尙ホ四呎以上アリテ航行ニ便ナリ、河幅ハ四百米乃至一千米アリ。

(五)哈爾賓、江口間(六九五粁)

哈爾賓ヨリ牡丹江トノ合流點依蘭ニ至ル約三百四十粁間ハ山谷ノ間ヲ流ル、カ爲メ島嶼淺瀨諸處ニアリ、殊ニ三姓淺瀨ハソノ長サ二十粁ニ亘リ航行頗ル困難ニテ三塊石又ハ滿天星ト俗稱セラレ松花江下流地域ニ於ル最難航地域ナリ。依蘭ヨリ江口迄ノ間ニモ諸處ニ淺瀨アルモ航行ニ支障ナシ。哈爾賓下流江口迄ノ間ニハ左右兩岸ニ航路標識ヲ立テ、水深ヲ指示シ難航處ニハ水中ニ標識ヲ立テ之ヲ指示シアリ。

哈爾賓下流ニ於ケル吉林省側ノ埠頭トシテハ烏河、新甸、南天門、伊漢通、德墨里、大小勒羅密、依蘭、佳木斯、樺川、富錦、同江アリ。而シテ何レモ棧橋其他特別陸上設備ナク普通跳板ヲ渡シテ乘降或ハ貨物ノ積卸ヲナスモノナリ。

次ニ松花江航運ノ沿革史ヲ概說セン

一八五八年愛琿ニ於テ極東總督「ムナヴヨフ」伯カ支那政府ト所謂愛琿條約ヲ締結シタル後同年七月伯自身カ二露國商人ヲ伴ヒ汽船「アムール」號ニ搭乘シテ江口ヨリ三十露里餘ヲ遡航セルカ松花江上ニ於ケル汽船航行ノ嚆矢ナリトス。爾來露國ハ幾度カ遠征隊ヲ組織シテ調査ト貿易ニ從事セシメタルカ上流吉林迄遡航シ得タルハ一八九五年ノ事ナリ。翌一八九六年ニハ約五十萬布度ノ鐵道建設材料、穀類ヲ輸送シテ哈爾濱迄來航セリ。一八九七年以後黑龍江汽船會社、黑龍江商事汽船會社其他個人汽船カ新ニ松花江ヲ一航行路線トシ一八九八年ニハ東支鐵道モ此ニ參加スルニ至レリ。斯クノ如ク露國ハ一八五八年ノ愛琿條約、一八六〇年ノ北京追加條約及一八八一年ノ聖彼得堡條約ニ依リ更ニ一九一〇年露支兩國間ニ於ケル松花江航行ニ關スル議定成リ完全ニ松花江ニ船舶ヲ廻航スル權利ヲ得タリ。

然ルニ支那カ松花江ニ汽船ヲ馳驅シタルハ民國七年春ノ事ニシテ黑龍江省督軍鮑貴卿ノ後援ノ下ニ江口迄下航セシヲ最初トス。其後露支共ニソノ汽船數ハ增加セシモ露國ニ革命ノ起リシ一九一七年迄ハ完全ナル露國ノ獨占下ニアリシナリ。革命ノ餘波極東ニ及ビソノ勢力ノ動搖ニ乘シ日本初メ外國汽船會社カ擡頭スルヤ支那人ノ注意ヲ喚起シ他面露國船舶所有者ハ過激派ニ依ル沒收ヲ惧レソノ所有船ヲ哈爾濱ニ廻航シテ賣却セントスル者續出セシ爲メ支那船舶業者ハ安價ニ之ヲ購入スル事ヲ得タリ。

當時商人陳陶怡ナルモノアリ盛ンニ俄船ヲ買收シ資本ノ不足ハ航業發展ノ目的ヲ以テ交通銀行ノ補助ヲ受ケシガ當時ノ外交部長曹汝霖、黑龍江省督軍鮑貴卿之ヲ援助シ民國八年ニハ資本金二百萬元トナシ戊通航業公司ナルモノヲ設立セリ。購入汽船二十九隻拖船二十隻ニ及ヒ中國輪船公司トシテノ第一聲ヲ揚ゲタリ。一九二〇年ニ至リ支那官憲ハ吉林、老少溝間ノ露國船舶ノ航行ヲ禁止シ續テ一九二四年ニハ「露國帝政ハ倒壞シテソノ存在ハ認メラレス。露國汽船ノ掲揚スル三色旗ノ國籍ハ消滅シタルモノナルヲ以テ此等汽船ハ勿論何レノ國ノ船舶タリトモ支那ノ領土河川タル松花江ヲ航行スル事ヲ嚴禁ス」ナル布告ヲ以テ露國ヲ初メ外國汽船ノ航行ヲ禁シ一九二六年ニハ遂ニ支那側ハ埠頭ト共ニ東清鐵道河川汽船部ノ船舶ヲ回收シ東北海軍部江運部ヲ設ケ管理セシムルニ至レリ。

然ルニ支那汽船會社相互ノ競爭ノ爲メ半官的ナル前記戊通航業公司モ營業不振トナリ破産セシ爲メ之ヲ解散シ東北航務局ト改組シテ官營事業トナシ東清鐵道航務課ノ財産回收ニ依リ松花江船舶ノ大多數ハ東北航務局ノ所屬船トナレリ。然シ乍ラ國境河川問題未解決ト沿岸貿易不振ノ爲メノ船舶業者相互ノ競爭ヲ防止スル爲メ一九二六年東北航務局、東北海軍江運處、東亞輪船賬房、奉天航業公司、滬濱航業處、濱江儲蓄會等ニヨリソノ所有船五十二隻帆船十七隻ヲ糾合シテ**シンジケノト**ヲ組織シ東北航務聯合會ト稱シ東北航務局樓上ニ事務所ヲ設ケタリ。然シ黑龍江省政府ノ直營ニ係ル數種ノ大小船舶業者ノ奪貨挑戰ト下流地方ニ於ケル農商民ノ猛烈ナル反對ニ遭ヒ本**シンジケート**モ改組ノ必要ニ迫ラレ民國十九年二月東北江防艦隊司令ノ指示ノ下ニ三十六船主聯合大會ヲ開キ聯合營業大綱ヲ可決シ**トラスト**ノ名ヲ哈爾濱官商航業聯合會ト定メタルカ同年七月東三省當局ハ突如事業許可取消ノ通告ヲ發シタリ。滿洲國成立後ハ各船主間ノ從來ノ如キ競爭防止ノ爲メ大同二年四月再ヒ各船主ヲ以テ**シンジケート**ヲ組織シ哈爾濱聯合航業會ノ成立ヲ見ルニ至レリ。

本**シンジケート**ニ加入セル汽船數大略下ノ如シト思惟サル。汽船一〇五隻、船一二八隻、更ニ試ミニ一九三二年開江以前ニ於ケル汽船其ノ他ノ隻數ヲ擧グレバ次ノ如シ。輪船一一四隻、小汽船三三隻、拖船一一八隻、帆船七九隻ナリ。

第二項　圖們江

圖們江ハ滿鮮ノ國境ヲ劃シ、其ノ名ハ著ハル、モ全流殆ント山間ヲ流レ、降雨期筏ヲ流スヲ得ルノミニテ全長約二百二十浬中舟楫ノ便アルハ、河口ヨリ朝鮮側ノ慶源ニ至ル間ニ過ギズ。此ノ間河幅八十間乃至二百間、水深平均十二呎ニテ民船ノ航行可能ナリ。民船ノ航行區域ハ主トシテ琿春河ノ合流點河口ヨリ回龍坪（朝鮮側龍堂ヨリ下汝坪間）間ニシテ琿春縣及汪淸縣ノ一部ヨリ輸出スル貨物ハ本區間ヲ民船ニヨリテ下リ下汝坪ヨリ馬車或ハ鐵道ニ依リ雄基港ニ出サル、モノトス、輸入品ノ經路亦同一ナリ、蓋シ圖們江岸ハ水深ハ相當アルモ淺瀨アリ、且波浪高クシテ船舶ノ出入ニ危險ナルガ爲メナリ但シ琿春材ハ江口ニ近キ朝鮮側土里ニ陸揚シ西水羅迄輕便鐵道ニテ輸送シ同港ヨリ雄基ニ送ルヲ普通トス。

第三項　牡丹江

牡丹江ハ延長二百六十華里アルモ急流ニシテ水淺ク舟楫ノ便アルハ鏡泊湖ノ上流八十華里ノ大山嘴子以下ナルモ往來固ヨリ頻繁ナラズ、唯夏ノ降雨期ニ於テ敦化又ハ額穆ヨリ寧安ニ至ル陸路交通者カ泥濘ヲ避ケンカ爲メ大山嘴子ヨリ北湖頭迄舟ヲ利用スル事アルノミ。北湖頭ヨリ寧安ニ至ル間ハ峽谷ノ間ヲ流レ全ク舟楫ノ便ナシ。寧安ヨリ依蘭ニ至ル間ハ水流減水時尚ホ三―五呎アリ平水時十呎ニ達スルモ水流頗ル急ニシテ冬季ト雖モ結氷セサル處アリ從テ舟楫ノ便ナシ。然シ夏季ニ於テハ寧安ヨリ土民ノ西瓜ヲ依蘭ニ積送スル爲メ並ニ沿川陸路カ雨ノ爲メ崩壞シ交通不能ノ際之ヲ利用スル事アリ、但シ水流極メテ急ナルカ爲メ下航セル船ハ歸航スル事不可能ナリ。唯牡丹江材ノ運搬ニヨリソノ名ヲ知ラルヽノミ。

第四項　烏蘇里江及其ノ支流

元來本地方ニ於ケル道路ハ極メテ粗惡ニシテ降雨期ニ於テハ一面ノ泥海ト化シ各部落間ノ交通ハ爲メニ杜絕スル事アリ。コノ間ニ處シテ烏蘇里河及ヒソノ支流タル撓力河、穆稜河ハ重大ナル水路ノ役割ヲ演ンスルモノナリ。

烏蘇江ハ吃水四呎余ノ汽船ノ航行可能ニシテ、撓力河亦幅、水深共ニ小舟ヲ通スルニ適シ同江縣內南半部ノ產物ハ之ヲ利用シ東方ニ出サル、又穆稜河ハ夏季增水時ニハ密山縣城迄小舟ハ遡航スル事可能ナリ。但シ本地方ハ吉林省內ニ於テ最モ人口ノ稀薄ナル地方ニシテ且現在ニ於テハ治安關係最モ惡シキ地方ニテ該諸川ノ利用亦不可能ナルノ狀況ニアリ。

第三節　道　路

舊來ノ道路トシテ特ニ列記スルニ足ルモノナキモ古來支那ニ於テハ首都ヲ中心トシテ放射狀ニ道路ヲ作リ省城或ハ主要都市ヲ連絡シタル例アリ此即チ官馬大路ニシテ省城ヲ中心トシテ各縣城ヲ連絡シタルモノニ大路アリ。本省ニ於ケル道路ノ中心ハ吉林省城ヲ第一トシ新京、哈爾濱、寧安、依蘭等此ニ次ギ省中心地ヨリ放射狀ニ各主要都市ニ向ッテ出發シ居レリ。

鐵道ノ敷設日尙ホ淺ク且ッ水運ノ便少キ本省ニ於テ地方物產ノ運搬ノ爲メニハ馬車ヲ利用スルノ外ナク從ッテ主要都市間ニ馬車道路ノ發達ヲ見タルモ夏期降雨ノ際ハ所謂泥濘膝ヲ沒スル式ノ惡道路ニシテ

殆ント交通杜絶サルヽノ狀態ニアルヲ普通トス、而シテ滿洲ニ於テハ一年中十一月ヨリ翌年三月末迄ハ全地凍結シ河川溝渠ハ爲メニ橋梁ノ要ナク道路外ノ地ハ赤裸ノ空地ニシテソノ通行自由ナルヲ以テ一ケ年中ノ交通運搬ハ多ク此ノ期間ニ行ハルヽヲ原則トセシヲ以テ文明國人ノ感スルカ如ク道路ノ必要ヲ痛感セサリシカ如シ。然レドモ一國文明ノ進步ハ交通機關ノ發達ニ俟ツモノニシテ、善良ナル公道路ノ保全或ハ建設カ社會政治及經濟ノ發達ニ欠ク可ラサルモノナルハ今ヤ上下ノ認ムル處トナリ且ツ新興滿洲國ニ於テハ治安ノ確保上第一道路網ノ完成ヲ必要トスルニ至リ中央ニ國道局ナルモノ設ケラレ國道網ノ統一計畫ヲナシツヽアリ、且ツ本年夏秋ニ於ケル治安維持會ノ治安維持工作ニ於テモ道路通信網ノ完成ハ軍ノ匪賊討伐ト共ニ重要工作トサレ各縣ニ於テモ鋭意修築或ハ改築中ナリ。而シテ此ニ對シ省治安維持會ヨリ十萬元ヲ補助スル筈ナリ。

今本省內ニ於ケル主要計畫道路ニ就キ說明セン(國道局發表)

一、新京—農安—扶餘　一六四粁

大倉組ニ於テ請負ヒ本年三月二十五日ヨリ五月二十四日迄ニ測量ヲ完了シ目下工事設計中ナリ。

二、公主嶺—伊通縣城　五三粁八

淸水組ニテ請負ヒ本年三月二十八日測量ヲ開始シ六月四日完了シ目下工事進涉中ニテ十月中旬迄ニハ完成ノ筈ナリ。

三、新京—伊通縣城　六九粁

大連工材公司ニテ請負ヒ本年四月六日ヨリ五月十四日迄ニ測量ヲ完了シ本年九月四日起工式ヲ擧行

セシ由ナリ。

四、新京―吉林省城　一一一粁三

本道路ハ國道局ノ直營ニテ四月十一日測量ニ看手シ五月三十日之ヲ完了シ六月三十日ヨリ工事ニ看手シ十月中ニ完成ノ筈ニテ本道路ノ鋪裝費ノ幾分カハ省ヨリ負担ノ筈ナリ。

五、哈爾濱―賓縣々城　九〇粁

東亞土木會社ノ請負ニテ本年五月二十一日測量ニ着手シ六月二十五日ヨリ工事ヲ開始シ十月末ニ竣工ノ豫定ニテ賓縣參事官苦心ノ道路ナリ。

六、海林―穆稜站　七五粁

本年二月八日ヨリ五月二十五日迄ニ全路ノ測量ヲ終リ目下工事ニ着手中ニテ岡組ノ請負ニ依ルモノナリ十月末迄ニハ竣工ノ筈ナリ。

七、穆稜站―穆稜縣城(八面通)　一一粁

國道局ノ直營道路ニシテ本年六月九日ヨリ四日間ニ測量ヲ完了シ目下工事進行中

八、佳木斯―依蘭―勃利縣城　二五〇粁四

榊谷組ノ請負ノ下ニ本年三月十七日ヨリ五月十二日迄ニ測量ヲ完了シ工事ニ着手セリ

九、琿春―土們子　一一四粁一

間組ノ請負ノ下ニ本年三月五日測量ニ着手シ六月二日之ヲ完了シ目下工事進行中ニテ本工事ノ人夫ハ地方民ヲトノ琿春縣參事官ノ要求容レラレ人夫ハ該縣民ヲ使用シ居レリ。

一〇、穆稜—綏芬河　八三粁
踏査完了セルモ本年中ニハ竣工不可能ナルヲ以テ應急ノ修理ヲ施ス事トナリ準備中ナリ本測量ハ國道局ノ直營ナル由。

一一、敦化—寧安縣城　一九六粁
敦化寧安間ノ道路ハ軍用道路トシテ軍ノ起工セシモノナリシカ目下西本組ニ於テ之カ改築中ニテ既ニ七割餘ハ終リ十月中ニハ竣工ノ筈ナリ。

一二、寧安—海林　二八粁三
國道局ノ直營ニシテ本年五月二十七日ヨリ六月五日迄ニ測量ヲ完了シ工事設計中ナリ。

一三、新京—烟筒山　一〇三粁
國道局ニテ計畫中ナルモ未ダ測量ニ着手セス

一四、新京—雙陽縣城　六八粁餘
本道路ハ從來自動車及ヒ馬車ヲ通ジ得ル程度ニハアリシカ橋梁ノ不完全ナリシ爲メ夏期交通杜絶ノ憂アリシヲ以テ目下雙陽縣ニ於テ改修中ニテ該縣內ノ分ハ八月中ニハ完成ノ筈ナルモ長春縣ノ部分約十粁餘即チ雙陽縣境ヨリ新京、吉林間ノ國道ニ合スル安全橋迄ノ部分ニ對シテハ長春縣ニ於テ改修方配慮アリ度シトノ請願ニ依リ省公署ヨリハ長春縣ニ對シ右改修方下命セリ。

第四節　運輸通信機關

第一項　運輸機關

運輸機關中汽車汽船舟楫ヲ除ク時陸上運輸機關トシテハ轎車、大車ヲソノ主ナルモノトス。前者ハ專ラ乘客用ニ後者ハ貨物運搬用ニ使用セラル、モノトシ此ノ外冬期結氷期間中ニハ橇ヲ用フルモノトス。從來ニ於テハ否將來ニ於テモ道路ノ修築完備セザル限ニ於テハ前述ノ諸機關ハ運輸機關トシテ鐵路及水路運輸ト共ニ本省內ニ於ケル主要ナル役割ヲ演スルナラン。而シテ譬ヘ道路ノ修築ナシトスルモ約半歲ニ近キ冬期結氷期間中ニ於ケル自動車運輸ノ著シキ發達ハ本省ニ於テモ看過ス可ラザル一事ニシテ殊ニ前項既述ノ如キ諸道路完成スルニ於テハ陸上運輸機關トシテ將來有望視サレアリ。蓋シ鐵路及水路ノ運輸カソノ機能ヲ充分ニ發揮スルニハ更ニ陸路ノ連鎖ヲ必要トスルヤ勿論ニシテ例ヘ一大資本ヲ投下シテ鐵路ノ開通ヲ見タリトスルモ此等地方ノ產物カ廉價ナル運賃ヲ以テ容易ニ鐵道沿線ニ運搬サルヘキ道路ノ培養線ナクンハ充分ナル收益ヲ擧クルニ難カルヘシ、從來ニ於テ自動車道路ノ發達シ非ルハソノ建設費カ東三省當局或ハ吉林省政府或ハ地方官憲並ニ地方民ノ負担トナルニ反シ鐵道ハ外債ニ依リ關係官吏ノ私腹ヲ肥スニ便アリシガ爲メナルヘシ。他面舊軍閥時代ニ於テハ稅收ノ大半ハ軍費ニ使用セラレ半非生產的道路ノ修築ニ資本ヲ投スル餘裕ナク且ツ軍事的必要ニ基ク道路ヲ必要トセサリシカ爲メナルヘシ。然ルニ外國資本ノ排擊ハ遂ニ鐵道布設ノ杜絕ヲ招來シ交通ノ不便ニ基ク必然的要求ハ輕便ナル道路ヲ修築シテ自動車ヲ運行セシムルノ氣運ヲ釀成シ本省ニ於テモ事變前既ニ自動車運輸ハ著シキ發達ヲ來シツ、アリキ、今ヤ滿洲國トナリ產業ノ開發ニ或ハ軍事的ニ道路ノ必要ヲ痛感スルニ至リ既述ノ如ク着々進行中ナレハ此カ完成ト相俟ツテ本省內ニ於ケル自動車運輸タルヤ急速ナル發展ヲ見ルハ必然ナリ。

今左ニ長途汽車ノ大樣ヲ記サン

一、吉林—樺甸縣城　吉林ニハ滿人經營ノ協力汽車公司ナルモノアリ毎年冬期結氷期間中省城ト樺甸縣城間ノ乘客運行ニ當リフォード十八人乘三台ヲ所有セリ。
二、敦化—甕聲磖子—局子街、敦化ノ福記公司ニテ經營セルモノハ冬期結氷期間中敦化甕聲磖子間ノ運輸ニ當ルノミナルカ局子街ニ於ケル日本人ニシテ局子街敦化間ニ乘合自動車ヲ經營セルモノアリ。
三、龍井村ニハ日本人信義洋行自動車部ナルモノアリ一年四季ヲ通シテ龍井村局子街間、局子街—百草溝間、龍井村—上三峯間、局子街—灰幕洞間ノ乘客貨物輸送ニ當リツヽアリ。又三友自動車部ナル日本人經營ノモノアリ龍井村—開山屯間ノ運輸ニ任シツヽアリ。
四、琿春縣城ト朝鮮ノ訓戒、慶源間ニモ自動車ノ便アリ。
五、新京、雙陽間冬期結氷期間中乘合自動車通シ居リタルカ本夏ノ道路改築ニヨリ將來ハ一年四季ヲ通シテ運行スルニ至ルヘシ。
六、公主嶺、伊通間ニ於テモ從來自動車ノ便アリシヲ以テ本秋國道完成スルニ於テハ勿論自由ニ運行スルニ至ラン。尚ホ伊通新京間ノ道路モ既述ノ如ク近ク竣工スヘキヲ以テ本區間ノ自動車便モ得ラルヽニ至ラン。
七、哈爾濱、　1.哈爾濱ヨリ阿城經由五常ニ至ル自動車ノ便アリ
2.賓縣ニ至ル間ハ道路ノ完成ト共ニ冬期結氷期間中ノミナラズ一年四季ヲ通シテ便アルニ至ルヘシ。
七、梨樹鎭—密山縣城內、　密山縣參事官ノ奔走ニ依リ國際運輸株式會社ニ於テ自動車數台ヲ以テ運行

中ナリ、道路ノ修理完成シ運行便ナリト、尚ホ國際運輸ニ於テハ密山、虎林間ノ運行モ企圖シアリ。

八、松花江沿岸ノ自動車運輸

哈爾濱ヲ起點トシ黑龍江省ノ巴彥、木蘭、通化ヲ經テ三姓、佳木斯、富錦ニ至ル冬期結氷期間中ニ於ケル自動車運輸ニ關シテハ昨年末該路開拓者トシテノ大同公司ト長野商店、國際運輸間ニ猛烈ナル競爭ヲ演シタルカ結局妥協ナリ大同公司、國際運輸兩者共ニ營業シタルナリ尚ホ大同公司ニ於テハ方正烏吉密間、富錦寶淸間ノ自動車輸送ヲモ經營セリ。

以上ハ筆者ノ記憶ニアルモノノミナルヲ以テ他ニ知ラサルモノ無キヲ保シ難シ、繰返シ贅言スレハ本省内ニ於ケル自動車網ノ將來タル極メテ有望ニシテ新京、農安、扶餘間、新京、吉林省城間、敦化、寧安間、寧安、海林間、琿春、土們子間、穆稜站、綏芬河間、三岔口、楡樹、五常間等ハ道路ノ完成ト共ニ必然的ニ自動車ノ運行ハ開始サルヘク從ツテ此ノ間ニ經營者ノ競爭ヲ惹起スル亦當然ナランモ斯ル場合ニ於テ交通機關ノ重要性ニ鑑ミ利權的策動ヲ排除シ主管官廳ニ於テ熟慮斷行セラレン事ヲ希望スルモノナリ、尚ホ主管官廳問題ニツキテ見ルニ市内自動車ノ營業ハ省警務廳ノ主管ニ屬シ長途自動車ニ就キテハ省實業廳ノ主管ニ屬スルモノナリ。

第二項　通　信　機　關

1.郵　務

事變前ノ狀態ヲ一瞥スルニ一九一三年東三省ハ東三省郵界トナリ奉天ニ管理局ヲ設ケ本省ニ於テハ長

春、吉林、哈爾濱ニ一等郵局ヲ設ケアリシカ後東三省郵界ハ北滿洲、南滿洲ノ二郵界ニ分割セラレ哈爾濱ニ管理局ヲ設ケ北滿洲郵界ヲ管轄セシメタリ、從ッテ本省ハ哈爾濱郵務管理局ノ管轄下ニ置カレ長春、吉林ニ一等郵局ヲ設ケ其ノ他ノ重要地ニ二、三等郵局及代辦所及信櫃ヲ設ケ、必要ニ應シテハ市中ノ要處ニ信箱、信筒ヲ設置シ村落ニハ鄕間信櫃其ノ他ノ集配機關ヲ置キタリ、而シテ此等郵便物ノ遞送ハ汽車ニヨル火車郵路、汽船ニヨル輪船郵路、民船ニヨル民船郵路、配達夫ニヨル郵差郵路ノ四ニ大別サル、ガ交通機關ノ見ルヘキモノナキ本省ニ於テハ前三者ニ比シ郵差ニヨル遞送重キヲナシタリ、郵差ニハ步差、馬差ノ二アリ豫メ發着時間表ヲ作成シテ予定日時間ニ遞送セシムル事トセシカ重要都市間ヲ除キテハ普通二日又ハ三日ニ一回トシ甚シキニ至リテハ一週間ニ一回配達セシモノナリ。滿洲國成立スルヤ稅關ト共ニ郵政ヲモ回收シ交通部ニ郵務司ヲ置キ國內ノ郵政ヲ統制シ奉天、哈爾濱ニ郵政管理局ヲ設置シ重要都市ノ順序ニ一、二、三等郵政局ヲ設クル事從來ト異ル處ナシ。而シテ本省ニ於ケル治安ノ確立未タ充分ナラズ鐵道沿線以外ニ於ケル縣城間ノ交通ハ杜絕ノ狀態ニアリ仍ッテ郵便物ノ遞送亦防害セラレ省公署トノ通信ニ半ケ月或ハソレ以上ヲ要スル縣少シトセズ。

最後ニ一言ヲ要スルハ飛行機輸送ノ問題ナリ、從來ニ於テモ奉天、新京、哈爾濱間ノ旅客並ニ郵便物輸送ハ開始サレアリシカ滿洲事變後軍事的見地ヨリモ飛行機運行ノ必要ニ迫ラレ現在ニ於テハ新京、哈爾濱間、新京吉林、敦化、龍井村間ニハ定期空輸實施セラレアリ、去冬ノ間ニ於テハ哈爾濱、佳木斯、富錦間ノ航空路モ開カレカリ、其ノ他哈爾濱、五常吉林新京間ニモ拉賓線建設及軍事的必要上一時運行ヲ尙ホ敦化寧安間ニモ臨時的ニ實施シタル事アリ。斯クノ如ク本省內ノ縣城ニシテ飛行場ヲ有スルモノ十指ヲ屈スルニ足リ將來ノ空中輸送ハ益々發展ノ可能性ヲ有シ居リ從ッテ一般郵便物ノ空輸ハ正式ニ開始セラレ居ラザルモ近キ將來ニ於テハ必ス此カ實現ヲ見ルヘシト思料セラル、其他長途自動車ノ定期的ニ開始サレアル地方ニテハ之ヲ利用シ郵便物ノ輸送ヲナサントスル氣運ノ濃厚ニナリツヽアルヲ覺ユ、郵便物ノ此等機關ノ利用托送カ果シテ認メラル可キヤ否ヤハ其ノ使命ノ重大性ニ鑑ミ熟考ノ餘地アランモソノ迅速ヲ尊フヘキ見地ヨリシテ出來得ル限リ此等文明機關ノ利用ヲ切望スルモノナリ。

2. 電信、電話、

從來ニ於ケル通信網ハ極メテ幼稚ナル程度ニテ電信網ニ就キテ之ヲ見ルニ吉林省城ヲ中心トシ南ハ磐石ニ至ルモノ東ハ額穆、敦化ヲ經テ延吉ニ至ルモノ、西ハ九台ヲ經テ新京ニ至リ更ニ農安、長嶺ニ至ルモノト伊通、双陽ニ至ルモノトノ二アリ北ハ舒蘭、五常、楡樹ニ至ルモノアリ、北部哈爾濱ヲ中心トシ松花江ニ沿ヒ賓、方正、依蘭、樺川、富錦、同江ニ至ルモノト阿城、双城或ハ珠河ニ至ルモノ、寧安ヨリ汪清、延吉ニ至ルモノ南部額穆ニ下リ省城ト連絡スルモノアリ以上ハ鐵道ニ沿フ電信以外ノ大略ナルカ電話網ニ就キテモ略同様ナリ、最モ電話網ニ就キテハ殆ント總テノ縣ニ電話局ナルモノアリテ縣營ニテ縣内各要所ト縣城トヲ連絡シアリタルカ縣城ト縣城間或ハ省城間ノ連絡シアルモノハ極メテ稀ナル狀態ニアリキ、故ニ民國十九年ノ吉林全省ノ行政會議ニ於テモ左ノ如キ電話網ヲ完成セントノ企圖セリ即チ

吉林—舒蘭—五常—珠河—一面坡—葦河
　　　　　　　├延壽—方正—依蘭—佳木斯—樺川—富錦
　　　　　　　└楡樹
吉林—蛟河—敦化
　　　　　└額穆—寗安—穆稜
吉林—樺甸—敦化—延吉—琿春—東寗—五站
吉林—磐石
吉林—双陽—長春
　　　　　└伊通
吉林—下九台—德惠—扶餘
　　　　　　　　├楡樹—双城—濱江
　　　　　　　　└農安

以上ノ中ニハ勿論既設ノモノ相當アルモ何レモ單線ニシテ而モ八番ノ鐵線ヲ用ヒ居ルヲ以テ之ヲ複線トシ銅線ヲ使用セントセリ、然レトモ右計畫ハ從前ノ建設廳ニ於テ努力セシニモ不拘完成ニ至ラスシテ今日ニ至レリ、滿洲國成立後一般ノ利便促進ノ爲メ將又軍事的治安關係上此カ完成ハ絶對ニ必要ナルヲ以テ從來ノ清鄕委員會ニ於テモ爾後ノ治安維持會ニ於テモ交通網ノ完成ニ努力シ官民一致此カ實行ニ着手シアレハ近ク完全ナル電話網ヲ見ルニ至ルベシ、今ソノ概要ヲ見ルニ各縣內計畫ノ分合計一千五百十八粁、各縣相互ノ連絡ニ必要ナルモノ合計一千一百八十四粁總計二千七百二粁必要經費約四十萬元ナリ。

尙ホ附言ヲ要ル問題ハ日滿兩國政府間ニ於ケル電信電話ニ關スル條約ノ締結サレタル事ナリ右ニ依リ

兩國政府所有ノ電氣通信施設ヲ合併シ民間ノ資本ヲ加ヘ日滿合辦ノ滿洲電信電話會社ヲ設立シ旣ニ去ル九月一日ヨリ正式ニ事務ヲ開始シタリ、サレバ近ク本省内ノ通信網ニ關シテモ右會社ハ積極的ナル統一改善擴張ヲ企圖スベク近キ將來ニ於テ隔世ノ感アル迄ニ發達スルニ至ルベシト思料セラル。

第十一章　吉林省ノ移民概說

吉林省内ノ移民問題ヲ考フル時、何人モ直チニ佳木斯ノ武裝移民團ヲ想起スルナラン。而シテ滿洲國ニ於テ移民可能地ヲ質的ニ量的ニ抱擁セル本省ニ於テ、該移民團以外ニ滿洲國成立後移民セシモノナシトセズ、本章ニ於テハ專ラ滿洲國成立後ニ於ケル此等ノ問題ニ就キ、唯其ノ經過ニ就キ概說セントスルノミ。

第一節　佳木斯武裝移民

第一項　第一回移民

昨年十月佳木斯ニ到着セル五百名ノ武裝移民ハ二月迄、佳木斯ノ警備ニ當リ、二月十一日ヲ期シテ佳木斯ヨリ一百三十支里ヲ融テタル目的地永豐鎭ニ先發隊ヲ送リ、農耕ノ準備ヲナシツ、アリシガ四月一日ヲ期シテ全部永豐鎭ニ移レリ。

本年三月二十七日土地範圍ノ確定ヲナシ四月一日鋤下シ式ヲ行ヒ着々農耕ニ從事シツ、アリ。三月二十七日ノ土地確定ノ原則ハ次ノ如クナリキ。

(1)日人ト滿人ノ土地ハ確然ト區別シ雜居セザルコト。
(2)滿人ノ武裝移民耕地內ニアル土地ハ之ヲ買收シ、ナホ居住者ノ立退ニ際シテハ立退料ヲ支拂フコト
(3)永豐鎭ヲシテ日滿交歡地トナシ各機關及ビ商工業ノ中心トナスコト。
(4)朝鮮人ノ移住民ニ對シテハ何等ノ干涉保護モナササルコト
昨年武裝移民ハ五百名來リシモ已ムヲ得ザル事情ニ依リ除名セル者約三十五名戰死者合計七名、外ニ病死者一名ニシテ計四十三名ノ缺員アリ聞ク處ニヨレバ大工ノ不足ニヨリ最近東北地方ヨリ大工二十名ヲ移民團ニ編入スル事トナレリト
移民團ハ之ヲ一個大隊ニ編成シ、其ノ編成要領ハ本部ト四箇中隊トナシ、最寄ノ縣出身ヲ以ツテ中隊ヲ作レリ。第一ハ秋田、岩手、青森、第二ハ山形、宮城、福島第三ハ新潟、長野、第四ハ栃木、茨城、群馬ニシテ、第三中隊ニハ新潟、長野ノ外奉天ノ北大營ノ國民高等學校卒業生ノ編成セル一小隊加ハリ居レリ。故ニ一大隊、四中隊十二小隊ニシテ之ノ中ヨリ特技兵ヲ採リ步兵砲隊小一隊、機關銃隊一小隊ヲ編成シツヽアリ。
カクシテ此ノ一個大隊ノ警備指導ノ任ニ當ルモノハ市川中佐以下五名、農事指導ノ任ニ當ルモノハ山崎技師以下三名ニシテ、隊長トシテ市川中佐統卒シツヽアリ。
ナホ此ノ武裝移民團ノ面倒ヲ陰ニ陽ニ見ツヽアル吉林軍顧問東宮少佐ノ名ヲ特記スベキナラン。少佐ハ武裝移民入佳以來或ハ昨年、農場視察ニ市川中佐以下出動セル時ニモ之ニ加ハリ、又本春土地範圍確定ノ時モ大イニ盡力シ寧日ナキ有樣ナリ。
少佐ノ努力ニヨリ、今般ノ第二次移民ヲ見タリトモ言フベシ。

然シテ拓務省ハ移民ニ渡航費八十圓、被服費三十圓、家畜費三十圓、農具費百五十圓、家屋建築費二百五十圓、家族ヲ招致スル場合ハ大人八十圓、子供四十圓、又食費ハ月五圓ニシテ本年十月迄繼續支給セラル。其他集團家屋ヲ建ツル費用トシ五百人ニ三萬五千圓醫療費トシテ一ヶ年、千圓、他ニ醫師給料及ビ第四年目ヨリ開校セラル學校開設費用、人件費ナド支給セラルヽコトヽナリ居リ平均一人ノ移民ニツキ拓務省ハ千圓餘ノ補助ヲナスコトヽナリ居レリ。

次ニ耕地區域ハ樺川縣長、關東軍側ヨリ東宮少佐、地方民代表孫新民、移民團長市川中佐相寄リ確定セルガ、ソノ要領ハ永豐鎭ヨリ約千三百米餘行ク時高地アリ、其ノ高地ノ最高點ヲ原點トシ、頂點ヨリ眞直グ西方、鐵嶺河、其河ニ沿ヒテ約七粁行クトキ北旬山アリ之ノ山ヲ起點トシテ二十八粁ヲ行ク時七星摺子山アリ、ソレヨリ南方石灰山ニ出デ尙ホ行カバ青咀山ニ至ル。（地圖參照）ナホ移民團ハ農場入口附近ノ五千町步ヲ耕スコトヽナリ、他ハ當分共有財產トシテ保有スルコトヽナシ部落編成ノ基ヲ作レリ。即チ南柳樹川ヲ境トシ是ヨリ北方二個中隊、南方二個中隊ヲ入ルヽコトヽシ抽籤法ヲ用ヒ後圖ノ如クセリ。

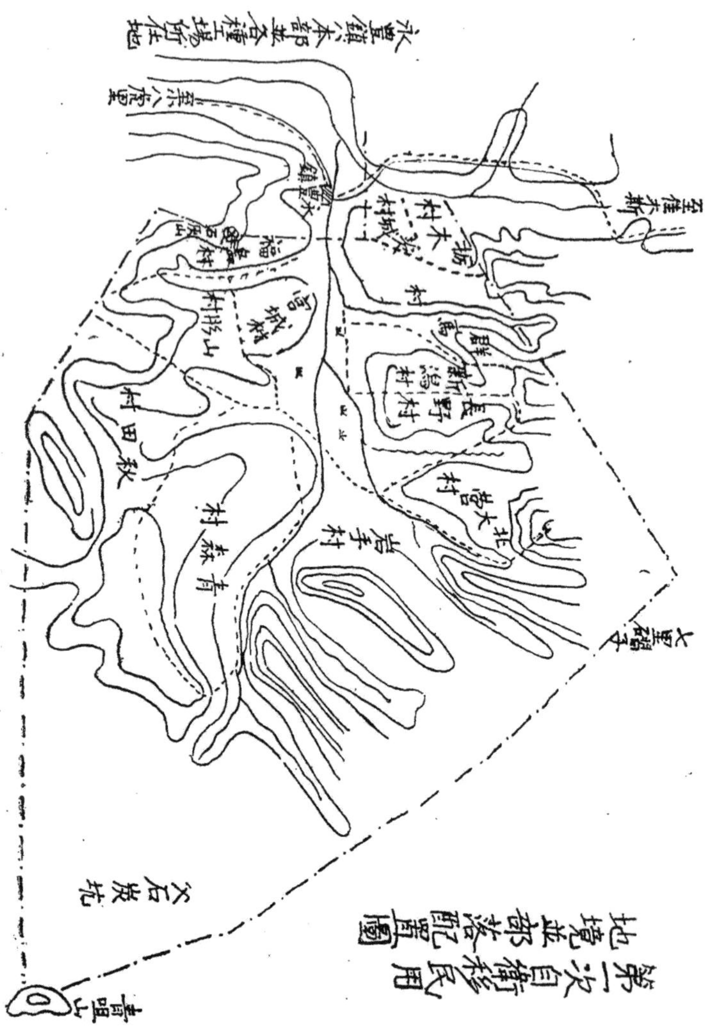

第一次自衛移民用地境並部落配置圖

二三八

カクシテ本年五月三十日迄ニ四百三十町歩三畝ノ作付ヲ終レリ、內譯ヲ示ゼハ大麥十七町六反七畝、小麥五十一町三反五畝、粟、百十三町六反七畝、包米五十六町〇三畝、高粱五町一反三畝、大豆百四十三町三反四畝、馬鈴薯十一町四反一畝、小豆十四町一反八畝、蕓豆四町三反三畝、綠豆四町七反七畝、蔬菜二町二反九畝、大蔴五町八反七畝合計、四百三十町歩三畝ナリ。

カクシテ移民團ハ曉ト共ニ起床シ君ガ代ト共ニ行動ヲ起シ淚グマシキ努力ガ續ケラレツヽアリ。コノ移民事業ヲ通シテ滿蒙移民事業ハ如何ニ眞劍ナル努力ヲ要スルカ、マタ机上ニ於ケル計數的立論ハ眞劍ナル努力ノ前ニ或程度ノ更正ヲ要求スルモノナルコトヲ知ルモノナリ。

第二項　第二回移民

第二回移民團ノ十五、六名ハ六月中ニ入リ、各準備疏菜ノ栽培ヲナセリ。他ハ七月十八日ニ入リ、順次湖南營ニ集合シ、團員七十余名ナリ。

而シテ湖南營ニ集合シテヨリ之ヲ三個中隊トナシ順次分散隊形ヲナシ農耕準備ヲナシ湖南營ニハ病院、倉庫ヲ設置シ、**トラツク**ヲモツテ佳木斯トノ連絡ヲトリツヽアリ。

移民地ハ湖南營ノ南東方ニシテ近キハ一里、遠キハ三里アリ、各中隊每ニ部落ニ入リ、警備ハ附近ヲ各中隊每ニ受持、之ノ中心點ニ大隊本部ヲ置キ尙少シク隔テヽ移民團本部アリ。

移民團ノ家屋ハ各本部中隊共ニ舊來家屋ヲ買收シ、不足ナルモノハ新造シ、殊ニ病院、倉庫ノ如キハ新築ナリ。

大隊本部ハ日澤隊長之ヲ指揮シ、專ラ警備ヲ掌リ、移民團本部ハ宗團長之ヲ指揮シ七虎力ニアリ農事方面ノ指導ニ當レリ。現在家畜即チ牛、羊、豚、蜜蜂ヲ飼育シ改良ニ供シ其他農產加工ノ練習中ナリ。

現在、一中隊ハ頭道溝、四道溝ニ駐シ、二中隊ハ蔡家溝、三中隊ハ七虎力、閻家窩棚ニアリ

カクシテ來年ヲ期シテ一人一町歩主義ノモトニ集團的ニシテ個人主義ヲ加味セル方法ヲ採用セリ

第三項　結　論

移民事業タルヤ言フハ易ク行フハ難シ。シカモ現代日本ハ移民悲觀論者モ移民ノ必要ヲ痛感シ、樂觀論者ハ積極的ニ移民ヲ行ハントシツヽアリ。カクシテ第一次第二次移民ハ日本移民ノ將來ヲトスルモノニツキ朝野ヲ擧ゲテソノ援助ヲナシツヽアリ。ソノ成積モ概ネ良好ナルガ如シ。

尙ホ最近ノ報導ニ依レバ第三次武裝移民ハ勃利縣內ニ於ケル李杜ノ逆產地ヲ中心トシテ五百名ヲ入殖スルモノヽ如シ。

第二節　天理敎農村

吉林省阿城縣第三區阿什河左岸地域一萬晌ヲ商祖シ天理敎ニ於テ移民ヲナシ一大模範農村ヲ建設セントセシ計畫ナリ、本節ニ於テハ專ラ之カ經緯ヲ記述スルニ止ム。

第一項　利民稻田公司

天理敎農業移民ノ先驅ヲナス本利民稻田公司ニ就キ順序トシテ一應記述スルノ要アラン。

該地域ニ於テ水田經營ヲナシツヽアリシ鮮人金書鐘（金ヲ鐘ト記セルモノアリ正否ヲ知ラズ）外數名ハ昨年利民稻田公司ナルモノヲ組織シ附近一帶ノ荒地熟地ヲ商租シ大々的ニ水田經營ヲナサント企圖シ金書鐘該公司ノ經理トナリ大樣左ノ如キ請願書ヲ阿城縣公署ニ呈出セリ。

阿城縣第三區六家子ヨリ太平橋ニ至ル約四十里ノ地域ニテ該地域內ニ於ケル水田面積ハ東西約十里、南北約四十里ニテ總面積三千餘坪ナリ。右土地ノ商租ニ關シテハ六家子ヲ初メ各村ノ地主ト期間十五ケ

屯墾第二大隊区域附近略圖

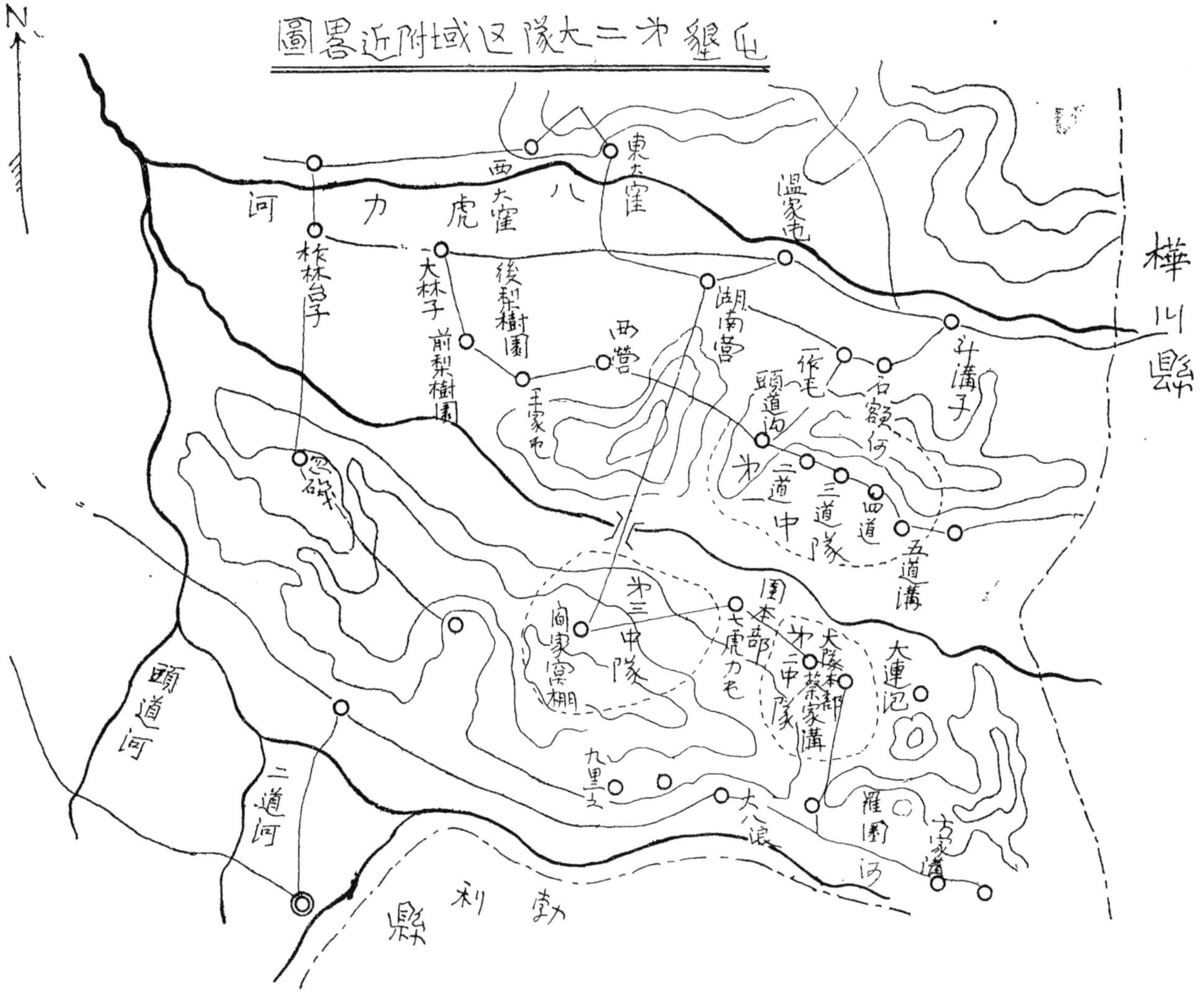

「満洲国」地方誌集成

第1巻 吉林省概説／吉林省現勢便覧

2018年5月15日　印刷
2018年5月25日　発行

編・解説　ゆまに書房出版部
発行者　荒井秀夫
発行所　株式会社ゆまに書房
〒101-0047　東京都千代田区内神田2-7-6
電話 03-5296-0491（代表）

印刷　株式会社平河工業社
製本　東和製本株式会社
組版　有限会社ぷりんてぃあ第二

第1巻定価：本体21,000円＋税　ISBN978-4-8433-5372-1 C3325

◆落丁・乱丁本はお取替致します。

吉林省現勢便覧

吉林省

現勢便覽

康德七年六月

編纂

吉林省長官房

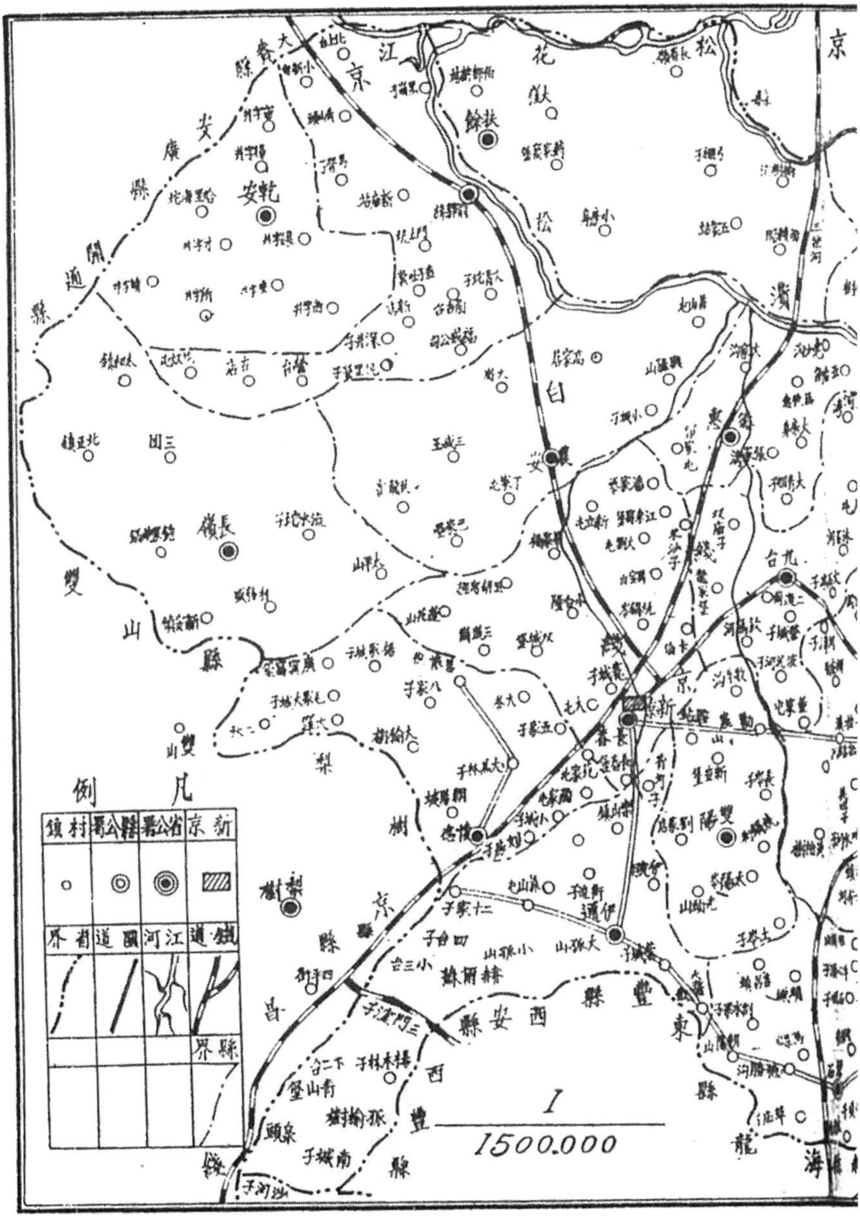

凡例
新京
省公署
縣公署
村鎮
鐵道
江河
國道
省界
縣界
1
1500.000
乾安
扶餘
長嶺
梨樹
雙陽
伊通
九台
長春
新京
松花江

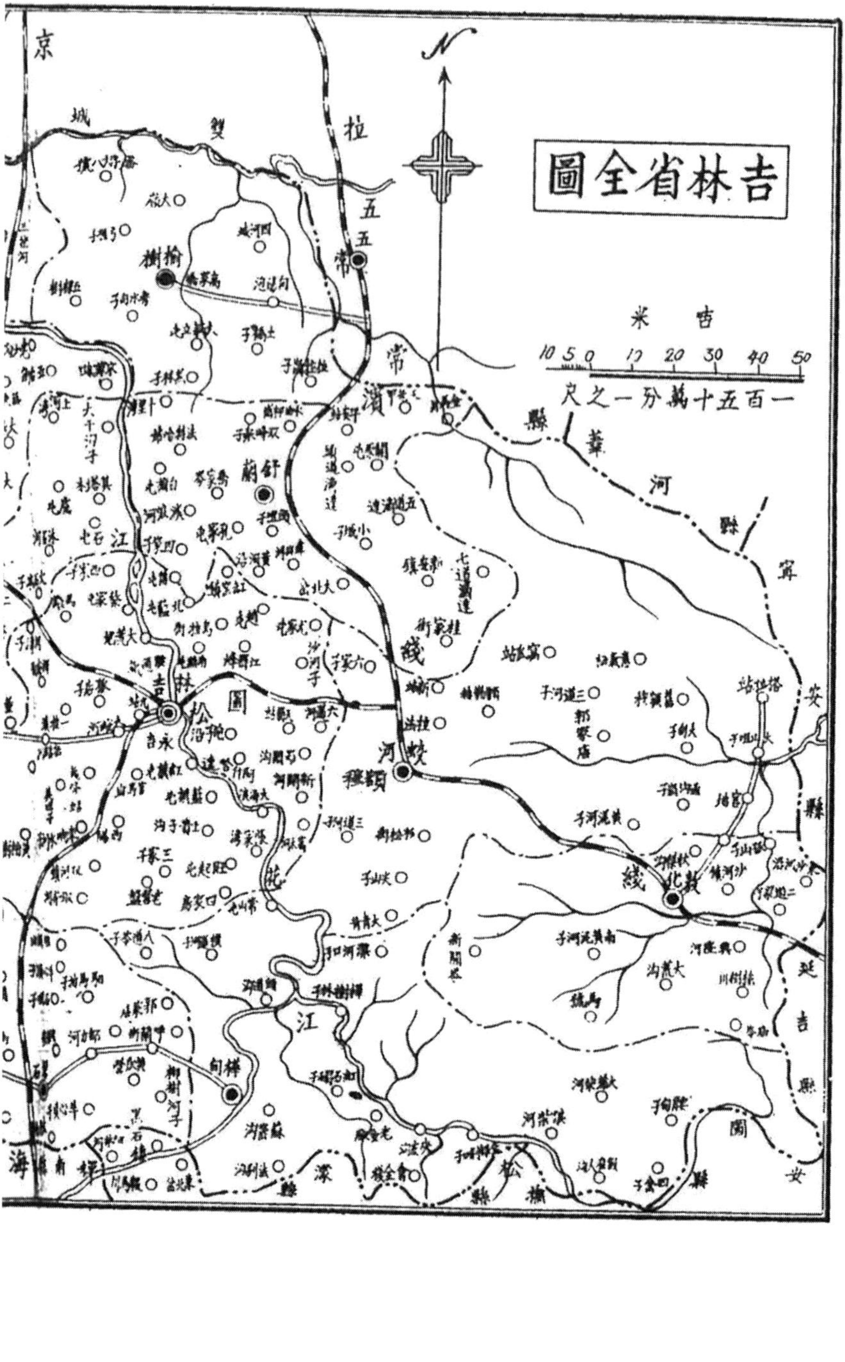
吉林省全圖
N
吉米
10 5 0 10 20 30 40 50
一百五十萬分之一尺
京
城
雙
拉
五
五常
榆樹
舒蘭
吉林
松花江
蛟河
敦化
樺甸
濛江
撫松
延吉縣
安圖縣
寧安
線

序

本書ハ吉林省ノ現勢ヲ主トシテ數字ヲ以テ簡明ニ表示シ職員ノ參考且携帶用トシテ編纂セルモノナリ

資料ハ本省最近ノ調査ニ據リタリ

猶卷末ニ使用者ノ便ヲ圖ル爲餘白ヲ備フ

康德七年六月一日

吉林省長官房

吉林省訓

1. 建國精神ヲ實踐スベシ
2. 自重自任品性ノ陶冶ニ努ムベシ
3. 信義ヲ守リ和平ヲ旨トスベシ
4. 禮節ヲ尙ビ廉恥ヲ重ンズベシ
5. 秩序ヲ重ンジ義務ニ忠實ナルベシ
6. 剛毅沈着快活ナルベシ
7. 攝生ニ注意シ心身共ニ强壯ナルベシ
8. 職務ニ勉勵シ小成ニ安ンゼズ知識ノ啓發ニ努ムベシ

---

1. 實踐建國精神
2. 自重自任而努力陶冶品性
3. 守信義尙和平
4. 尙禮節重廉恥
5. 重秩序忠實於義務
6. 剛毅沈着而必快活
7. 注意攝生强壯心身
8. 勉力識務勿安於小成而努力啓發知識

目　次

地　文

省　是

行政機構

治　安

財　政

街　　村

產　　業

開　　拓

教　育

社會事業

義　　倉

阿　　片

道　　路

參　考

位　置

本省ハ滿洲國ノ中央部ニ位シ、東部ハ間島、牡丹江省ニ連リ南部並ニ東南部ハ奉天、通化兩省ニ接シ、西北並ニ北部ハ龍江、濱江兩省ニ連接ス

其ノ經緯度西ハ東徑一二三度二分ヨリ起リ、東ハ東徑一二八度八分ニ至リ、南ハ北緯四二度三二分ヨリ發シ北ハ北緯四五度三三分ニ達ス

地　勢

本省ノ地勢ハ之ヲ山岳地帶、山丘地帶及ビ平原地帶ニ三大別スルコトヲ得

山岳地帶ハ本省ノ東部地方ヲ占メ所謂完達山脈ニ屬スルモノニシテ松義嶺、哈爾巴嶺ハ敦化縣ト間島省トノ境界ヲ南北ニ走リ、老張廣才嶺ハ之レニ並行シテ松花江上流ト支流トノ分水嶺ヲナス、此等ハ左程險峻ナラズ山岳中至ル所ニ小平原ヲ有スルヲ特徴トス

山丘地帶トハ山岳地帶ヨリ本省ノ西半部ヲ占ムル平原地帶ニ至ル間即チ完達山脈西麓一帶ノ地トシ所謂密林地帶、疎林地帶、ト稱スル地方ハ概ネ山岳地帶、山丘地帶ニ一致ス

地　文

山岳地帯ハ山脈重疊シ、此ノ間ニ大森林ヲ形成シ、山岳地帯ハ隨所ニ小平原ヲ有シ未開地多ク平原地帯ハ松花江ノ中流地域ニ屬シ、土地肥沃ニシテ農耕地多シ

河川ハ松花江及牡丹江ノ兩河アリ、牡丹江ハ源ヲ牡丹嶺ニ發シ、松義嶺及ビ老張廣才嶺ノ間ヲ流レ鏡泊湖ニ入リ更ニ北流ス、松花江ハ山岳地帯ヨリ流ル拉法河、拉林河ヲ併セ平原地帯ニ於テ伊通河、飲馬河ヲ合シテ北流シ本省内唯一ノ可能ナル舟航可能河川ナリ

氣　候

本省ノ氣象ニ就テハ新京、吉林以西ノ平原地帯ト吉林以東ノ山岳森林地帯トハ自ラ其ノ趣ヲ異ニセリ、即チ京吉地方以西ハ概ネ平原地帯ヲ中心トシ略々新京ニ近ク、降雨量ハ吉林以東、敦化地方ヲ中心トスル方面ヨリモ稍々少ナク、降霜期モ後者ヨリモ前者ハ長シ

康德六年度氣溫狀態調査表

最高氣溫	34.7度（7月19日）
最低氣溫	39.4度（2月4日）
降雨量總計	831.2粍
蒸發量總計	1133.7粍

康德六年度初霜晩霜比較表

項目＼年次	康德六年	康德五年	康德四年	康德三年	康德二年	康德元年
初霜	9月30日	10.7	10.4	10.4	9.28	9.21
晩霜	5月10日		5.8	5.8	5.27	5.1
無霜期間	142日	139	148	148	123	142

管下各市縣旗別面積表

（單位平方粁）

市縣旗別　項目	面積
吉林市	13,475
永吉	8,595,862
蛟河	8,378,769
敦化	6,759,640
樺甸	8,313,486
磐石	3,810,345
伊通	4,608,323
雙陽	2,167,237
九台	3,122,039
長春	3,706,720
懐德	3,121,752
長嶺	4,603,323
乾安	4,513,563
扶餘	5,466,149
農安	4,219,309
德惠	2,573,479
楡樹	4,867,666
舒蘭	5,007,312
郭前旗	5,331,490
計	89,184・989

省內戶口調査表

總戶數785,44　　（康德六年十月末）

戶口別 市縣旗別	戶數				
	滿洲人	日本人		外國人	合計
		內地人	朝鮮人		
吉林市	24,046	3,167	928	37	28,178
永吉	84,012	575	3,780	20	88,387
蛟河	21,589	541	2,818	10	24,958
敦化	13,184	815	1,932	3	15,934
樺甸	21,730	436	1,267	1	23,434
磐石	32,503	334	4,117	—	36,954
伊通	51,921	130	1,153	1	53,205
雙陽	34,145	44	422	—	34.611
九台	47,422	49	312	—	47,783
長春	57,121	52	416	2	57,591
懷德	49,832	1,558	1,607	4	53,001
長嶺	23,960	25	28	—	24,013
乾安	10,977	25	2	—	11,004
扶餘	62,862	200	504	11	63,577
農安	46,409	98	35	1	46,543
德惠	34,132	192	122	35	34,481
楡樹	84,118	50	255	—	84,423
舒蘭	34,481	491	2,360	6	37,339
郭前旗	19,715	217	98	—	20,030
總計	754,159	8,999	22,156	131	785,445

人口數				
滿洲人	日本人 內地人	日本人 朝鮮人	外國人	合計
121,639	10,891	4,084	127	136,758
566,741	1,790	20,339	86	588.956
130,229	2,319	16,754	34	149,336
78,550	3,933	10,790	5	93,278
145,758	927	7,367	61	154,113
201,109	1,120	20,906	—	223,135
342,956	497	5,796	1	349,250
246,647	71	2,286	—	249,004
345,107	265	1,666	—	347,038
436,119	188	2,051	2	438,360
348.567	5,827	7,863	8	362,265
169.027	40	131	—	169,198
79,333	59	4	—	79,396
411,394	404	1,924	37	413,759
354,063	234	133	1	354,431
276,463	611	636	106	277,816
580.330	105	1,329	—	581,764
232,206	1.416	13,666	20	247,308
129,084	366	534	—	129,984
5,195,322	31,080	118,259	488	5,345,149

省　是

吉林省是

本省ハ地理的ニ我國ノ心臟部ニ位シ而モ政治、經濟、文化ノ中心タル可キ首都ノ外廓ヲ形成セリ、從ツテ凡テノ行政ノ滲透據點トシテ即チ中核省或ハ標準省トシテノ重要使命ヲ負ヘリ之ガ爲行政各部門ノ發達ヲシテ均整ヲトラシメ國家總動員體制ニ即應シツツ下記五項ヲ根幹トセル綜合的計畫行政ニヨリ一貫セル體制ノ下ニ各部門ノ實質的發展ヲ期セントス

一、治安ノ徹底的確保ト民心ノ安定

本省東部山岳密林地帶ハ地勢上共匪ノ蠢動容易ニシテ之ガ治安ノ不安定ハ常ニ省行政ノ全般的進展ニ支障ヲ招來シツヽアリ

顧フニ行政ノ徹底的滲透ヲ計ランガ爲ニハ恒久且絕對的治安ヲ確保セザル可カラザルハ言ヲ俟タザル所ニシテ特ニ我國ノ如キ複合民族國家ニ於テ然リトス

然シテ之ガ確保ハ民心把握ヲ根幹トスベクヨツテ治標治本工作ハ勿論更ニ警察ノ整備强化ヲ徹底シ諸般ノ行政ハ之ニ連繫シ寄與シツヽ綜合的

效果ヲ擧ゲ以テ如何ナル國家內外ノ非常時ニ遭遇スルモ磐石ノ如ク微動ダニセザル治安ヲ確保シ民心ノ安定ヲ期ス

一、省下下部組織ノ確立鞏化

地方行政ノ充實滲透ヲ圖ラン爲市縣旗ニ於テハ有機的綜合的計畫行政ヲ確立シ更ニ街村ノ綜合的育成ニ重點ヲ指向シ且其ノ運營ニ當リテハ協和會及農事合作社諸工作進展ト相俟ナ飽迄合理的且明朗ナル王道自治ニ基ク農村建設ヲ計ル可ク之ガ組織體ノ完成鞏化ハ勿論其ノ厚生部門ノ充實ニ萬全ヲ期スルト共ニ此等下部組織發展ノ原動力タル地方財政ヲ確立スル爲省地方費ノ合理的運營ハ勿論稅源ノ涵養、基本財產ノ造成、徵稅機構ノ整備、歲入ノ確保、歲出ノ合理的經營等ヲ斷行シ以テ下級團體ノ健全ナル發達ヲ期ス

、產業資源ノ擴充ト其ノ確保

我國ノ恒久的民生ノ安定向上ヲ期シ日滿經濟**ブロツク**ノ强化完成ヲ計ル爲本省ニ於テハ各種產業資源ノ積極的開發增進ノ必要アルニ鑑ミ產業道路網ノ整備、治水工作ノ恒久的對策ヲ講ジ未耕地ノ開發、西部地帶ノ地質並ニ土性ノ改

善ト相俟テ勞働力ヲ確保シ生産技術ノ指導向上等ヲ有機的ニ動員シ而シテ農事合作社制度ノ整備確立ニヨリ農事政策遂行上ノ實踐タラシメ以テ時勢ノ推移ニ順應シ計畫ニ彈力性ヲ保持シ常ニ實行ヲ調整シツヽ農畜林水産業ノ合理的結合ニヨル圓滿ナル發達ヲ計ラントス、更ニ物資ノ流通部門ニ關シテハ資源ノ增産ニ伴ヒ專ラ其ノ配給ヲ圓滑ナラシメ價格ヲ調整シ完全ナル機能ヲ發揮セシメ以テ之ガ確保ヲ期ス

、開拓民ノ安定輔導ト民族ノ完全協和

滿洲開拓事業ハ日滿兩國ヲ貫ク重要國策ニシテ萬難ヲ排シ之ガ遂行ニ邁進セザルベカラズ從ツテ本事業遂行ノ基本要件タル用地ノ整備ハ焦眉ノ急務ニシテ特ニ未利用地ノ整備並之ガ利用開發ノ促進ニ努メ以テ日本内地人開拓農民ノ積極的招致ニ資スルト共ニ入植後ニ於ケル諸般ノ指導助成並鮮農開拓民ノ安定ヲ期ス

然シテ本事業遂行ノ圓滑ヲ期センニハ開拓地區内原住民ノ輔導ニ萬全ヲ期セザルベカラズ依テ之ガ安定策トシテ之等原住民ニ對シ國家ノ指導助成ノ下ニ換地ヲ斡旋シ開拓農民對原住民トノ

相剋摩擦ヲ避ケ相共ニ健全ナル發達ヲ爲サシメ民族完全協和ノ顯現ヲ期ス

一、教育ノ普及ト民風ノ改善

國民教育ノ要諦ハ須ラク國民全般ノ精神的統合ヲ鞏固ナラシムル爲國民精神ノ作興ヲ圖ルニ在リ然ルニ本省教育施設ノ現狀ハ其ノ形態ニ於テ其ノ内容ニ於テ幾多發達改善ヲ要スベキモノ尠ラズ而シテ之ヲ國民教育ノ根幹ヲナス可キ初等教育ノ普及ノ情況ニ付テ見ルモ其ノ機關ノ數ニ於テ又其ノ配置分布ノ情況ニ於テモ未ダ甚ダ遺憾トスル點尠カラズ仍テ初等教育ノ普及發達ヲ計ル爲先ヅ新學制ニ基キ國民精神ノ涵養ヲ第一義トシ教育内容ノ改善向上ニ重點ヲ指向シ其ノ充實ヲ期スルト共ニ又民風ノ改善即チ阿片斷禁政策ノ徹底、保健衛生思想ノ普及、冠婚葬祭ノ改善、迷信ノ打破等國民ガ社會人トシテ必要ナル道德及思想ヲ教養シ克ク日新ノ社會生活ニ適順スルニ足ルガ如キ公民的資質ヲ向上スルト共ニ興業治産ノ精神ヲ振起セシメ以テ物心兩面ヲ通ジテ民心ノ厚生ヲ期ス

行政機構　（康七年六月一日）

省

省公署ノ組織ニ關シテハ行政機構ノ改革ニヨリ幾度カ變遷ヲ見タルモ現在ニ於ケル省ノ組織ヲ表示セバ次ノ如シ

省長―次長
- 官房　庶務科、文書科、計畫科、會計科、營繕科、地方科、地政科
- 民生廳　高等教育科、國民教育科、社會科、勞務科、保健科
- 警務廳　警務科、警備科、特務科、保安科、刑事科、教養督察科、指紋審理室
- 開拓廳　招墾科、拓地科、農林科、殖産科、工商科
- 土木廳　監理科、工務科

市

本省內ノ市ハ現在吉林市一市ノミニシテ市ノ機構ハ市長（滿系）副市長（日系）ノ下ニ總務、經理、行政、保健衛生、財務、工務、水道ノ七科アリ

3. 縣

本省ニ於ケル縣ハ數十七縣ニシテ縣ノ機構ハ縣長（滿系）副縣長（日系）ノ下ニ下記ノ通リ各科ヲ設ク

科名 / 縣名	庶務科	行政科	警務科	財務科
永吉縣	○	○	○	○
蛟河縣	○	○	○	○
敦化縣	○	○	○	○
樺甸縣	○	○	○	○
磐石縣	○	○	○	○
伊通縣	○	○	○	○
雙陽縣	○	○	○	○
九台縣	○	○	○	○
長春縣	○	○	○	○
懷德縣	○	○	○	○
長嶺縣	○	○	○	○
乾安縣	○	○	○	○
扶餘縣	○	○	○	○
農安縣	○	○	○	○
德惠縣	○	○	○	○
楡樹縣	○	○	○	○
舒蘭縣	○	○	○	○
計				

備考 （○）記號ハ有ヲ示ス

教育科	産業科	開拓科	地政科
○	○		○
		○	
		○	
		○	
			○
			○
○			○
○	○		○
○	○		○
			○
			○
○	○		
			○
			○
○			
		○	
6	4	4	0

4. 旗

本省内ニ旗行政ノ敷カレ居ルハ郭爾羅斯前旗ナリ、本旗ハ元一種ノ王國ヲナシ完全ニ自治ヲ行ヒ來レルガ康德元年十二月地方行政制度ノ改革ヲ契機トシ本省ノ所管ニ屬スルニ至レリ

其ノ組織ハ旗長、參事官ノ下ニ庶務、行政、警務、財務、産業ノ五科ヲ置ク

省內警察署及保甲數

（康德六年末）

縣旗別 ＼ 項目	警察署數	保數	甲數	牌數
永吉	8	—	—	—
蛟河	6	—	—	—
敦化	8		60	429
樺甸	7	6	37	979
磐石	6	—	—	—
伊通	6	—	—	—
雙陽	5	—	—	—
九台	5	—	—	—
長春	5	—	—	—
懷德	8	—	—	—
長嶺	8	—	—	—
乾安	5	—	—	—
扶餘	8	—	—	—
乾安	5	—	—	—
德惠	4	—	—	—
榆樹	8	—	—	—
舒蘭	6	—	—	—
郭前旗	5	—	—	—
總計	113	13	97	1,408

備考　吉林市ニ警察廳ヲ置ク

集團部落

區分 縣旗別	康德五年度末現在完成總數	康 計劃數
永吉	148	—
蛟河	384	35
敦化	112	82
樺甸	325	92
磐石	653	24
伊通	10	—
雙陽	41	—
九台	—	—
長春	—	—
懷德	11	11
長嶺	23	—
乾安	77	—
扶餘	—	—
農安	—	—
懷德	6	—
榆樹	318	—
舒蘭	50.	9
郭前旗	—	—
計	2,617	253

備　考　併合廢止部落トハ治安上遷家並ニ廢止シ

調　査　表

（康德六年末現在）

德　六　年　度			
完成數	未完成數	併合廢止數	現有部落數
—	—	—	148
35	—	16	403
30	50	50	92
60	32	48	337
24	—	9	668
—	—	—	10
—	—	—	41
—	—	—	—
—	—	—	—
11	—	—	22
—	—	—	23
—	—	—	77
—	—	—	—
—	—	—	—
—	—	—	6
—	—	—	318
9	—	—	518
—	—	—	—
169	82	123	2,663

タルモノナリ

本省康德六年度國

科　　目	金　　額
治安部所管	4,104,410
（經　常　部）	1,227,767
省及縣旗警察費	963,033
警察官教育費	29,418
省部及各警察廳	116,917
警　務　費	118,349
（臨　時　部）	2,876,643
臨時警備費	1,787,664
警備用通信施設費	44,646
馬疫防止費	16,420
馬事處理費	3,689
防空施設費補給金	21,000
秋季討伐費	1,003,224
民生部所管	649,221
（經　常　部）	513,055
留　學　費	1,162

費預算令達總額表

科目	金額
地方師道訓練所	21,201
中等學校費	432,162
衛生費	47,640
各項支出款	10,890
（臨時部）	136,166
臨時教師養成費	8,382
軍事救護費	77,664
體育講習及衛生宣傳費	1,020
調査費	600
補助費	48,500
産業部所管	135,300
（經常部）	700
中央農事訓練所	700
（臨時部）	134,600
産業團體助成費	105,600
農産物病虫害予防及驅除費	2,600

科　　　　目	金　　額
漁業處分費	400
家畜防疫費	14,400
實驗農村助成費	7,600
移民輔導費	4,000
交通部所管	1,847,122
（臨時部）	1.847,122
航空事業費	3,500
地方土木費	1,826,019
都邑計劃處理費	17,603
總務廳所管	4,331,505
（經常部）	1,862,791
內務局	150,293
省公署	999,136
市及縣公署	686,096
旗公署	27,266
（臨時部）	2,468,714

科　目	金　額
營繕費	320,990
調査費	1,500
地方行財政調査費	5,000
地方職員訓練所費	27,704
松花江水没地處理費	680,000
補助蒙旗厚生費	534,000
上下水道建設費補給金	43,500
吉林省治安工作費	800,000
巡務諸費	52,200
國有官舍並代用官舍維持修繕費	3,820
經常部總計	3,604,313
臨時部總計	7,463,245
總計	11,067,558

康德六年度總務廳所管特別會計令達預算書

（歳出臨時部）

科　目	令達額
北邊振興費	95,850

康德六年度産業部所管特別會計令達預算書

（歳出臨時部）

科　目	令達額
內國開拓民助成費	272,200

本省康德七年度

科　　　　目	令　達　額
總務廳所管	4,648,775
（經　常　部）	1,732,318
省　公　署	1,006,813
市縣及旗公署	724,395
各項支出款	—
建　築　局	1,110
（臨　時　部）	2,916,457
營　繕　費	89,951
地籍整理事業費	355,710
調査其他各費	—
補　助　費	534,000
地方職員訓練所	27,893
地方費補給金	—
職員福祉施設費	—
代用官宿舍借上料補給金	—
各種官舍費	3,760

國費豫算一覽表

康德七年六月五日現在令達額

科　目	令達額
臨時調整給與金	8,655
東南地區肅正工作費	1,896,488
產業部所管	639,647
（經常部）	—
中央農事訓練所	—
開拓指導員訓練所費	—
各項支出款	—
（臨時部）	639,647
產業團體助成費	9,000
農作物病虫害予防及驅除費	—
漁業處分費	400
實驗農村助成費	5,292
開拓民適地調査費	—
開拓民助成費	—
訓練所施設收買費	—
家畜防疫費	1,500

科　　　　　目	令　達　額
開拓民輔導費	37,560
增　殖　費	585,895
交通部所管	1,358,221
（經　常　部）	—
（臨　時　部）	1,358,221
各項支出項	—
地　方　土　木　費	1,330,384
都邑計劃處理費	12,837
都邑土木事業費	15,000
治安部所管	4,234,585
（經　常　部）	763,229
警　務　費	20,500
警察官教育費	20,902
省及縣旗警察費	610,583
首都及各警察廳	108,388
馬　事　調　査　費	2,856

科　　　　　　　　目	令　達　額
（臨　時　部）	3,471,356
臨時警備費	1,632,361
警備用通信施設費	7,650
防空施設費	6,000
戸口調査費	14,100
治安粛正工作費	1,762,483
日本馬入植費	3,981
裝蹄改善費	9,000
馬疫防止費	35,781
馬事奬勵費	—
民生部所管	376,144
（經　常　部）	365,072
地方師道訓練所	14,663
師道學校	46,117
中等學校費	300,292
留學費	—

科　　　　　目	令　達　額
衛　生　費	4,000
各項支出款	—
（臨　時　部）	11,072
臨時教師養成費	4,072
厚生助成費	—
体育及衛生奬勵宣傳費	—
軍事救護費	—
調　査　費	—
補　助　費	2,000
大學其他整備費	5,000
經常部計	2,860,619
臨時部計	8,396,753
總　　計	11,257,372

本省康德七年度特別會計豫算表

（康德七年六月七日現在）

科　　　目	令達額
禁煙特別會計	
禁煙費	155,000
康生院費	217,701
管煙所費	936,665
各項支出款	58,390
計	1,367,756
北邊振興特別會計	
北邊振興費	144,467
地方行財政調整特別會計	
行政補足金	2,000,000
政府職員共濟特別會計	
共濟金	11,700
開拓事業特別會計	
用地取得費	5,034,094
內國開拓民助成事業特別會計	
內國開拓民助成費	477,720

本省地方費康徳六年度

科目	預算額
歲入經常部	
租稅	2,410,786
市縣分擔及繳納金	436,362
使用費及手續費	75,983
事業收入	202,746
雜收入	83,840
經常部計	**3,209,717**
歲入臨時部	
結餘金	905,392
由一般會計補給金	4,294,874
行政費補給金	2,848,492
補助金	184,330
滾入金	361,437
省地方費債	200,000
臨時部計	**8,794,525**
歲入總計	**12,004,242**

歲入歲出預算表

科　　目	金　　額
歲出經常部	
1. 祭祀費	2,164
2. 警察廳費	345,200
3. 省及縣旗警察費	472,884
4 地方警察學校費	196,125
5. 中等學校費	188,172
6. 學事諸費	2,880
7. 文化機關費	16,441
8. 醫院費	288,578
9. 衛生諸費	5,500
10. 勸業費	54,566
11. 工業指導所費	69,000
12. 繳納金	123,042
13. 各項發還及補虧損款	25,143
14. 各項支出款	25,798
15. 省地方費事務費	142,828

科　　　目	金　　額
16. 豫　備　費	—
經　常　部　計	1,958,321

科　目	金　額
歳出臨時部	
1. 土木事業費	3,209,316
2. 警維費	1,335,194
3. 森林警察隊費	1,030,187
4. 臨時警備費	512,962
5. 防衛費	75,926
6. 防疫費	4,500
7. 産業開發費	719,929
8. 臨時拓務費	42,800
9. 補助市縣旗費	2,508,762
10. 補助各種教育費	35,442
11. 社會育費	4,200
12. 街村育成費	18,060
13. 調査費	25,053
14. 弘報費	27,000
15. 樺甸地區治安工作費	435,000

科　　　目	金　額
17. 公　債　金	11,000
臨　時　部　計	10,045,921
歳　出　総　計	12,004,242

本省地方費康德七年度

科　目	提出額
歳入經常部	
租稅	2,455,000
市縣旗分擔金及繳納金	489,669
使用費及手續費	149,120
事業收入	673,500
雜收入	95'15
經常部計	**3,862,441**
歳入臨時部	
上年度結餘金	100,000
由一般會計補給金	5,326,595
省行政費補足金	7,339,749
夫役現金	748,959
臨時部計	**13,499,546**
歳入總計	**17,377,744**

歲入歲出預算表

科　　　目	提　出　額
歲出經常部	
祭祀費	2,164
市及縣旗公署費	210,073
警察總費	378,315
省及縣旗警察費	480,613
地方警察學校費	236,468
中等學校費	204,000
學事諸費	6,000
文化機關費	17,000
醫院費	340,747
衛生諸費	14,000
勸業費	70,000
工業指導所費	69,000
繳納金	182,877
各項發還及補虧損款	2
各項支出款	77,50[illegible]

科　　目	提出額
省地方費事務費	112,000
豫備費	150,000
經常部計	**2,550,761**
歲出臨時部	
土木事業費	4,854,450
營繕費	1,210,997
森林警察隊費	671,228
臨時警備費	557,357
防衛費	455,459
防疫費	8,000
產業開發費	1,218,445
臨時拓務費	74,900
補助市縣旗費	5,325,245
補助各種教育費	36,442
社會教育費	3,800
社會事業費	12,000

科　目	提出額
街村育成費	15,660
調査費	25,000
弘報費	26,000
償還金	32,000
地税地損税率調整費	300,000
臨時部計	14,811,226
歳出總計	17,377,744

康德七年度本省各縣旗

（歲入之部）

市縣旗名	由財產所生之收入	使用費及手續費	交付金
吉林市	—	—	—
永吉縣	137,737	93,698	20.397
蛟河縣	10,831	4,761	5,566
敦化縣	10,194	39,150	9,828
樺甸縣	1,883	10,636	5,905
磐石縣	5,236	37,455	8,436
伊通縣	32,160	37,116	13,400
雙陽縣	11,923	4,696	9,945
九台縣	61,141	19,411	11,020
長春縣	12,806	4,649	11,920
懷德縣	8,159	24,270	20,203
長嶺縣	5,132	1,600	3,310
乾安縣	2,160	4,577	22,261
扶餘縣	43,910	41,168	11,122
農安縣	10,511	22,137	8,900
德惠縣	6,518	30,764	9,111
楡樹縣	8,146	69,407	16,190
舒蘭縣	40,332	10,786	7,620
郭爾羅斯前旗	29,883	2,999	1,000
計	438,467	464,290	194,127

第一次追加更正預算一覽表

繳納金	雜收入	稅收入	夫役現品	蒙地奉上	經常部計
—	—	—	—	—	—
3,612	53,491	395,310	—	—	709,252
11,350	35,009	145,857	—	—	313,374
770	53,013	153,432		—	264,388
1	17,732	113,198	—	—	149,375
3,433	10,964	390,895	—	—	456,719
1,356	38,702	365,674	—	—	508,413
258	26,032	223,207	—	—	275,911
1	27,945	308,794	—	—	428,312
—	72,811	329,192	—	—	431,379
1.024	189,575	546,157	—	—	789,388
—	95,076	135,741	—	—	240,857
—	2,719	36,551	—	—	118,261
1	30,641	459,316	—	—	586,203
—	13,767	320,841	—	—	426,156
—	116,439	241,031	—	—	403,913
—	136,937	574,935	—	—	805,618
—	37,388	214,247	—	—	310,373
1	38,682	181,000	—	534,000	787,555
22,107	1·066·974	5·185·433	1	534,000	·905·454

結餘金	省地方費補助	國庫補助	國庫負擔金	分賦金	滾入錢
—	—	—	—	—	—
314,500	79,374	4,537	51,491	55,000	—
344,470	338,180	—	20,470	—	50,000
51,133	314,293	—	12,252	—	—
166,118	304,058	1,014	14,217	—	108,000
42,000	132,051	—	24,634	2,600	—
7,000	30,358	—	21,153	—	—
23,000	185,893	—	12,567	18,000	—
93,974	85,280	—	27,363	39,000	11,000
136,000	211,467	—	40,471	61,717	—
	141,658	—	26,367	29,000	—
54,000	75,577	—	7,033	13,000	—
58,000	123,322	—	8,536	12.000	—
194,000	48,029	·	24,097	—	—
35,000	66,687		25,721	37,000	—
·	73,222	—	22,475	32,000	—
210,354	47,347	—	27,636	—	—
47,000	230,263	—	25,573	27,000	—
648,000	16,225	-	8,039	—	—
?·424·554	?·553·303	5,551	400,145	426,317	161,000

二號地作料收入小入	捐助金	財産賣與金	撥入阿片特別會計積立金	大租權拋棄補償金	繰入金
—	—	—	—	—	—
—	—	—	—	—	—
—	—	—	—	—	—
40,000	—	—	—	—	—
—	—	—	—	—	—
—	—	—	—	—	—
—	—	—	—	—	—
—	—	—	—	—	—
—	—	—	—	—	—
—	—	—	—	—	—
—	20,000	—	100,000	—	—
—	—	—	—	—	—
—	—	—	—	—	50,000
—	—	—	—	—	—
—	—	—	—	—	—
—	—	—	—	—	—
—	—	—	—	—	—
—	—	—	—	—	—
—		—	—	2,356	—
40.000	20,000	—	100,000	2,356	50,000

轉貸金	臨時部計	歳入總計	備　　考
—	—	—	
—	504,902	1,214,154	
—	753,123	916,497	
—	417,680	632,068	
—	585,417	734,792	
—	201,243	658,012	
25,000	133,511	141,924	
—	239,459	515,370	
—	256,619	684,929	
—	449,155	881,034	
—	297,026	1,086,414	
—	149,159	390,518	
—	271,858	390,119	
—	266,126	852,334	
—	164,403	590,564	
—	127,698	531,611	
—	285,337	1,090,966	
—	329,835	640,208	
—	174,620	1,462,176	
25,000	6,108,224	14,013,678	

康德七年度本省各市縣旗第

（歲出之部）

市縣旗名	歲出總計	經常部計	祭祀費
吉林市	1,327,657	1,104,354	500
永吉縣	1,314,154	847,336	200
蛟河縣	966,497	440,510	200
敦化縣	682,068	421,799	300
樺甸縣	734,792	418,516	200
磐石縣	658,012	479,967	400
伊通縣	641,924	499,722	400
雙陽縣	515,370	398,959	400
九台縣	684,929	549,928	400
長春縣	881,034	701,117	2
懷德縣	1,086,414	644,783	500
長嶺縣	390,518	322,968	120
乾安縣	390,119	308,822	400
扶餘縣	852,334	620,387	400
農安縣	590,564	535,508	400
德惠縣	531,611	437,602	200
榆樹縣	1,070,955	760,358	400
舒蘭縣	640,208	425,919	400
郭爾羅斯前旗	1,462,175	527,627	200
計	15,341,335	10,446,182	6,022

一次追加更正預算一覽表

公署費	警察費	國民學校費	學事諸費
231,978	—	253,800	2,345
144,852	249,489	180,560	6,676
106,492	151,106	56,327	3,541
104,218	137,712	48,478	2,390
121,157	153,511	62,481	1,860
105,615	131,843	101,043	6,206
102,068	169,680	105,698	3,560
95,672	120,016	68,944	3,000
110,678	135,288	137,604	3,385
147,895	228,891	192,145	5,000
119,235	222,939	135,585	6,019
79,488	103,136	44,643	2,180
78,571	93,017	49,242	1,540
117,353	193,354	130,327	10,651
105,230	170,793	130,278	4,515
91,209	244,910	107,026	4,511
139,083	135,555	141,034	4,24[illegible]
96,387	135,555	90,124	4,421
112,498	132,133	71,099	4,670
2,210,129	2 904,412	2,106,438	80,710

傳染病預防費	公醫費	病院費	勸業費	家畜交易市場費
10,495	—	29,431	6,444	—
4,703	2,640	—	117,063	43,331
2,850	4,660	—	76,073	5,201
2,701	1,920	40,975	55,106	2,599
205	3,020	—	46,092	—
3,463	1,260	28,186	58,297	—
1,701	2,460	—	65,428	3,594
3,250	2,480	—	72,459	—
1,851	—	33,304	86,365	—
2,830	2,435	—	74,679	—
4,124	4,920	—	92,863	—
3,200	3,000	—	68,985	—
1,590	3,000	—	56,332	—
6,024	—	28,440	84,284	—
3,951	2,520	—	73,760	4,299
951	1,680	—	60,294	11,281
4,869	—	53,163	100,434	18,328
2,300	3,0[illegible]0	—	60,628	—
3,334	3,1[illegible]0	—	105,779	—
64,393	2,135	213,499	1,363,365	88,735

電話局費	給與金	地方改良費	街村育成費	諸税及負擔	税辦理費
—	2,000	—	—	179,321	2,263
11,656	2,002	100	3,976	20,639	16,323
12,037	2,900	200	5,020	400	5,194
6,079	2,300	100	2,700	1,500	5,045
10,624	2,000	100	2,240	131	5,163
18,458	902	—	5,260	494	10,716
11,236	2,002	100	3,604	1,102	14,069
6,309	2,002	300	5,120	665	10,285
7,889	7,002	100	2,400	1,891	12,020
6,971	7,802	100	3,890	700	13,071
16,333	2,001	100	3,356	298	22,043
4,377	502	100	2,960	175	4,599
4,669	1,502	100	1,750	1	4,599
9,141	3	100	3,906	1,562	17,472
9,891	2,002	100	5,497	301	12,510
9,056	3	201	6,362	108	9,689
12,998	4,201	100	3,319	494	21,795
11,183	2,001	—	1,600	1,278	8,588
7,974	12,201	100	—	—	6,048
176,951	**55,328**	**2,001**	**63,030**	**211,059**	**201,492**

朝鮮人學舍費	火弾場費	務岡克公署費	衛生諸費	屠宰場費	土木維持費
—	—	—	—	15,722	37,786
—	—	—	—	—	—
—	—	—	—	—	—
—	—	—	—	—	—
—	—	—	—	—	—
—	—	—	—	—	—
—	—	—	—	—	—
—	—	—	—	—	—
—	—	—	—	—	—
—	—	—	—	—	—
—	—	—	—	—	—
—	—	—	—	—	—
—	—	—	—	—	—
—	—	—	—	—	—
—	—	—	—	—	—
—	—	—	—	—	—
—	—	—	—	—	—
—	—	—	—	—	—
2,171	1,460	31,150	500	2,342	8,700
2,171	1,460	31,150	500	18,064	46,486

財産費	史績名勝天然紀念物保存費	恩給納付金	弘報費	共済會納付金	登錄官室費
5,966	—	6,586	—	7,837	—
1	—	7,358	1,500	—	—
—	—	3,587	1,500	—	—
—	—	2,655	1,500	—	—
—	—	3,721	1,200	—	—
—	—	3,603	1,200	—	—
3,000	—	4,472	1,047	—	—
1,815	—	2,741	1,500	—	—
750	—	4,775	1,100	—	—
—	220	6,784	1,500	—	—
—	400	4,823	1,742	—	3,500
—	—	2,203	1,200	—	—
6,902	—	2,106	1,500	—	—
4,220		5,113	1,742	2,292	—
—	—	4,717	1,742	—	—
511	—	—	1,500	—	—
—	—	5,246	1,742	—	—
—	—	3,783	1,200	—	—
5,114	—	2,477	1,200	—	—
28,279	621	76,750	25.615	10,129	3,500

雜支出	豫備費	會議費	區及分區費	同文商業學校費	善濟院費
6,351	10,000	1,100	27,100	25,348	11,140
1	4,000	—	—	—	—
2	3,000	—	—	—	—
1	3,500	—	—	—	—
1,311	3,500	—	—	—	—
1	3,000	—	—	—	—
1	3,500	—	—	—	—
1	2,000	—	—	—	—
1	3,125	—	—	—	—
2,201	4,000	—	—	—	—
2	4,000	—	—	—	—
100	2,000	—	—	—	—
1	2,000	—	—	—	—
3	4,000	—	—	—	—
1	3,000	—	—	—	—
1	2,000	—	—	—	—
2	4,000	—	—	—	—
1	3,000	—	—	—	—
2,050	4,000	—	—	—	—
12,032	67,625	1,100	27,100	25,348	11,140

社會事業費	保健相談所費	清潔費	葬齋費	公會堂費	保健館費
4,291	7,462	132,642	1,670	8,357	1,903
—	—	—	—	—	—
—	—	—	—	—	—
—	—	—	—	—	—
—	—	—	—	—	—
—	—	—	—	—	—
—	—	—	—	—	—
—	—	—	—	—	—
—	—	—	—	—	—
—	—	—	—	—	—
—	—	—	—	—	—
—	—	—	—	—	—
—	—	—	—	—	—
—	—	—	—	—	—
—	—	—	—	—	—
—	—	—	—	—	—
—	—	—	—	—	—
—	—	—	—	—	—
—	—	—	—	—	—
4,291	7,462	132,642	1,670	8,357	1,903

消防隊費	小賣市場費	藥用硫藥作業費	街燈費	種畜場費	民衆教育費
40,064	2,417	1,788	29,407	—	840
—	—	—	—	30,267	—
—	—	—	—	—	—
—	—	—	—	—	—
—	—	—	—	—	—
—	—	—	—	—	—
—	—	—	—	—	—
—	—	—	—	—	—
—	—	—	—	—	—
—	—	—	—	—	—
—	—	—	—	—	—
—	—	—	—	—	—
—	—	—	—	—	—
—	—	—	—	—	—
—	—	—	—	—	—
—	—	—	—	—	—
—	—	—	—	—	—
—	—	—	—	—	—
—	—	—	—	—	6,307
40,064	2,417	1,788	29,407	30,267	7,147

臨時部計	營繕費	土木費	積存金	公債費
223,303	8,346	45,000	—	56,204
366,818	23,277	13,994	—	—
525,987	66,703	32,225	—	1,800
260,269	51,133	20,000	—	4,000
316,276	15,400	20,000	—	56,024
178,045	22,900	25,000	—	18,354
142,202	6,000	15,000	—	69,412
116,411	22,500	30,000	—	—
135,001	49,953	40,000	—	2
179,917	103,555	11,021	—	—
441,631	20,480	50,000	—	35,167
67,550	16,860	6,550	—	500
81,297	22,000	30,000	—	800
231,947	52,000	31,020	26,774	—
55,056	9,000	5	—	—
94,002	3,500	11,212	—	19,660
330,597	233,116	40,500	—	—
214,289	54,000	13,000	—	25,000
934,548	117,000	112,500	435,570	—
4,895,153	902,723	547,027	462,344	286,923

捐助金	補助費	調査費	警備費	義倉擴充費	臨時拓務費
—	44,843	1,000	—	—	—
500	55,632	8,967	150,000	—	3,450
—	52,100	1,500	212,167	—	5,700
—	41,379	6,913	25,000	—	4,100
—	23,431	2,500	39,350	—	5,500
500	10,170	3,916	15,000	—	14,550
1,000	8,028	1,900	5,700	—	3,250
7,200	12,996	4,500	15,000	—	2,555
1,000	8,574	4,036	1,500	—	1,500
500	10,825	8,000	—	—	2,300
5,500	261,141	4,320	10,000	—	3,800
500	—	4,366	5,000	—	1,400
500	5,000	2,703	5,000	—	1,400
36,000	9,179	3,886	15,000	—	2,400
1,000	10,124	7,700	5,000	—	1,450
500	14,710	3,436	7,200	—	1,350
1,000	6,407	4,767	8,000	—	900
500	61,360	3,010	6,000	—	12,350
1,000	45,217	5,300	20,000	3,000	300
57,200	681,116	82,785	544,917	3,000	68,255

防衛費	臨時警察費	水設地處理費	復興工作費	繳納金	請願警察費
5,000	—	—	—	—	—
5,860	—	4,537	—	—	3,612
1,000	39,449	52,878	—	—	10,851
12,000	60,639	—	—	—	731
1,000	45,686	69,280	20,000	1	—
6,601	10,137	—	—	—	18,32[illegible]
3,375	—	—	—	—	1,452
3,000	—	—	—	—	258
1,000	—	—	—	—	—
2,000	—	—	—	—	—
3,300	—	—	—	—	1,024
1,000	—	—	—	—	—
1,000	—	—	—	—	—
1,000	—	—	—	—	—
1,915	—	—	—	—	—
1,000	—	—	—	—	—
1,000	—	—	—	—	—
3,000	—	—	—	—	—
2,780	—	—	—	—	—
56,831	155,911	126,695	20,000	1	36,250

負擔金	勸業費	雜支出	移轉費
—	—	2,518	—
3,685	35,971	19,977	37,356
3,845	26,075	19,694	—
9,660	17,510	7,204	—
380	9,399	8,325	—
1,850	22,524	8,221	—
720	16,686	8,329	—
—	8,800	9,602	—
660	15,119	11,657	—
—	17,933	18,783	—
17,000	16,963	12,936	—
—	16,264	15,110	—
—	4,444	6,445	—
580	24,779	29,329	—
300	12,500	6,062	—
1,200	22,382	7,669	—
—	20,055	14,842	—
1,200	23,347	11,612	—
840	8,370	182,671	—
42,060	321,031	400,986	37,356

下水道費	訴訟費	擬入金	保險費
55,000	1	5,391	—
—	—	—	—
—	—	—	—
—	—	—	—
—	—	—	—
—	—	—	—
—	—	—	1,350
—	—	—	—
—	—	—	—
—	—	—	—
—	—	—	—
—	—	—	—
—	—	—	—
—	—	—	—
—	—	—	—
—	—	—	—
—	—	—	—
—	—	—	—
—	—	—	—
55,000	1	5,391	1,350

本省康德六年度各市

市縣旗名	國稅	省地方費
吉林市	—	—
永吉縣	3,620,010,79	400,855,50
蛟河縣	575,521,68	98,464,39
敦化縣	271,334,33	112,046,51
樺甸縣	533,437,03	104,031,11
磐石縣	587,821,48	121,000,56
伊通縣	786,199,77	153,640,09
雙陽縣	366,203,53	79,437,33
九台縣	589,159,50	218,511,53
長春縣	11,114,534,45	798,411,07
懷德縣	1,236,038,32	275,914,53
長嶺縣	269,081,61	42,157,03
乾安縣	224,477,40	37,007,46
扶餘縣	1,322,034,47	256,782,29
農安縣	627,981,61	149,290,25
德惠縣	478,517,53	159,520,14
楡樹縣	844,557,79	117,780,60
舒蘭縣	450,260,41	110,276,25
郭爾羅斯前旗		
計	22,897,171,74	3,235,146,64

備考　國稅係依據稅務監督署康德六年度七年二月末日各稅捐局征收訖額（內含勤勞所得自由職業法人營業取引出產糧石礦區礦產酒稅捲烟稅麥粉稅水泥遊興飲食稅契稅家屋稅不動產登錄稅）

省地方費各附加稅係依據稅務監督署征收之

縣旗負擔公課一覽表

小計	市縣旗稅	街村稅
	567,907	
3,020,866,29	395,317	622,453
673,986,07	145,857	385,154
383,380,84	153,432	366,145
637,468,19	113,198	346,637
703,822,04	390,895	380,671
939,839,86	365,674	471,662
445.640,86	223,207	275,721
807,671,03	308,794	339,455
11,912,945,52	329,192	740,479
1,511,952,85	546,157	429,990
311,538,64	135,741	219,346
261,484,86	86,551	152,783
1,578,786,76	459,366	601,734
777,241,86	320,841	493,159
638,037,67	241,031	198,663
962,338,39	574,938	863,503
560,566,60	214,247	416,483
	181,000	
26,132,318,38	5,753,395	7,306,041

本稅額而以當該稅率算出者牲畜稅則爲康德六年度已征收實蹟

3. 市縣旗稅係依據康德七年度第一次追加更正預算但吉林市則爲康德七年度當初預算額

4. 街村代除雙陽永吉敦化樺甸爲康德六年預算外其餘各縣則均爲康德七年度經縣認可而報

小　　計	合　　計
—	567,907
1,017,700	4,038,626,29
533,011	1,206,997,07
519,577	902,957,84
459,835	1,097,303,19
771,569	1,480,391,04
837,336	1,777,175,86
498,928	944,568,86
648,249	1,455,920,03
1,069,671	12,982,612,52
976,147	2,488,099,85
355,037	666,325,64
239,334	500,813,86
1,061,100	2,639,886,76
814,000	1,591,241,86
439,744	1,077,781,67
1,438,441	2,400,779,39
630,730	1,191,296,60
181,000	181,000,00
13,059,436	39,191,754,38

省於本署之預算額

5. 吉林市之國稅永吉縣內含郭前旗之國稅農安縣內含長春縣之國稅新京特別市內含

6. 吉林市長春縣郭前旗之省地方費與第五項之說明同

本省各市縣旗一戶負擔國地稅費額一覽表

市縣旗名	戶數	割當別
吉林市	28,693	一戶當
永吉縣	88,317	〃
額穆縣	27,605	〃
敦化縣	16,384	〃
樺甸縣	23,975	〃
磐石縣	37,455	〃
伊通縣	53,165	〃
雙陽縣	34,772	〃
九台縣	新京 47,742	〃
長春縣	(85,025) 57,072	〃
懷德縣	53,149	〃
長嶺縣	24,058	〃
乾安縣	10,025	〃
扶餘縣	63,615	〃
農安縣	45,559	〃
德惠縣	33,674	〃
楡樹縣	84,405	〃
舒蘭縣	37,245	〃
郭爾羅斯前旗	20,233	〃
計	872,148	〃

備考1.　本表戶數係依據警務廳警備科康德七年一月末日現在人口移動調査表

2.　長春縣國稅及省地方費稅一戶負擔額以長春縣總戶數將新京特別市康德七年一月末日總戶數加入而以該當稅額算出之

國　稅	省地方費稅	小　計	市縣旗稅	街村費
			19,792	
22,733	3,425	26,159	4,476	7,047
20,848	3,566	24,415	5,283	14,024
16,560	6,838	23,399	9,364	22,347
22,249	4,339	26,588	4,721	14,458
15,694	3,230	18,924	10,436	10,163
14,787	2,889	17,677	6,878	8,871
10,531	2,284	12,816	6,419	7,929
12,332	4,574	16,906	6,470	7,113
78,217	5,618	83,836	5,768	12,974
23,256	5,191	28,447	10,275	8,090
11,184	1,752	12,937	5,649	9,117
22,391	3,691	26,083	8,633	15,240
20,782	4,035	24,817	7,221	9,458
9,544	2,268	11,813	7,047	10,824
14,210	4,737	18,947	7,159	5,899
10,006	1,395	11,401	6,811	10,230
12,089	2,960	15,050	5,752	11,182
			8,945	
26,253	3,709	29,963	7,309	9,281

3. 吉林市之國稅及省地方費稅永吉縣含郭前旗農安縣含長春縣新京特別市含

小　　計	合　　計	備　　　　考
	19,792	
11,524	37,633	計　117,010（戸数）
19,307	43,792	
31,712	55,122	
19,179	45,763	
20,599	39,523	
15,749	33,426	
14,348	27,161	
13,583	30,489	
18,742	102,578	計　142,097（戸数）
18,365	47,189	
14,759	27,696	
23,883	49,966	
16,679	41,496	
17,866	29,679	計　65,792（戸数）
13,056	32,003	
17,042	28,443	
16,934	31,984	
8,945	48,945	
16,590	46,553	

本省各市縣旗一人負擔

市縣旗況名	人口	制當別
吉林市	139,703	
永吉縣	587,935	
蛟河縣	164,004	
敦化縣	101,844	
樺甸縣	156,541	
磐石縣	225,740	
伊通縣	353,127	
雙陽縣	248,552	
九台縣	347,833	
長春縣	437,579	
懷德縣	363,054	
長嶺縣	171,221	
乾安縣	79,249	
扶餘縣	414,036	
農安縣	356,028	
德惠縣	274,986	
榆樹縣	532,762	
舒蘭縣	248,472	
郭爾羅斯前旗	130,333	
計	5,805,510	

備考　本表人口係依據警務廳警備科康德七年一月末日現在人口移動調査表
長春縣國稅及省地方費一人負擔額以長春縣總人口將新京特別市康德七年一年末日總人口加入而以該當稅額算出者

國地稅費額一覽表

國　稅	省地方費	小　計	市縣旗稅	街村稅
			4,064	
3,600	550	4,150	627	1,058
3,509	600	4,109	889	2,360
2,664	1,100	3,764	1,506	3,595
3,407	664	4,072	723	2,214
2,603	536	3,139	1,731	1,686
2,226	435	2,661	1,035	1,335
1,473	319	1,792	898	1,109
1,693	628	2,322	887	975
12,906	927	13,833	759	1,692
3,404	759	4,164	1,504	1,184
1,571	246	1,817	796	1,281
2,833	466	3,299	1,092	1,927
3,193	620	3,813	1,109	1,453
1,294	307	1,601	903	1,339
1,740	580	2,322	876	722
1,449	202	1,651	986	1,431
1,813	443	2,256	862	1,676
			1,386	
3,944	557	4,501	1,069	1,357

吉林市國稅及省地方費永吉縣含郭前旗農安縣內含長春縣新京特別市內含

小　計	合　計	備　考
4,064	4,064	
1,731	5,881	計人口 727,614（含吉林市）
3,249	7,359	
5,101	8,866	
2,937	7,009	
3,417	6,556	
2,970	5,031	
2,001	3,799	
1,863	4,135	
2,44[illegible]	15,696	計人口 861,171（含新京市）
2,638	6,852	
2,073	3,890	
3,0[illegible]0	4,112	
2,562	6,375	
2,292	3,893	計人口 85,261（含郭前旗）
1,599	3,921	
2,467	4,118	
3,538	4,794	
1,339	1,339	
2,426	6,927	

本省各市縣旗康德元.二.三.

市縣旗名	康德元年度當初預算總額	康德二年度當初預算總額
吉林市	367,472	197,491
永吉縣	445,564	231,539
蛟河縣	179,894	112,728
敦化縣	161,792	119,125
樺甸縣	276,559	150,197
磐石縣	234,82[illegible]	189,156
伊通縣	303,556	126,436
雙陽縣	290,613	159,765
九台縣	358,920	233,980
長春縣	223,594	213,810
懷德縣	—	187,885
長嶺縣	103,985	51,924
乾安縣	75,531	39,101
扶餘縣	269,881	131,661
農安縣	245,905	117,797
德惠縣	225,000	115,634
榆樹縣	407,678	275,640
舒蘭縣	245,357	133,209
郭爾羅斯前旗	—	219,40[illegible]
計	4,421,12[illegible]	3,006,488

四·五·六·年度豫算一覽表

康德三年度當初預算總額	康德四年度當初及第一次更正額	康德五年度第一次更正預算額	康德六年度第一次追加更正預算額
372,765	878,010	1,116,20[illegible]	1,370,011
400,331	491,247	639,550	973,307
214,854	364,631	706,091	768,872
161,478	334,464	427,989	911,968
234,860	432,303	581,934	899,043
424,704	506,479	584,511	622,826
335,118	560,035	703,242	735,186
245,929	340,583	454,876	365,657
401,948	511,494	666,396	616,073
431,969	533,806	731,047	804,215
422,614	566,017	871,00[illegible]	1,117,271
104,325	202,902	367,901	339,357
84,031	211,556	374,064	450,380
368,862	682,489	685,790	929,720
277,045	343,862	452,603	592,037
259,696	444,977	576,099	498,014
444,555	610,189	803,499	1,185,467
250,607	399,250	797,032	789,833
104,325	765,351	831,094	1,186,305
5,540,018	9,179,702	12,370,927	15,755,592

街　村

街村育成概況

育成ノ現狀

治安良好ニシテ區劃ノ整備ヲ終ヘ財政自立ノ見透シツキタル縣ヨリ逐次街村設置ノ方針ノ下ニ昨年七月一日十四街四十六村昨年一月一日、四月一日二回ニ亘リ二街百十村、本年一月一日ニ街百三十村ヲ設置シ康德四年十二月一日街制村制公布ニ當リ設置シタル二街五村ヲ併セ康德七年一月一日現在ニテ合計二十一街二百九十一村ノ設置ヲ完了セリ（別表參照）

治安不良ナル敎化櫂何ノ街村ハ明年一月一日ヨリ實施ノ豫定ナルモ現在ノ街村以外ニ全面的ニ街村籌備處ヲ設置シ此ノ期間內ニ於テ街村ノ基本的構成準備ニ萬遺憾ナキヲ期シツツアリ

尙本省ニ於ケル特殊行政地域タル郭爾羅斯前旗ノ最下部組織ハ從前ノ努圖克嘎查ニシテ行政上種々ノ不便ヲ感ジツツアルモ蒙系原住民ノ特殊性ニ鑑ミ從前ノ制度ヲ街村ニ則シ實施セシメ以テ內的自治團體タルノ組織ヲ一元化タラシメントス

（一）街村區域

行政ノ滲透上（1）人口稀度ニ於テ奉天省ノ約半ナルコト上（2）滿ニ比シ浮多地相當ニ多キコト等ヲ主タル理由トシテ考慮シ南滿ノ街村ニ比シ稍々大街村主義ヲ採レリ而シテ本省ニ於ケル最大村タル舒蘭縣小城子村ノ面積ハ一〇〇六八六晌ニシテ最小村タル雙陽縣二道灣ハ一〇〇六四晌ナルモ村平均ハ三二、七八七晌ナリ（各街村ノ戸數人口耕地面積豫算等ノ詳細ハ別表參照）

街屯ハ從來ノ自然發生部落ノ周圍耕地ヲ包含セル小行政區域即チ大体小屯主義ヲ以テ組織ノ標準トス

（二）財務機構

街村ハ自治團体ナルヲ以テ本省トシテハ自徴自辦主義ヲ方針トスルモ縣ノ特殊理由ニ基キ既設街村中街村費管理處制度ヲ採用スルモノ或ハ縣ニ於テ代徴スルモノアリ之ハ街村ノ自治機能ヲ失フ虞アルニヨリ昨年末ヲ以テ廢止シ本年ヨリ自徴自辦ノ實ヲ擧グルベク指導シツヽアリ

然レ共人件費事務費等ノ節約ノ爲ノ徴收機構單純化ノ必要性及徴收成績向上ノ必要性人民ノ便宜等ヲ考慮シ國稅縣稅省地方費稅等全部ヲ街村ニ委託徴收セシムル目的ノ下ニ昨年下半期ヨリ各縣街村夫々代徴事務ヲ開始シ徴收成績モ概シテ良好ナリ

（三）豫算制度

豫算制度ノ確立徹底ハ農民負擔ノ公正輕減ヲ計ル上ニ最モ緊要ナルハ言ヲ俟タザル所ナルヲ以テ特ニ豫算外收支ノ絶滅ニ重點ヲ指向シ指導監督ニ遺憾ナキヲ期シツツアリ

既設街村ニ於テハ大體街村自體豫算ヲ編成シ縣ノ嚴重ナル監督ノ下ニ比較的合理的ニ運用シツツアリ

（四）課稅臺帳ノ整理

街村土地課稅臺帳ハ縣ニ於ケルモノト一致セザル實情ニ在ルヲ以テ本省ニ於テハ其ノ内容ノ一致ト土地執照書換ノ便宜トヲ考慮シ當分正本ヲ縣ニ副本ヲ街村ニ備付ケル如ク指導シ昨年十二月迄ニ大體整備完了ヲ見タリ

（五）自衛團ノ整理

自衛團ニ付テ有給ヨリ無給ニ常設制ヨリ交替制ニ更ニ應急制ニ改變スル如ク指導シツツアルモ縣ノ特殊事情殊ニ治安不良ナル縣等ハ卽時之ヲ改變シ難キヲ以テ未ダ有給常設制自衛團ノ殘存勘カラズ街村豫算中約二割ハ自衛團費ニシテ助長行政部門ニ於ケル財政計劃上不便勘カラザル因テ治安概ネ不良好ナル地區ヨリ可及的速ニ街村自衛法ニ基ク義務自衛團ニ或ハ青少年團ニ或ハ協和義勇奉公隊ニ夫々改辨スヘク指導中ナリ

（六）基本財産

基本財産ノ造成ニ付テハ一昨年五月本年一月之ガ準備トシテ各街村有財産及現在縣有財産ニシテ將來街村有ニ移管可能性アルモノノ調査ヲ實施シタルモ未ダ街村基本財産ノ見ルベキモノナク省トシテハ目下（1）未墾浮多地（2）所有者不明地（所有者所在不明地及土地所有權ヲ確實ニ證明シ得ザル土地ヲ含ム）（3）地籍整理ノ際ニ於ケル無申告地（4）地政管理局管整ノ國有地（5）所有關係不明ナル學田（6）所有關係不明ナル或ハ舊商務會所有ノ廟産等ニ付夫々所要ノ手續ニヨリ基本財産ニ編入可能ナルモ

ノ調査及至拂下ノ交渉等ヲ指導シツツアリ

（七）街村事務

街村事務ニ付テハ先ヅ街村内部的事務即街村ノ組織化ヲ第一眼目トシテ特ニ主計會計事務ノ訓練ニハ重點ヲ指向シ相當ノ實績ヲ擧ゲツツアリ

行政事務トシテハ目下委任事務多ク街村職員ノ現狀ヲ以テ固有事務ヲ行フ餘地少キモ可及的速カニ街村ノ厚生部門ヲ發展セシメントシ以テ自治團體ノ本質タル委任固有兩事務ヲシテ平衡的ニ邁進スル樣期シツツアリ

（八）街村ノ物的整備

街村公所ノ廳舍ハ從來ノ保甲事務所ガ殆ンド私人ノ住宅ナリシタメ會計上ノ公私混雜、執務時間ノ無統稅等不便、不都合ノ點尠カラザリシニ鑑之現在ニ於テハ一部治安不良地區ヲ除キ殆ンド全部積極的ニ廳舍ヲ整備セシメタリ

（九）街村ノ人的整備

（イ）職員ノ訓練

街村育成ノ要訣ハ街村職員ニ有能ナル人物ヲ得ルニアリ目下省下各街村ノ現狀ハ此ノ點

最モ霙フベキ實情ニシテ徒ラニ街村育成ヲ拙速主義ニヨリ形式化スルニ過ギザルモノトセバ街村職員ヲ一般ニ公募シ他方ヨリノ教養高キ人材ヲ輸入スルニ如クハナシ

然レ共街村ノ育成ハ街村自治ノ建前トシテ當然愛郷心ニ燃エタル又當該現地事情ニ最モ精通セル原住民ヲ以テ着實ニ平和ニ巧遲的ニ百年ノ大計ヲ以テ進マザルベカラズ

第一線ニ於テハ單ナル事務屋ヨリモ衆望アル人物ヲ必要トス併モ公募ニヨル社會的弊害（給料關係ニ基ク初等學校職員ノ大量引拔ノ問題青訓農民修練場等卒業生ノ離村問題ハ既ニ他省ニ於テ經驗セル社會問題ナリ）ハ今更諜ノスルヲ要セズ

本省トシテハ從來保甲ヲ街村ノ前身母體トシテ育成シツツアル根本方針ニ基キ現在各縣ニ於ケル街村職員訓練所モ此ノ方針ヲ堅持シ街村制施行後夫夫之ヲ設置完了セリ訓練所訓練ノ主旨ハ一ハ精神的訓練ニハ實務的訓練ナリ

尙短期的教養ニ依リ最大ナル成果ヲ收メン

トシ以テ街村ノ有能ナル中堅指導層トナスベク努力中ナリ

（ロ）待遇改善

街村ニ於ケル人的整備ハ職員ノ待遇改善ヲ不可缺ノ前提要素トス併モ保甲時代ト異リ苟モ自治團體トシテ登場シタル街村ニ於ケル職員ハ其ノ職責ノ重且大ナルハ素ヨリナルモ其ノ社會的地位ニ於テモ自ラ街村ヲ於ケル指導階級トシテ向上セザルベカラズ特ニ下級警察官トノ從來ノ頤使關係ヲ清算スル意味ニ於テ又ハ目下物價騰貴ニ依ル街村職員ノ生活困難ニ對シ待遇改善ハ必要不可缺ノ要件ナリ、因テ本省各街村ニ於テハ縣ノ指示ニ依リ本年ヨリ夫夫待遇改善ヲ爲シ比較的良好ナリ

現在迄ニ現ハレタル實績ノ事例

（一）不正攤派ノ除去

課稅台帳ノ整備及豫算制度ノ確立徹底並ニ諸精神訓練等物心兩方面ノ諸工作ニ依リ從來省下各保甲ニ潜在シタル「不正攤派、中飽、黑支、攤款、小脅兒」ハ著シク肅正セラレ最近ニ於テハ農民側ニ於ケル從前ノ沒法子觀乃至ハ正當視ヨ

リ不法視ニ進化シタル事例ヲ尠カラズ看取スルヲ得農民負擔ハ急速度ニ輕減セラレ磐石縣ノ如キハ康德四年度ニ比シ六年度ハ一晌當三圓及至五圓ヲ輕減シタル街村制度ニ對スル農民ノ好感ト信賴ハ日日昂揚シツツアリ

（二）基本財產ノ造成

街村住民ニ街村制度ノ理想漸次徹底シ例ヘバ廟產或ハ公益會產ニ付管理者ヨリ自發的ニ基本財產トシテ街村ニ寄附ヲ申シ出ル如キ事例アリ尙餘裕アル街村ハ昨年ヨリ預算ノ剩余金カラ二千圓近ク基本財產造成造成金トシテ保留スル例ヲ見列將來本省基本財產造成ノ可能性ハ疑フベキモノニズト思料ス

（三）事務能率ノ增進

街村制度實施ト共ニ省縣力ヲ一一ニシ其ノ組織部門ノ一タル職員ノ訓練ニ力ヲ致シタル結果職員ノ事務能率ハ著シク向上セリ

地方行政全般ニ齎シタル街村育成ノ影響

從來無秩序ナリシ農村ノ街村制度實施ニ因ル組織化細胞化統整化等ニ依リ縱ノ關係ニ於テハ行政ノ滲透ニ著シキ成果ヲ收メ產業五ケ年計畫

又ハ省政三ケ年計畫ニ或ハ戸口調査資源調査其他諸調査ニ或ハ防空演習ニ格段ノ成績ヲ擧ゲタリ

更ニ横ノ關係ニ於テモ從來滿洲支那社會ノ一大欠陷トサレシ官治ニ對スル自巳防衛的自治ヨリ進歩シ愛郷心隣保友愛ニ基ク團結心規律心等ヲ基調トセル街村民相互ノ結ビ着キ等ニ尠カラザル刺戟ヲ與ヘ國民組織ノ再編成ニ依ル下カラ盛リ上ツタ眞ノ自治ヘ一歩一歩近附キツアリ

本省各縣街村設置

種別／縣別	街村別	預定總街村數	四年十二月一日設置
長春縣	街 村	— 22	— 1
雙陽縣	街 村	1 18	— —
伊通縣	街 村	1 22	— 1
德惠縣	街 村	1 15	— —
九台縣	街 村	1 21	— —
農安縣	街 村	2 25	— —
長嶺縣	街 村	1 16	— —
乾安縣	街 村	1 8	— —
扶餘縣	街 村	2 20	— —

進度並預定一覽表

康德六年十二月現在

五年七月一日設置	六年一月一日設置	六年四月一日設置	七年一月一日預定設置	殘餘數
—	—	—	—	—
—	—	—	21	—
設置濟 1	—	—	—	—
—	設置濟18	—	—	—
設置濟 1	—	—	—	—
1	10	—	10	—
設置濟 [illegible]	—	—	—	—
—	—	—	15	—
設置濟 1	—	—	—	—
設置濟21	—	—	—	—
1	—	—	1	—
4	7	—	14	—
設置濟 1	—	—	—	—
—	3	—	13	—
設置濟 1	—	—	—	—
—	3	—	5	—
設置濟 2	—	—	—	—
[illegible]	設置濟17	—	—	—

縣別＼種別	街村數	預定總街村數	四年十二月 一月設置
永吉縣	街	—	—
	村	30	—
舒蘭縣	街	1	—
	村	13	—
蛟河縣	街	2	—
	村	14	—
敦化縣	街	1	—
	村	6	—
樺甸縣	街	1	—
	村	20	—
磐石縣	街	2	—
	村	18	—
楡樹縣	街	1	—
	村	29	—
懐徳縣	街	3	2
	村	20	3
合計	街	21	2
	村	317	5

五年七月一日設置	六年一月一日設置	六年四月一日設置	七年一月一日豫定設置	殘餘數
—	—	—	—	—
—	—	設置濟30	—	—
—	—	—	1	—
—	3	—	10	—
1	設置濟 1	—	—	—
—	1	—	13	—
設置濟 1	—	—	—	—
—	—	—	—	6
—	設置濟 1	—	—	—
—	—	—	—	20
設置濟 2	—	—	—	—
—	設置濟18	—	—	—
—	—	—	1	—
—	—	—	29	—
設置濟 1	—	—	—	—
設置濟17	—	—	—	—
14	2	—	5	—
46	80	30	130	26

本省各縣旗街

縣旗別	街村數	區屯	牌
長春縣	22	254	5,560
雙陽縣	19	152	2,853
伊通縣	23	163	4,420
德惠縣	16	207	2,635
九台縣	22	215	4,141
農安縣	27	209	—
長嶺縣	17	112	919
乾安縣	9	46	1,002
扶餘縣	22	218	5,435
永吉縣	30	289	7,334
舒蘭縣	14	160	2,063
蛟河縣	16	140	1,035
敦化縣	8	100	640
樺甸縣	7	784	988
磐石縣	20	174	2,374
榆樹縣	30	429	6,366
懷德縣	23	240	1,828
郭前旗	5	25	—
合計	330	3,917	49,593

村現勢一覽表

康德七年一月現在

戶				數
農	商	工	其他	計
55,479	756	285	85	56,605
31,166	516	620	3,009	35,311
40,746	1,783	1,225	8,059	51,813
29,770	1,147	684	2,494	34,095
37,394	2,071	890	1,702	42,057
40,005	1,373	568	573	42,519
21,110	458	150	1,223	22,941
9,654	324	205	751	10,934
50,341	5,281	3,972	7,792	67,386
73,259	2,463	2,919	11,105	89,746
30,685	661	175	4,623	36,144
19,543	1,968	901	4,279	26,691
10,353	1,152	232	1,992	13,729
17,096	2,772	867	2,206	22,941
32,324	2,436	849	3,390	38,999
77,537	1,433	727	4,341	84,038
39,517	3,545	3,026	5,686	51,774
37,459	1,320	498	16,963	56,240
653,438	31,459	18,795	80,278	783,963

街　村

人口			街	
男	女	計	街村長	副街長助理
230,469	213,569	444,038	22	22
127,803	118,630	246,433	18	19
184,258	165,103	349,361	20	23
136,384	137,727	274,111	16	16
171,919	168,442	340,361	22	22
176,847	167,596	344,445	27	24
91,067	80,886	171,953	17	17
42,362	37,134	79,496	9	9
221,184	204,467	425,651	22	22
311,069	271,992	583,061	30	30
131,816	106,115	237,931	14	14
90,774	65,650	156,424	16	15
56,594	35,346	91,940	8	6
92,583	58,922	151,505	7	6
131,624	88,935	220,559	20	20
299,055	278,845	577,900	30	30
191,098	175,738	366,836	23	23
61,204	49,544	110,748	5	5
2,748,110	2,424,641	5,172,751	329	323

村	職	員			自衛團人數	學校數
司計	事務員	雇員	傭人	計		
2[illegible]	91		44	201	420	186
19	59	39	57	211	—	57
19	43	156	148	412	6,072	70
16	32	66	63	210	148	89
2[illegible]	44	46	157	313	4,914	111
27	127	72	160	457	—	68
17	34	21	51	157	—	23
9	21	26	18	92	135	32
2[illegible]	104	221	41	435	204	77
20	106	133	60	369	100	122
14	71	86	50	250	240	86
16	66	75	32	218	3,849	36
7	2[illegible]	38	15	96	549	35
7	27	38	14	99	1,170	40
20	59	105	36	261	928	55
30	131	172	126	519	290	133
23	92	193	171	525	101	173
[illegible]	50	30	10	102	70	10
312	1,181	1,506	1,256	4,907	19,19	1,403

教育關係			道路關係		
學級數	教職員數	就學兒童數	國道粁	縣道粁	警備道粁
313	335	13,495	57	786	—
89	105	5,467	169	27	321
189	187	9,710	160	346	1,043
177	185	8,592	—	—	578
212	221	11,359	30	493	—
188	208	6,650	—	—	844
54	57	2,594	—	144	538
62	118	2,914	—	—	144
85	256	11,460	103	344	—
269	252	15,467	177	547	479
139	165	12,750	—	—	410
89	90	4,283	59	187	278
107	87	4,355	114	195	171
90	97	4,444	60	—	257
115	131	5,063	83	740	—
207	214	7,563	34	—	693
333	402	18,987	138	234	1,623
30	45	1,170	—	—	422
2,790	**3,155**	**146,293**	**1,227**	**4,048**	**7,800**

土地面積（坰）		豫　　算　　額	
總面積	耕地面積	經常部	臨時部
406,982	371,021	872,148	103,742
247,024	171,298	357,168	69,305
388,816	236,952	577,852	53,841
326,904	252,668	277,568	43,982
302,652	268,591	382,707	141,836
506,337	380,448	575,336	62,140
510,477	143,815	231,926	44,150
472,408	126,189	163,226	34,109
787,651	437,492	673,257	3,741
1,096,284	323,894	870,332	156,065
652,376	156,421	520,250	61,357
1,152,132	64,849	410,916	38,076
529,743	49,191	226,434	24,465
687,306	89,932	—	—
549,684	548,099	448,722	33,439
519,470	513,322	932,247	337,559
367,617	295,310	815,134	527,416
761,791	213,725	—	—
9,235,598	4,643,300	8,338,217	1,740,231

街　村

計	街村稅	一人當街村稅負擔額	備　考
975,885	740,749	1.67	
426,473	307,360	1.26	
631,695	470,733	1.35	
326,555	198,672	.83	
524,549	345,741	1.00	
637,476	611,461	1.78	
276,076	219,346	1.28	
197,335	152,777	1.92	
676,998	601,734	1.41	
1,026,397	774,881	1.33	
581,607	416,483	1.75	
448,994	323,553	2.07	
250,899	205,156	2.23	
—	—	—	豫算尚未報省
482,161	396,237	1.80	
1,269,806	863,503	1.49	
1,242,550	503,347	1.37	
—	—	—	豫算尚未報省
10,075,448	7,133,733	1.38	

本省各縣旗街

縣旗別	街	區	牌	戸 農	戸 商
長春縣	—	—	—	—	—
雙陽縣	1	4	116	1,354	160
伊通縣	1	5	174	517	635
德惠縣	1	8	169	987	576
九台縣	1	10	214	1,694	298
農安縣	2	20	—	2,304	1,112
長嶺縣	1	6	84	1,484	338
乾安縣	1	5	84	800	243
扶餘縣	2	16	630	5,739	3,000
永吉縣	—	—	—	—	—
舒蘭縣	[illegible]	6	79	926	207
蛟河縣	[illegible]	19	236	4,043	1,528
敦化縣	1	12	217	4,375	579
樺甸縣	1	434	—	3,750	1,407
磐石縣	2	19	310	2,059	1,858
榆樹縣	1	12	141	1,239	460
懷德縣	2	31	479	4,686	2,966
郭前旗	—	—	—	—	—
合計	2[illegible]	611	2,933	35,967	15,367
街平均	1	29	140	1,713	732

現勢一覧表

康德七年一月現在

數			人		口
工	其他	計	男	女	計
—	—	—	—	—	—
157	199	1,870	7,240	5,559	12,799
384	1,874	3,410	8,354	7,731	16,085
155	1,498	3,216	10,536	8,211	18,747
5[illegible]	715	2,759	7,475	9,375	16,850
424	—	3,840	11,652	11,714	23,366
75	136	2,033	5,862	4,910	10,772
153	516	1,512	4,982	3,879	8,861
1,907	3,334	14,030	39,423	32,182	71,605
—	—	—	—	—	—
[illegible]20	619	1,772	5,049	3,676	8,725
494	2,780	8,845	27,064	20,960	48,024
145	1,554	6,653	22,141	15,721	37,862
430	1,313	6,900	27,443	1[illegible],927	45,370
565	1,754	6,246	21,348	15,444	36,792
170	1,234	3,103	9,603	8,375	17,983
2,5[illegible]5	2,272	12,469	37,945	26,832	64,777
—	—	—	—	—	—
7,676	19,648	78,653	246,122	192,496	438,618
366	936	3,746	11,720	9,166	20,888

街　村

街長	副街長	會計	事務員	雇員	傭　人	計
—	—	—	—	—	—	—
1	1	1	5	3	3	14
1	1	—	4	7	33	46
1	1	1	3	6	3	15
1	1	1	3	4	7	17
2	2	2	13	6	8	33
1	1	1	2	2	3	10
1	1	1	3	3	2	10
2	2	2	14	31	4	55
—	—	—	—	—	—	—
1	1	1	7	8	3	21
2	2	2	15	16	4	14
1	1	1	4	10	3	20
1	1	1	8	8	2	21
2	2	2	13	15	2	36
1	1	1	5	7	6	21
3	3	3	20	52	81	162
—	—	—	—	—	—	—
21	21	20	119	177	164	522
1	1	1	6	8	8	26

自衛團人數	教育關係			
	學校數	學級數	敎職員數	就學兒童數
—	—	—	—	—
—	3	23	28	1,254
320	5	42	57	2,419
—	4	26	26	1,370
252	6	31	37	1,971
—	6	59	73	2,548
—	5	18	21	912
15	4	21	72	907
21	17	12	127	5,480
—	—	—	—	—
—	3	8	10	456
553	4	39	45	2,139
34	6	39	40	2,180
100	13	38	43	1,766
179	11	50	61	2,317
—	4	34	42	1,286
7	6	72	87	4,111
—	—	—	—	—
1,481	97	512	769	31,116
71	5	28	38	2,482

道路關係			土地面積 坰		豫
國道粁	縣　道粁	聯備道粁	總面積	耕地面積	經常部
—	—	—	—	—	—
4	3	4	1,143	963	20,658
6	4	3	1,289	910	46,204
—	—	16	3,631	3,138	40,323
—	—	—	4,885	4,575	33,641
—	—	42	11,107	9,747	71,780
—	—	—	1,890	1,820	12,890
—	—	12	6,480	4,422	14,936
8	6	—	4,366	3,549	103,227
—	—	—	—	—	—
—	—	30	10,463	5,000	38,981
—	32	35	19,028	6,129	125,219
13	—	7	4,819	4,400	88,879
—	—	—	17,189	12,243	—
6	12	—	5,821	4,227	71,254
8	—	13	4,790	4,700	32,157
	9	65	7,390	5,034	160,065
—	—	—	—	—	—
49	59	227	104,337	70,850	860,202
2	3	11	4,969	3,374	40,962

算額 臨時部	計	街稅	一人當街費負擔額	備考
—	—	—	—	
7,640	28,298	11,563	90	
2,244	48,448	30,898	1.92	
9,682	50,005	25,193	1.34	
27,810	61,451	27,160	1,61	
9,200	80,980	55,577	2.33	
2,100	14,990	11,340	1.05	
7,137	22,073	12,518	1.41	
632	103,859	71,039	99	
—	—	—	—	
6,600	45,581	37,500	4.30	
3,438	128,657	86,226	1.80	
5,566	94,438	69,650	1.83	
—	—	—	—	豫算尙未報告
536	71,790	42,86[illegible]	1.16	
87,559	119,711	23,137	1.29	
428,899	588,96	81,025	1.25	
—	—	—	—	
599,043	1.459.245	585,637	—	
23,526	69,487	27,890	1.34	

街村

吉林省各縣旗

縣旗別	村數	屯	牌	戸 農	戸 商
長春縣	22	254	5,560	55,479	756
雙陽縣	18	148	2,737	29,812	356
伊通縣	20	158	4,246	40,229	1,148
徳惠縣	15	199	2,466	28,783	571
九台縣	21	205	3,927	35,700	1,773
農安縣	25	189	—	37,701	261
長嶺縣	16	106	835	19,626	120
乾安縣	8	41	918	8,854	81
扶餘縣	20	202	4,803	44,601	2,281
永吉縣	30	289	7,334	73,259	2,463
舒蘭縣	13	154	1,984	29,759	454
蛟河縣	14	121	799	15,500	440
敦化縣	7	88	423	5,978	573
樺甸縣	6	350	988	13,346	1,365
磐石縣	18	155	2,064	30,255	578
楡樹縣	29	416	6,225	76,293	973
懐徳縣	20	206	1,349	34,831	579
郭前旗	5	25	—	37,459	1,320
合計	309	3,306	46,660	617,465	16,092
毎村當平均	1	11	151	1,998	52

村現勢一覽表

康德七年一月現在

數			人		口
工	其他	計	男	女	計
285	85	56,605	230,469	213,569	444,038
463	2,810	33,441	120,563	113,071	233,634
841	6,185	48,405	175,904	157,372	333,276
529	996	30,879	125,848	129516	255,36[illegible]
838	987	39,298	164,444	157,067	323·51[illegible]
144	573	33,679	165,195	155,882	321,077
75	1,037	20,905	85,207	75,976	161,181
52	435	9,422	37,380	33,255	70,635
2,065	4,409	53,356	181,761	172,285	354,046
2,919	11,105	89,746	311,069	271,992	583,061
155	4,004	34,372	126,767	102,439	229,206
407	1,499	17,346	63,710	44,690	108,400
87	438	7,076	34,453	19,625	54,078
437	893	16,041	65,140	40,995	106,135
284	1,636	32,758	110,276	73,491	183,767
557	3,112	80,935	289,447	270,470	559,917
481	3,414	39,305	153,153	148,906	302,059
498	16,963	56,240	61,204	49,544	110,748
11,117	60,630	705,305	2·501·988	2·232·145	4·734·133
36	196	2,283	8,097	7,224	15,321

村長	助理員	司計	事務員	雇員	傭人
村職員數					
22	22	22	91	—	44
17	18	18	54	36	54
22	22	19	39	149	118
15	15	15	30	60	60
21	21	21	47	40	150
25	22	25	11	66	152
16	16	16	32	19	48
8	8	8	18	24	16
20	20	20	90	190	40
30	30	20	105	123	60
13	13	13	65	78	47
14	13	14	51	57	28
7	5	6	18	28	12
6	5	6	19	30	12
18	18	18	46	91	34
29	29	29	126	165	120
20	20	20	72	141	90
5	5	2	50	30	10
308	302	292	1,06	1,329	1,092
1	1	1	3	4	3

計	自衛團入數	教育關係 學校數	學級數	教職員數	就兒童數
201	420	186	313	335	13,495
197	—	54	66	77	4,[illegible]
366	5,752	65	140	130	7,291
195	148	85	151	159	7,[illegible]
296	4,662	103	182	184	9,388
40[illegible]	—	62	129	135	4,10[illegible]
147	—	18	36	36	1,682
89	120	28	41	46	2,007
380	183	60	73	129	5,950
369	100	122	269	259	15,467
228	240	83	131	155	12,294
177	3,296	31	50	51	2,144
76	515	29	68	41	2,175
78	1,070	27	52	54	2,678
225	749	44	65	70	2,746
498	290	129	171	179	6,277
363	94	167	311	315	14,876
102	70	10	50	45	1,170
4,385	17,709	1,306	2,278	2,386	115,177
14	10	4	7	8	375

街　村

道路關係			土地
國道	縣道	警備道	總面積
57	786	—	406,982
158	24	317	215,881
156	342	1,040	387,527
—	—	562	323,226
30	498	—	297,767
—	—	802	495,230
—	144	538	503,527
—	—	132	465,928
97	338	—	783,285
177	547	479	1,096,284
—	—	380	641,908
52	155	243	1,133,104
101	195	164	524,925
63	—	257	670,117
77	728	—	543,872
76	—	679	514,680
134	232	1,558	360,227
—	—	422	761,791
1,178	3,989	7,573	10,131,261
4	13	24	32,787

街　　村

關　係	預	算	額
耕地面積	經常部	臨時部	計
371,099	872,142	103,743	975,885
170,335	336,510	61,665	398,175
236,043	531,648	51,597	583,245
249,530	237,245	39,305	276,550
264,017	349,066	114,026	463,092
370,701	503,556	52,940	556,496
141,995	219,036	42,050	261,086
121,767	148,290	26,972	175,262
433,951	570,030	13,109	573,139
323,894	870,332	156,065	1,026,397
151,421	481,269	54,757	536,026
58,720	285,697	34,640	320,337
44,791	137,562	18,899	156,461
77,690	—	—	—
543,872	377,468	32,903	410,371
503,623	900,095	250,000	1,150,095
290,276	655,069	98,517	253,586
213,725	—	—	—
4,572,450	7,475,015	1,141,188	8,616,203
14,798	24,191	3,693	27,884

街　村

村稅	一人當村費負擔額	備考
740,749	1.67	
297,796	1.27	
439,835	1.32	
173,479	.68	
318,581	.95	
555,884	1.73	
208,006	1.29	
140,259	1.99	
530,695	1.50	
774,881	1.33	
378,983	1.65	
237,326	2.19	
135,506	2.50	
—	—	豫算尚未報告
353,376	1.97	
840,366	1.50	
422,322	1.39	
—	—	豫算尚未報告
6,548,046	—	
21,191	1.3	

本省農家戶數並ニ農家

市縣旗名	總戶數	總人口	農家
			戶數
吉林省	799,658	[illegible],286,602	603,960
吉林市	27,627	132,954	115
永吉	87,600	579,177	68,520
蛟河	23,956	140,329	19,874
敦化	16,590	89,531	11,872
樺甸	23,172	145,347	18,769
磐石	36,126	213,959	27,094
伊通	50,848	344,363	38,619
雙陽	34,103	239,804	28,208
九台	48,499	346,283	36,103
長春	57,630	439,441	54,093
懷德	51,640	361,549	38,184
長嶺	23,707	168,048	21,547
乾安	10,426	74,933	9,087
扶餘	64,103	424,210	50,012
農安	46,605	358,981	38,977
德惠	34,282	288,894	30,081
榆樹	106,778	579,621	63,833
舒蘭	36,383	233,047	32,261
郭前旗	19,591	125,131	16,691

平均一戸當耕地面積

戸數	農家人口		農家一戸當人口	農家平均一戸當耕地面積
%	人口	%		
75.5	4,169,510	87.9	6.9	5.3
0.4	706	53.2	6.1	1.5
78.9	463,244	80.8	6.8	4.0
83.0	118,852	84.7	6.0	3.2
71.6	58,001	64.9	4.9	4.9
81.0	117,731	81.0	6.3	3.9
75.0	171,167	80.0	6.3	7.1
75.9	269,347	78.2	7.0	4.7
82.7	204,126	51.2	7.2	4.2
74.5	200,418	57.9	5.6	5.8
93.9	400,630	91.2	7.4	4.5
73.9	289,201	80,1	7.6	6.1
90.9	161,264	95.9	7.5	6.2
27.1	68,364	91.2	7.5	10.6
78.0	350,084	82.5	7.0	6.9
83.7	298,394	83.1	7.7	6.1
87.7	262,009	90.7	8.7	5.3
59.8	413,525	71.3	6.5	5.3
88.7	214,652	90.2	6.6	3.5
85.2	102,831	82.2	6.2	9.7

縣別土地

市縣旗名	總面積	耕作地	
		面積	%
吉林省	9,868,935	3,193,927	32.4
吉林市	17,993	170	1.0
永吉縣	880,461	271,728	30.9
蛟河縣	1,499,316	63,888	4.3
敦化縣	932,529	57,989	6.2
樺甸縣	1,003,417	71,715	7.1
磐石縣	407,911	185,285	45.4
伊通縣	454,574	180,172	39.6
雙陽縣	206,068	119,697	58.1
九台縣	332,542	203,642	62,8
長春縣	344,730	246,062	71.4
懷德縣	305,875	238,327	77.9
長嶺縣	477,576	134,093	28.1
乾安縣	348,431	97,025	27.8
扶餘縣	465,259	309,365	66.5
農安縣	384,428	239,537	62.3
德惠縣	228,147	158,254	69.4
榆樹縣	505,440	336,994	66.7
舒蘭縣	512,354	111,884	21.8
郭前旗	561,884	163,100	29.0

利　用　状　況

廢耕地		林地	
面　積	%	面　積	%
334,326	3.4	.863,780	—
—	—	—	18.9
—	—	[illegible]6.65[illegible]	5.3
—	—	855.001	57.0
14,757	15.8	225,114	1.6
19,689	2.0	410,679	0.9
28,43[illegible]	7.0	24.514	6.0
—	—	22.864	5.0
515	0.3	36.466	17.7
168	—	51.286	15.4
—	—	150	—
[illegible],374	4.7	6.357	2.1
110,421	23.1	—	—
76,416	21.9	20	—
—	—	110	—
—	—	10.617	2.8
26,007	11.4	2.189	1.0
—	—	18,800	3.7
43,546	8.5	151,990	29.7
—	—	970	0.2

放收地		其他	
面　積	%	面　積	%
856,437	8.7	3,620,415	36.7
—	—	17,823	95.7
36,784	4.2	525,296	59.6
26,871	1.8	553,556	36.9
—	—	634,669	68.1
126,538	12.6	374,796	37.4
—	—	169,679	41.6
6,208	1.4	245,335	54.0
6,036	2.9	43,334	21.0
2,624	0.8	69,822	21.0
8,800	2.6	89,718	26.0
10,217	3.2	36,600	12.0
105,220	22.0	127,842	28.8
62,596	18.0	112,374	32.3
88,447	19.0	67,337	14.5
53,069	13.8	81,205	21.1
—	—	41,697	18.3
35,107	7.0	114,539	22.6
17,946	3.5	186,988	36.5
270,007	48.1	127,805	22.7

備　考
康徳六年度第一次農産物收穫高豫想調査ニヨル

本省耕地利用狀況

品種別	內譯	面積	耕地面積ニ對スル%
總計(耕地面積)		3,189,536	100.0
普通農産	大豆	915,185	28.7
	其他大豆	13,740	0.4
	計	928,925	29.1
	小豆	66,407	2.1
	綠豆	23,496	0.7
	其他豆類	8,414	0.3
	計	98,317	3.1
	高粱	603,228	19.2
	谷子	629,497	19.7
	包米(玉蜀黍)	358,035	11.2
	小麥	90,212	2.8
	水稻	56,454	1.8
	陸稻	29,721	0.9
	計	1,772,147	55.6
	大麥	5,254	0.2

品種別 \ 內譯		面積	耕地面積ニ對スル%
物	燕麥	381	—
	糜子（黍）	95,009	3.0
	稗子（稗）	119,116	3.7
	蕎麥	20,989	0.7
	雜穀計	240,749	7.6
	普通農產物合計	3 040,138	95.0
工藝農	大線麻	7,620	0.2
	麻小麻子	7,839	0.2
	蘇子（荏）	10,971	0.3
	棉花　陸地棉	—	—
	棉花　在來棉	5	—
	莨葉　米國種	245	—
	莨葉　在來種	12,003	0.4
	青麻	3,411	0.1
	亞麻	1,508	—
	洋麻（ケナフ）	—	—

品種別＼内譯		面積	耕地面積ニ對スル%
産物	大麻子（綫麻）	1,765	0.1
	芝麻（胡麻）	2,594	0.1
	落花生	—	—
	甜菜	3,952	0.1
	其他	10	—
	工藝農産物合計	52,083	1.6
園藝農産物	果樹	40[illegible]	—
	土豆子（馬鈴薯）	42,751	1.3
	其他蔬菜	53,301	1.3
	園藝農産物合計	96,454	3.0
其他	ルーサン（苜蓿草）	861	—
	其他合計	861	—

農家經營樣式構成別農家戶數

經營樣式＼內譯	%	農家戶數
地主	3.4	20,535
地主自作小作兼雇農	14.3	86,366
自作	4.9	29,594
自作、小作、兼雇農	9.2	55,564
小作	34.7	209,574
小作、兼雇農	14.9	89,990
雇農	14.3	86,366
雜業者	4.3	25,971
計	100.0	603,960

備考　%ノ算出基礎ハ省內五縣以下農村實態調査ヨリ算出セリ

康德六年度縣立原種圃面

市縣旗名	大		
	面積	陌當收量	生產量
吉林省	145.5	877	127,258
吉林市	—	—	—
永吉	5	1,412	7,060
蛟河	5	906	4,530
敦化	10	750	7,500
樺甸	—	—	—
磐石	—	—	—
伊通	8	960	7,680
雙陽	2.5	715	1,788
九台	5	1,380	6,900
長春	10	879	8,790
懷德	—	—	—
長嶺	5	605	3,025
乾安	5	287	1,435
扶餘	5	950	4,750
農安	5	760	3,800
德惠	10	714	7,140
楡樹	55	1,244	68,400
舒蘭	—	—	—
郭前旗	5	492	2,460

積及種子生產量一覽表

康德六年末現在

豆	包		米	
配給可能數量	面　積	陌當收量	生產量	配給可能數量
120,851	31.5	963	29,859	25,540
—	—	—	—	—
5,800	1	1,630	1,630	1,450
2,715	3.5	1,050	3,679	2,565
6,000	—	—	—	—
—	—	—	—	—
—	—	—	—	—
6,960	—	—	—	—
1,684	2	620	1,240	925
6,000	5	1,235	6,175	5,000
7,538	5	1,020	5,100	5,100
—	—	—	—	—
2,510	—	—	—	—
1,184	—	—	—	—
4,400	5	727	3,635	3,500
3,400	5	1,200	6,000	5,200
6,580	—	—	—	—
65,000	—	—	—	—
—	—	—	—	—
1,800	5	480	2,400	1,800

小		麥	
面　積	陌當收量	生産量	配給可能數量
132	631	70,758	58,870
—	—	—	—
—	—	—	—
—	—	—	—
20	700	14,000	12,240
—	—	—	—
—	—	—	—
—	—	—	—
—	—	—	—
—	—	—	—
—	—	—	—
—	—	—	—
17	424	7,208	4,830
—	—	—	—
20	646	12,920	12,600
35	547	19,145	17,200
20	124	2,480	2,000
20	750	15,000	10,000
—	—	—	—
—	—	—	—

本省各市縣旗役畜所有並ニ利用狀況

市縣旗名 ＼ 內譯	役畜頭數	農家一戶當耕地面積	役畜一頭當耕地面積
吉林省	604,283	1.0	5.3
吉林市	443	3.9	0.4
永吉縣	55,747	0.8	4.9
蛟河縣	10,112	0.5	6.3
敦化縣	9,120	0.8	6.4
樺甸縣	10,885	0.6	6.7
磐石縣	18,501	0.7	10.0
伊通縣	33,159	0.9	5.4
雙陽縣	27,819	1.0	4.3
九台縣	40,005	1.1	5.2
長春縣	40,274	0.7	6.1
懷德縣	28,286	0.7	8.2
長嶺縣	46,503	2.1	2.9
乾安縣	10,921	2.3	4.6
扶餘縣	44,193	0.9	7.0
農安縣	49,993	1.3	4.8
德惠縣	38,364	1.3	4.1
楡樹縣	74,341	1.2	4.5
舒蘭縣	24,230	0.8	4.6
郭爾羅斯前旗	31,388	1.9	5.2

備考　吉林市農家用役畜443頭ノ外尙市內馬車及荷車用役畜ハ計1,135頭アリ

縣旗立勸農場

市縣旗名	設立年月	位置	面積	場長日
吉林省				
吉林市				
永吉	5年4月	蒐登站	200	1
蛟河	4年6月	蛟河	—	—
敦化	4年5月	保閣店外	75	1
樺甸	4年5月	庄家屯	25	1
磐石	4年5月	縣城外	22	—
伊通	4年5月	東營子屯	28	1
雙陽	4年5月	縣城外	24	—
九台	4年12月	下九台	11	1
長春	4年4月	寛城子	15	1
懷德	4年2月			1
長嶺	4年4月			1
乾安	4年5月			1
扶餘	5年4月			1
農安	4年3月			1
德惠	4年3月			—
楡樹	4年5月			1
舒蘭	4年3月			1
郭前旗	4年4月			1

備考　職員中「其他」トハ助手及通譯ナリ

概況一覽表

康德六年末現在

專任職員					計
主事	技術員		其ノ他		
	日	滿	日	滿	
—	3	2	—	6	12
—	—	—	—	—	—
—	—	2	—	—	2
—	—	—	—	—	1
—	1	2	—	—	3
—	1	1	—	—	2
1	—	1	—	4	6
—	—	4	—	2	7
—	1	—	—	4	6
—	1	3	—	3	8
—	—	3	—	3	7
—	—	2	—	1	4
—	—	3	—	2	6
—	2	1	—	4	8
1	1	1	—	4	7
—	—	2	—	2	5
—	1	—	—	—	3
—	2	—	—	3	6

縣旗立農民修練所概況一覽表

康德六年末現在

市縣名	設立年月	在修練生數	卒業生數
吉林省			
吉林市			
永吉	4.3	80	50
蛟河	4.6	—	—
敦化	4.6	11	42
樺甸	4.4	13	32
磐石	5.3	24	30
伊通	4.5	23	60
雙陽	4.4	52	57
九台	3.10	54	50
長春	5.5	52	57
懷德	4.4	45	59
長嶺	4.5	43	54
乾安	4.5	26	55
扶餘	5.3	28	40
農安	4.5	18	56
德惠	4.5	28	60
楡樹	4.4	40	115
舒蘭	4.3	30	47
郭前旗	4.4	25	50

康德五年度中小農資金貸付回收狀況一覽表

市縣名	貸付限度額	追加貸付限度額	貸付額
	圓	圓	圓
吉林省	3,455,000	390,660	3,491,5[illegible]
永吉縣	210,000	45,000	255,000
蛟河縣	150,000	—	91,050
敦化縣	85,000	—	62,750
樺甸縣	270,000	—	224,785
磐石縣	300,000	—	300,000
伊通縣	220,000	65,660	285,660
雙陽縣	160,000	—	159,523
九台縣	270,000	—	240,250
長春縣	150,000	80,000	206,455
懐德縣	300,000	100,000	352,810
長嶺縣	80,000	—	80,000
乾安縣	100,000	—	100,000
扶餘縣	240,000	—	210,385
農安縣	270,000	—	270,000
德惠縣	150,000	—	143,410
楡樹縣	400,000	100,000	409,860
舒蘭縣	100,000	—	99,580

貸付戸數	農家戸數ニ對スル數 %	一戸當平均貸付額	一戸當平均貸付額	康徳六年一月十 回收額
		圓	圓	圓
114,291	19.3	33.54	3.27	3,281,86[illegible]
8,510	14.0	29.96	3 55	255,000
3,192	17.4	28.52	5.00	89,830
1,386	14.7	45.28	3.24	60,893
6,580	33.8	34.16	5.15	5149,915
13,569	52.1	22.11	3.66	300,000
10,941	26.7	26.11	1.97	285,660
3,784	13.5	42.16	1.17	159,523
7,825	20.4	30.70	1.01	240,250
4,608	8.6	44.80	0.33	197,075
10,875	26.4	32.44	7.02	320,221
7,103	34.1	11.25	0.93	77,302
2,814	31.0	35.59	0.99	69,100
5,350	11.4	39.32	7.52	210,385
7,025	18.2	38.43	3.0[illegible]	270,000
2,930	10.3	48.95	0.90	143,410
14,730	18.7	27.82	4.62	392,910
3,054	9.6	32.50	5.55	90,387

五日現在回数状況	
未回收額	備考
圓 296,660	康徳六年一月十五日現在回收率94%ナリ
—	
1,220	
1,860	
74,870	
—	
—	
—	
—	
9,380	
32.589	
2,698	
30,900	
—	
—	
—	
46,950	
9,193	

康德六年度中小農

縣旗名	縣旗申込額	省査定限度額	總農家戸數
永吉	250,000	250,000	59,578
蛟河	182,070	130,000	15,765
敦化	100.720	70,000	7,354
樺甸	200,000	180,000	19,601
磐石	597,200	400,000	19,006
伊通	300,000	300,000	40,987
雙陽	229,440	200,000	27,469
九台	300,000	250,000	43,140
長春	313,000	250,000	51,613
懷德	500,000	350,000	40,953
長嶺	150,000	100,000	21,662
乾安	100,000	80,000	3,142
扶餘	150,000	150,000	48,300
農安	300,000	300,000	38,532
德惠	150,000	150,000	26,059
楡樹	600,000	450,000	78,875
舒蘭	150,000	100,000	28,833
郭前旗	63,000	60,000	11,740
計	4,704,430	3,770,000	532,669

資金貸付狀況一覽表

康德六年十二月現在

貸付農家戸數	總農家戸數ニ對スル貸付歩合 %	摘要	備考
10,000	17	除草勞賃 0%	回收狀況ニ付テハ各縣旗ヨリノ報告未ダナキタメ記載セズ
6,069	39	農具肥料 0%	
2,518	34	〃	
6,700	34	〃	
14,930	79	〃	
15,000	36	〃	
7,486	27	〃	
10,000	23	〃	
7,200	14	〃	
10,000	24	〃	
8,000	37	〃	
2,105	70	〃	
3,220	7	〃	
10,000	26	〃	
3,755	14	〃	
15,000	19	〃	
15,070	52	〃	
2,100	18	〃	
		〃	
149,153	26	〃	

農事合作社事業概況

1. 康德六年度農事合作社事業運營方針

農事合作社ノ運營ハ時局ニ對應シ農民厚生ヲ第一義トスベク從ツテ事業ハ生產奬勵ニ重點ヲ置キ配給其ノ他事業ハ現地ノ實情ニ應シ漸ヲ追ヒ實施シ以テ農民經濟ノ綜合的補育ニ努ムルヲ妥當ト認ム然ルニ從來ノ實績ヲ見ルニ檢査交易事業ニ偏倚セシガ如シ

本年度ハ既設事業ノ整備充實ハ勿論運營上ノ基幹的工作ノ徹底化ヲ計リ生產擴充並ニ之ニ附隨スル事業ニ重點ヲ置キ之カ遂行上組織機構ニ於テモ相當改革ヲ加ヘ以テ將來ニ於ケル躍進ニ備ヘントス

2. 事業概況

（イ） 職員ノ整備並ニ訓育

農事合作社職員ハ事業ノ擴張或ハ其ノ整備充實ニ伴ヒ漸次增加シツツアリ即チ康德六年十二月一日現在ニ於テ約一〇、〇〇名トナレリ職員ニ對シテハ毎年數十日ノ一定期間省ニ於テ技術並ニ精神訓育ヲセシムル方針ニシテ本年度ハ七月一日ヨリ五十日間實施セリ

◎康德六年十二月一日現在職員　　九九二名

主　　事	六
技　　士	六三
計士及書記	一二〇
檢　查　員	二〇六
交　易　員	二六
雇　　員	二八六
指　導　員	二八五

◎職員訓育狀況

年別／區分／職別	康德五年度實績			康德六年度實績		
	人員	期　間	摘要	人員	期　間	摘要
計	260	(延日數) 69		362	50日	
檢　查　員	172	20日乃至50日	新30日 再20日	206	10日乃至40日	新40日 再20日
計士 書記	73	8日		86	10日	
技士 技術員	15	3日		69	10日	

（ロ）生產獎勵及技術指導

縣ノ解避ノ下ニ協和會其ノ他關係機關等ノ協力ヲ得テ優良種子ノ配布、種子ノ消毒、精

選、精選ノ督勵自給肥料ノ製造、木炭其他増産奬勵及農作物全般ノ技術的指導ヲ爲スノ他副業勵ヲナス

（ハ）　自己資金造成對策

康徳六年度ヨル三ケ年計畫ヲ以テ自己資金（縣ノ實情ニ則シテ金額ヲ異ニス）ヲ樹テ之ガ爲メニハ主トシテ備荒積立金及其他定款規程等ニ依ル積立金ヲ以テシ凶作等ニ依ル農村災害ニ對スル農民ノ共濟及更生資金又ハ農産物價格ニ對スル平衡資金等ニ充ツルモノトス

（ニ）　農産物ノ格付並ニ交易事業

農産物ノ調製並ニ改善ヲ行ヒ以テ品質ノ向上ト規格ノ統一ヲ圖リ且ツ適正ナル價格ニヨル交易ヲ爲シ配給ノ合理化ヲ計ルモノナリ而シテ農事合作社ノ格付「生産檢査」ハ國營檢査ノ規格ト同一ナラシムル爲メ國營檢査トハ相互關係ヲ有セシム而シテ格付ハ街村合作社ニ漸次移管シ所謂庭先檢査トナシ將來ハ包裝及計量等ニ關シテモ漸次統一ヲ計リ屯貨行合作社單位ニヨル共同出荷、共同購買ヲ行ハシメル方針ナリ

（ホ）　農業倉庫事業

農業倉庫ハ出廻調節ノ他ニ有時需要ニ供ヘテ貯穀セシムル役割ヲ持ツモノニシテ特ニ本年度ヨリハ米穀管理制度實施ニ付更ニ之レガ利用ヲ増加セシム

（ヘ）　金融事業

縣旗農事合作社ノ施設資金及各種事業資金ハ産業部ノ斡旋ニヨリ中央銀行及金融合作社ヨリ借入シ長期資金一、一一八、九〇〇圓短期資金二、三八九、五〇〇圓計三、五〇八、四〇〇圓ヲ融資ス

（ト）　購買事業

購買事業ヲ早急ニ全面的ニ擴大スルハ現在ノ諸情勢ヨリ考慮シテ適當ナラズ本年度ハ取不敢農生産資材ノ取扱ニ重點ヲ置キ即チ種苗農具、肥料、麻袋、消毒藥、度量衡器特殊作物栽培諸材料等ノ共同購入ヲ爲スノミニシテ特ニ地域的ニハ農民消費經濟用品中普遍的且ツ相當量ヲ占ムル粗布、食鹽等ヲモ可成供給スル樣考究中ナリ

從來購買事業ヲ實施シ來レルハ長春、九台

雙陽、德惠各縣ニシテ購買品目モ主トシテ前記範圍内ナリ

（チ）販賣事業

主トシテ本年度ヨリ實施サレタル米穀管理法ニヨル米穀ノ委託買付並ニ軍納入販賣品ノ買付等ヲナス

各縣旗農產物出廻數量統計表

康德五年十月ヨリ六年九月迄（單位ハ新滿斤トス）

縣旗名	改良大豆	黄大豆
永吉	6,799,660	310,254,515
蛟河	375,507	59,712,525
敦化	635,764	53,479,614
樺甸	102,106	55,075,815
磐石	2,553	123,373,237
伊通	8,492,166	90,505,442
雙陽	—	61,221,975
九台	5,599,432	221,106,208
長春	796,960	183,899,706
懷德	7,555,200	259,327,003
長嶺	—	2,032,726
乾安	68,332	7,260,251
扶餘	1,031,502	207,149,442
農安	420,001	48,403,132
德惠	12,570,092	11,038,442
楡樹	1,284,662	171,787,942
舒蘭	33,737	113,033,450
郭前旗	327,549	31,106,175
計	45,915,234	2,009,867,600

籾	小　麥	高　粱	包　米
51,409,584	5,148	73,102,850	36,228,444
17,472,727	32,665	897,885	4,762,841
4,028,541	784,292	—	951,272
2,024,789	—	6,509,059	7,269,401
23,552,042	9,074	23,258,926	17,736,141
2,724,730	—	33,873,378	5,624,707
9,172,038	—	22,437,809	71,869
7,500,152	578	52,889,663	4,041,475
15,889,081	4,151	106,716,494	114,818,210
3,777,042	228,840	55,773,458	30,840,333
—	1,314	8,202,543	26,125,817
—	2,938	3,168,774	6,783,001
6,545,842	20,647,774	81,655,807	44,170,895
—	3,859,536	69,311,882	102,172,185
2,342,625	218,617	82,839,787	33,171,827
1,573,733	2,604,561	24,768,705	562,772
42,632,951	—	676,074	1,980,268
14,652	400,216	18,223,420	20,647,086
191,661,191	23,799,704	664,306,434	477,783,555

穀子	小豆	大麥	青豆
1,714,170	5,219,201	—	—
103,325	6,483,205	48,311	—
80,901	1,688,064	1,104,293	3,123
224,893	—	—	—
5,740	9,219,079	49,110	3,526
—	—	—	—
—	376,187	—	—
10,013,540	4,723,565	—	—
—	9,038,550	—	—
39,479	15,318,483	163,765	390,722
4,483,943	103,356	—	633,696
2,054,103	333,509	13,093	212,601
10,441,814	—	—	26,456,338
6,664,690	22,561,564	4,788,792	—
—	6,220,988	68,591	107,680
—	3,841,649	1,034,382	3,276
—	1,969,985	—	—
6,989,161	2,341,604	—	—
52,315,765	89,443,990	7,270,337	27,810,962

其他豆類	小　麥	蕎　麥	稗　子	黍　子
—	—	—	—	—
422	—	160	—	—
641,960	—	106,778	633,272	—
—	—	—	—	—
13,933	—	1,097	1,321	—
—	—	—	—	—
—	27,919	—	40,593	—
—	—	—	—	—
—	—	—	—	—
115,816	1,068,818	65,206	11,322	—
5,962	—	1,749,240	28,707	228,583
458	137,971	79,950	—	256,597
—	—	—	—	—
—	—	635,501	—	—
—	224,632	—	—	—
—	1,252,593	—	—	—
—	—	—	—	—
50,174	934,745	418,823	—	561,054
828,725	3,646,738	3,056,755	715,215	1,046,234

陸稲	蘇子	芝麻	麻子類
—	—	—	—
—	21,156	255	1,906
—	1,890	—	—
—	10,337,839	—	—
—	674,287	—	70
23,794	—	—	—
1,199,086	—	7,944	—
—	—	—	—
3,299,987	—	—	—
61,774	50,309	946,514	262,876
—	782,077	245,453	415,958
—	—	50,164	147,937
—	—	—	—
—	902	3,531	4,788,792
5,782,964	1,138	1,964	393,211
508,585	—	—	—
—	—	—	—
6,298	3,735	255,036	1,268,932
10,882,488	11,923,833	1,510,883	7,279,682

雜米類	其　他	合　計
—	—	494,733,573
—	39,158	89,952,048
—	—	64,139,770
—	—	81,593,902
—	—	197,800,136
—	5,668,202	146,912,419
62,309	—	94,617,788
—	1,186,998	307,061,611
—	4,533,453	438,996,602
103,016	3,331,285	399,236,943
—	49,802	45,144,178
8,883	43,600	20,562,132
—	28,373,00	426,492,422
—	4,568,987	263,179,495
4,405,779	974,150	161,362,978
—	—	209,222,860
6,076	—	160,332,561
4,256	618	83,553,556
4,595,338	47,769,261	3,639,944,974

各縣旗穀物別交易數量

康徳六年十月ヨリ十二月迄（單位ハ滿新斤トス）

縣旗名	改良大豆	黄大豆
永吉	655,806	74,015,659
蛟河	—	13,870,271
敦化	115,128	8,859,338
樺甸	—	4,120,418
磐石	—	17,152,705
伊通	—	31,366,177
雙陽	8,623	20,843,168
九台	8,472,214	60,992,091
長春	2,338,448	37,325,587
懷徳	—	14,097,392
長嶺	—	—
乾安	—	1,454,463
扶餘	—	48,539,145
農安	60,842	8,401,497
徳惠	2,924,673	1,822,445
楡樹	—	84,673,442
舒蘭	3,810	18,955,563
郭前旗	—	—
計	14,629,544	446,492,411

苞　　米	高　　梁	谷　　子	小　　麥
28,590,152	16,945,865	1,409,966	—
1,773,773	1,004,979	77,592	160,546
347,542	—	8,376	350,903
1,260,146	1,134,714	18,460	—
5,757,325	10,755,763	—	1,346
2,937,371	26,918,442	—	—
—	16,998,651	—	—
1,905,642	15,544,661	219,518	—
63,110,099	15,044,956	—	1,112
17,757,873	34,933,656	—	74,625
—	—	—	—
267,194	1,322,042	715,614	—
17,373,083	11,039,249	1,857,022	933,453
37,529,596	13,488,247	442,549	1,331,162
17,259,314	7,337,946	264	67,212
—	—	—	2,121,270
55,319	97,644	—	—
—	—	—	—
196,310,219	1 2,566,815	4,749,361	4,041,629

小豆	大麥	麻子	芝麻
1,966,165	—	—	—
4,102,972	313,187	4,326	4,074
1,895,533	598,403	—	—
1,834,502	—	—	—
4,401,575	2,315	6,789	2,159
—	—	—	—
7,118	16,607	209,932	6,009
1,300,204	—	3,046,176	—
153,784	7,348	—	—
—	—	—	—
—	—	—	—
—	—	—	—
—	—	—	—
9,548,647	8,800	7,282,617	260,510
1,399,821	28,881	2,091,960	59,231
—	—	—	—
3,330,245	—	—	—
—	—	—	—
29,940,566	974,741	12,641,800	331,981

蘇子	蕎麥	其他	合計
—	—	—	123,583,613
53,847	307	45,422	21,411,296
21,728	269	1,001,352	13,198,617
391,624	—	—	8,759,864
48,036	373	1,072,085	39,200,471
—	—	6,749,381	67,971,371
7,920	254	5,840,895	43,939,175
—	—	13,853,675	105,335,181
—	—	28,862,527	146,893,861
—	—	18,519,178	85,382,724
—	—	—	—
—	—	51,034	3,810,367
—	—	32,315,100	112,441,842
86,440	1,295,272	1,601,162	81,339,571
40,501	29,311	7,639,778	40,701,337
—	—	34,037,208	120,831,920
—	—	—	22,442,581
—	—	49,331,165	49,331,165
650 096	1,325,786	200,920,012	1,085.574.961

各縣旗農事合作社穀物別買付數量表

康德六年十月ヨリ十二月迄（單位ハ滿新斤トス）

縣旗名	籾	高粱
永吉	45,257,202	1,858,837
蛟河	14,359,270	60,000
敦化	3,106,106	—
樺甸	1,134,614	—
磐石	22,429,912	—
伊通	5,612,292	—
雙陽	6,916,814	—
九台	4,359,714	8,215,812
長春	7,152,876	21,698,248
懷德	2,098,203	—
長嶺	—	—
乾安	—	—
扶餘	—	4,392,748
農安	—	5,470,112
德惠	3,218,380	11,639,643
楡樹	1,770,566	805,522
舒蘭	15,493,330	25,034
郭前旗	7,184	6,030,034
計	132,916,463	60,245,994

線　麻	煙　草	其　他	計
49.6	204,030	—	47,320,168,6
—	—	—	14,419,270
—	—	380,106	3,486,212
—	—	29,030	1,163,694
—	—	—	22,429,912
—	—	—	5,612,292
—	—	33,732	6,950,546
—	—	—	12,575,526
—	—	—	28,851,124
—	—	10,935,381	13,033,534
—	—	—	—
—	—	—	—
—	—	419,172	8,533,920
—	—	—	5,470,112
—	—	478,354	15,336,377
—	—	132,174	2,703,262
—	—	—	15,518,364
—	—	2,147,852	8,235,047
49.6	204,080	18,327,851	211,694,437,6

各縣旗實行合作社一覽表

康德六年十二月現在

縣　旗　名	實行合作社數	社員數
永吉	310	31,193
蛟河	116	7,591
敦化	39	47,000
樺甸	66	18,760
磐石	349	15,700
伊通	164	51,221
雙陽	169	8,571
九臺	32	19,505
長春	874	49,342
懷德	329	30,643
長嶺	5	322
乾安	9	264
扶餘	202	16,391
農安	171	38,532
德惠	150	26,483
榆樹	507	82,380
舒蘭	13	31,881
郭前旗	16	1,956
計	**3,521**	**477,735**

二荒地復興事業

概　要

一、目　的

二荒地ヲ復興シ地方産業ヲ開發シ民力ヲ涵養シ併セテ縣財政ノ確立ニ資ス

二、復興辦法

吉林省二荒地復興辦法ニ依ル

三、實施縣及地域

蛟河、敦化、磐石、舒蘭、樺甸、伊通ノ六縣下ノ集團部落附近ノ二荒地トス

四、實施時期及期間

康德三年及四年度ヨリ各三ケ年

五、復興資金貸付及回收方法

生産要素タル役畜種子農具ヲ主トシ若干食糧ヲ現物貸與ヲ原則トシ回收ニ付テハ貸與セシ現物ノ時價ニ利子ヲ加算セリ

復　興　概　況

項目　年度別	縣別	磐石
屯数	3	100屯
	4	192〃
	計	302〃
借款借會	3	43會
	4	82〃
	計	125〃
戸数	3	1,100戸
	4	1,855〃
	計	2,955〃
人口	3	5,800人
	4	8,420〃
	計	14,220〃
地主数	3	750人
	4	1,300〃
	計	2.050〃
復興垧数	3	6,771,00晌
	4	12,885,00〃
	計	19,656,00〃
一戸當復興垧数	3	6,15晌
	4	7,00〃
	計	兩年平均　6,6[illegible]〃
二他地面積	3	141,000,00晌
	4	80,000,00〃
	5	50,000,00〃
	未	6,0[illegible]0,00〃
自然復興二荒地面積	3	54,300,00晌
	5	18,000,00〃
	4	44,000,00〃
	未	―

伊通	教化
（甲）8	36
5	44
13	80
8	23
5	29
13	52
199	437
194	457
393	891
1,342	2,015
1,140	2,715
2,482	4,730
187	333
201	380
388	713
2,897.00	2,893.00
2,299.00	3,700.00
5,196.00	6,593.00
14.60	6.66
11.85	8.09
13.22	7.38
20,979.00	12,300.00
14,266.00	9,057.00
4,159.00	4,650.00
—	1,400.00
3,796.00	350.00
7,828.00	767.00
3,783.00	3,250.00
—	—

蛟河	樺甸	舒蘭
65	53	86
138	84	33
213	**137**	**119**
52	28	74
68	45	28
120	**73**	**102**
982	464	1,585
818	573	279
1,800	**1,037**	**1,864**
6,394	3,424	10,935
5,199	3,986	1,973
11,593	**7,410**	**12,908**
579	292	1,472
519	214	216
1,098	**566**	**1,688**
3,700.00	2,498.42	7,530.45
4,100.00	3,807.62	1,496.60
7,800.00	**9,306.04**	**9,027.05**
3.77	5.41	4.75
5.00	6.45	5.04
4.33	**6.00**	**47.96**
34,927.00	15,272.20	22,455.50
31,122.00	16,522.01	14,925.00
25,772.00	—	13,429.00
24,400.00	20,758.39	12,476.00
105.00	3,249.00	—
1,250.00	7,067.37	384.00
1,372.00	—	569.00
—	—	—

合計	平均
—	—
—	—
—	—
228	38
257	43
485	81
4,764	794
4,171	696
8,940	1,490
39,920	4,987
23,433	3,905.5
53,343	8,890.5
3,613	902
2,830	463
6,443	1,074
26,359.87	4,534.645
28,288.22	4,714.70
54,578.09	9,091.35
—	—
—	—
—	—
245,633.70	41,155.60
165,912.01	27,652.00
98,010.00	16,335.00
65,034.39	10,839.065
61,800.00	10,899.00
35,296.37	5,882.73
52,974.00	8,829.00
—	—

起債及償還狀況

項別	年度別＼縣別	磐石	伊通
起債額	3	115,000.00	75,000.00
	4	220,500.00	26,000.00
	計	335,500.00	101,000.00
	起債月日	3.3.4. 3.6.1. 4.3.6. 4.3.29	3.3.16 4.5.3.
償還額	3	115,000.00	75,000.00
	4	135,000.00	13,000.00
	計	250,500.00	88,000.00
	償還金ノ出所 内譯	康三ノ中13,50000圓小作料ヨリ立替、康四ノ償還ハ貸付回收金ニテ償還セリ	貸付回收金ニテ償還セリ
未償還額	3	—	—
	4	85,000.00	13,000.00
	計	85,000.00	13,000.00
	備考		
起債利率	3	年利 0,065	0,055
	4	〃 0,05	0,05

敦化	蛟河	樺甸
32,500.00 55,000.00 87,500,00	40,000.00 61,500.00 101,500.00	45,000.00 72,000.00 117,000.00
3.3,17 4.4.21 4.4.6.	3.3.14 4.2.2. 4.4.14	
32,500.00 55,000.00 87,500.00	40,000.00 61,500.00 101,500.00	45,000.00 44,000.00 89,000.00
償還金ノ中小作料ヨリ24,000,00圓縣費ヨリ18,782,5圓ヲ立替セリ	貸付回收金及小作料ニテ償還セリ	貸付金回收ト小作料ニテ償還セリ
— — —	— — —	— 28,000.00 28,000.00
0,065 0,06	0,055 0,06	0,065 0,06

舒蘭	合計	平均
92,500.00 43,500.00 136,000.00	400,000.00 478,500.00 878,500.00	66,666.66 79,750.00 146,416.66
92,500.00 21,750.00 114,250.00	400,000.00 330,750.00 730,750.00	66,666.66 55,125.00 121,791.66
康三ハ貸付回收金 康四ハ貸付回收金 ト小作料ニテ立替 償還セリ		
— 21,750.00 21,750.00	— 147,750.00 147,750.00	— 24,625.00 24,625.00
0,055 0,06	— —	— —

貸　付　金

項別＼年度別＼縣別		磐石	伊通
貸付額	3	114,930.90	37,194.04
	4	220,173.23	25,426.94
	計	335,104.13	62,620.98
一戸當平均貸付額	3	104.50	186.90
	4	122.00	131.06
	平均	113.25	158.98
一晌當平均貸付額	3	15.00	11.54
	4	15.00	11.06
	平均	15.00	11.30
貸付金回收金額	3	76,830.75	25,431.16
	4	118,297.84	8,585.29
	計	195,128.59	34,016.45
貸付金未回收金額	3	38,100.15	11,762.88
	4	101,875.39	16,841.65
	計	139,975.54	28,604.53
貸付金利率	3	年利　0.18	月利　0.0[illegible]
	4	〃　0.18	〃　0.0[illegible]

同　利　子

敦化	蛟河	樺甸
24,058.83	39,037.60	32,476.51
49,479.46	61,500.00	57,116.87
73,533.29	100,557.60	89,584.38
55.43	39.80	70.73
103.27	75.18	96.78
82.53	55.88	85.35
8.32	10.56	13.05
13.37	15.00	14.09
11.95	12.78	14.23
15,640.30	38,912.41	23,860.03
30,745.61	51,056.75	27,838.95
46,385.91	89,979.16	51,698.98
8,418.53	183.43	8,607.48
18,733.87	10,622.35	29,277.92
27,152.40	10,806.2	37,885.40
年利 0.10	月利 0.01	月利 0.01
〃 0.10	〃 0.0	〃 0.012

舒　蘭	合　計	平　均
78,963.93	326,702.60	54,450.47
16,812.53	430,509.08	71,751.51
95,776.56	757,211.88	126,201.98
	—	—
	—	—
	—	—
10.48	—	—
11.23	—	—
10.66	—	—
58,835.66	239,510.31	39,918.39
14,025.20	250,559.64	41,759.94
72,860.86	490,069.95	81,678.33
20,128.27	87,201.24	14,533.54
2,787.38	180,138.56	30,023.09
22,915.65	267,339.80	44,556.63
年利　0.15	—	—
〃　0.15	—	—

吉林省內林野管轄區域一覽表

康德六年十二月一日現在

舊管轄區域		林野機構改革ニ伴フ新管轄區域	
營林署名	管轄區域	重要林野地區林野局	地方管轄林野(吉林省)地區
朝陽鎭	伊通、懷德、長嶺各縣全域		伊通、懷德、長嶺
敦化	敦化縣、蛟河縣ノ一東部(珠爾多河馬鹿河、威虎河、拉林河上流)樺甸縣ノ東一部(富爾河、古洞河右岸)	敦化、蛟河、	
樺甸	磐石縣、樺甸縣西大部(松花江上流)	樺甸	磐石
吉林	永吉、九台、雙陽、長春、農安、扶餘、乾安、德惠ノ各縣全域、吉林市郭爾羅斯前旗蛟河縣ノ西半部(蛟河流域)		永吉、九台、雙陽長春、農安、扶餘乾安、德惠、吉林市、郭爾羅斯前旗
五常	舒蘭、楡樹、蛟河縣東北一部(拉林河上流)	舒蘭	楡樹

省內各縣旗

縣旗名	所在地	設置年月日	面積 陌	地勢
永吉縣	莧登站	6.2.1	4.00	平坦
蛟河縣	蛟河	6.5.15	5.75	平坦
敦化縣	五間房	6.4.1	5.00	平坦
樺甸縣	官房廠	6.4.1	5.24	平坦
磐石縣	大楡樹	—	5.00	平坦
伊通縣	東營子	—	5.00	平坦
雙陽縣	雙陽街	5.9.1	1.22	平坦
九台縣	東北門外	—	18.85	
長春縣	唐家營子	5.4.20	14.72	平坦
懷德縣	南門外	5.5.1	5.97	平坦
長嶺縣	五家屯	—	5.00	平坦
乾安縣	西門外	4.5.18	5.00	平坦
扶餘縣	八家子	6.4.	5.00	平坦
農安縣	三里橋屯	5.3.20	6.00	平坦
德惠縣	德惠	6.3.15	8.00	平坦
楡樹縣	南門外	5.3.1	7.00	平坦
舒蘭縣	四家房	6.4.1	5.00	傾斜
郭前旗	郭前旗	5.5.23	5.00	平坦
計		—	120.73	—

苗圃一覽表

康德七年三月一日現在

土質	縣城ヨリノ距離KM	事務所及倉庫	井戸數	備考
砂質壤土	30	—	1	
砂質	2	—	2	
土	4	12	2	
砂質壤土	2	65	1	
壤質土	2	35	1	
粘質壤土	2	—	1	
砂質壤土	2	50	1	
	—	—	2	内移動苗圃 3.85
壤土	10	2棟	—	
粘質土	15	2棟	1	
砂質	15	1棟	2	
砂質	2	2棟	2	
粘質	—	1棟	3	
粘質	16	1棟	2	
砂質	12	1棟	2	
粘土質	15	1棟	2	
砂質	16	—	—	
壤土	13		8	
	—	—	—	

康德六年度縣別

市縣名	樹種	播種數量（ℓ）	播種面積（m²）
永吉縣	クルミ外23種	1,456	6,035
蛟河縣	クルミ外18種	1,164	11,600
敦化縣	クルミ外16種	1,680	13,104
樺甸縣	クルミ外11種	969	2,879
磐石縣	クルミ外15種	1,082	7,950
伊通縣	クルミ外18種	7,300	3,410
雙陽縣	クルミ外19種	1,388	8,040
九台縣	クルミ外20種	2,733	20,197
長春縣	クルミ外23種	3,293	19,112
懷德縣	クルミ外16種	2,238	11,045
長嶺縣	クルミ外17種	—	3,610
乾安縣	クルミ外14種	—	14,830
扶餘縣	クルミ外 7種	1,785	175,659
農安縣	クルミ外10種	3,702	13,634
德惠縣	クルミ外13種	673	4,140
楡樹縣	クルミ外20種	9,608	20,184
舒蘭縣	クルミ外16種	2,025	10,246
郭前旗	クルミ外13種	2,610	11,635
計		—	—

苗圃事業一覽表

生產本數	山出本數	床替本數	据置本數	其　　他
219,545	—	—	219,475	据置本數ノ内七年度山出可能ノ分ハ假植濟トス
391,146	—	391,146	—	
755,570	176,510	88,000	127,020	
268,605	—	237,105	31,500	不足數不良苗ノタメ燒却
531,590	283,590	180,000	68,000	
232,792	188,852	42,430	1,510	
862,975	248,495	376,000	23,848	
1,212,567	126,289	1,084,678	1,600	山出及床替ハ七年度春トス
1,204,620	964,760	49,970	186,890	
634,120	—	85,900	—	七年度山出見込301,580 他不良苗
81,610	59,340	22,270	—	
484,360	276,560	193,200	75,000	
186,649	—	85,910	—	
1,192,120	114,140	50,720	—	
249,760	—	—	4,240	
1,827,997	1,962,707	—	135,290	
—	1,271,400	65,100	—	
415,131	314,578	87,553	13,000	計省略
—	—	—	—	

康德六年度苗圃事

樹　種　名	播種數量(ℓ)	播種面積(m2)	發芽率%	生產本數
クルミ	9,078	13,743	—	87,877
シナノキ	110	552	—	—
クヌキ	3,042	3,058	65	81,150
トネリコ	784	3,224	60	359,910
イタチハギ	1,227	7,145	55	907,226
ネクントカヘデ	2,677	6,705	70	198,340
ペキンモモ	214	350	55	5,837
イタヤ	3,405	10,612	58	311,745
クロマツ	150	4,625	66	424,730
アカマツ	45	750	60	142,850
アンズ	483	585	50	2,826
カラマツ	169	2,484	22	51,150
コバタゴ	71	885	36	6,420
アカシヤ	86	1,764	70	95,914
シナサワクルミ	1,092	4,198	72	236,830
テウセンマツ	44	88	—	15
クリ	94	190	—	185
シラカバ	1,177	2,897	—	73,040
ニレ	10,940	73,658	80	5,272,025
ドロ	223	10,035	50	333,550

業樹種別一覽表

當年度山出本數	床替本數	据置本數	備考
46,317	7,500	8,900	7年度山出24,260不良苗900
—	—	—	種子不良ノタメ發芽ナシ
25,800	29,350	20,200	不良苗5,800
6,900	275,590	76,420	不良苗1,000
473,884	255,582	35,000	7年度山出109,100不良苗33,660
126,120	22	3,150	
3,684	119,560	620	7年度山出9,250不良苗600
136,447	206,190	16,200	7年度 ,501不良苗10
—	62,150	209,140	年度山出27,538不良苗1200
—	65	78,200	不良苗9,400
1,170	1,850	170	不良苗2,500
—	1,980	49,300	年度山出1,400不良苗21
3,500	12,100	940	
58,464	102,760	25,350	
107,020	—	22,050	7年度山出4,500不良苗500
—	33	75	
73	—	—	7年度山出70不良苗9
1,040	740,095	72,000	年度山出157,100不良苗135,900
4,090,780	152,050	148,150	
87,260	—	11,310	7年度山出2,450不良苗80,480

樹種名	播種數量	播種面積	發芽率	生産本數
ハシドイ	2	31	5	500
マルバハギ	134	1,689	55	72,135
滿洲カヘデ	189	7,464	30	17,000
ヤチダモ	351	2,209	30	74,160
ハンノキ	292	559	—	3,600
ナラ	222	11,638	55	117,644
キササゲ	388	410	60	24,291
ナナカマド	17	130	—	18,000
クロカンバ	2	40	—	6,560
キハダ	341	2,629	70	291,565
ダフリカカラマツ	220	1,650	—	32,760
ヤマナラシ	24	6,000	—	300,000
クロツバラ	15	30	96	5,850
奉天クロマツ	44	810	60	6,900
計	373,355	182,910	—	9,562,585

當年度山出本數	床替本數	据置本數	備　考
—	—	500	
59,610	12,525	—	
—	17,000	—	
35,500	11,400	26,460	不良苗 800
3,600	—	—	枯死セルモノ多シ
38,900	56,944	12,500	不良苗 9,300
10,930	13,361	—	
—	7,500	—	不良苗 10,500
—	—	6,560	
44,450	247,115	—	
—	7,000	25,760	
—	54,500	—	90%枯死
—	5,850	—	
—	2,720	4,180	
5,361,449	2,456,012	853,135	舒蘭雙陽德惠縣ヲ除ク

康德六年度造林事

作業別	樹種別	施業本數
新植	ナラ	57,614
	ドロ	154,250
	イタチハギ	172,066
	カラマツ	30,000
	ネクンドカヘデ	221,745
	ニレ	643,835
	クルミ	5,667
	シナサワクルミ	9,000
	キハダ	10,160
	ヤナギ	30,400
	コノデカシワ	1,500
	ヤチダモ	9,767
	ニセアカシヤ	22,081
	イタカヘデ	43,550
	ヤマナラシ	1,000
	ヤマハギ	1,000
	マルバハギ	5,000
	モレ外5	175,868
	ナラ外4	255,000
計		**1,849,495**
天然林撫育	ナラ	79,200
	ナラカンバ其他	
	トネリコナラ其他	
計		**79,200**
挿木	ドロ	1,283,581
	ヤナギ	302,300
計		**1,585,881**
直播	マンシユウクルミ	2,916
	ナラ	2,565
計		**5,481**

業樹種別集計數

施業面積	備　考
32.51	永吉敦化九台長春
32.14	永吉長春懷德
34.71	永吉敦化九台長春懷德長嶺乾安
10.00	雙陽
64.76	九台長嶺楡樹伊通
187.77	九台長春懷德乾安扶餘楡樹長嶺
1.44	九台
1.88	九台長嶺
2.48	九臺長春
4.55	九臺長春
1.50	九臺
2.63	九臺長春
3.55	九臺長春長嶺
3.16	長春長嶺
0.22	長春
0.22	長春
1.12	長春
20.00	農安
85.00	雙陽
787.6	
15.00	樺甸
14.17	九臺
100.00	伊通
187,17	
561.52	伊通長春懷德長嶺乾安農安郭前旗
138.64	懷德楡樹郭前旗磐石伊通
700.16	
12.00	伊通
27.00	
39.00	

康徳六年度縣旗別

市縣名	樹種	作業別	施業本數
永吉縣	ナラ外 3種	新植	151,750
蛟河縣			—
敦化縣	ナラ外 7種	新植	24,470
樺甸縣	ナラ	撫育	79,200
磐石縣	クルミ	直播	2,700
伊通縣	ナラ外 8種	新植其他	110,450
			2,781
雙陽縣	ナラ外 7種	新植挿木	288,000
九台縣	ナラ外10種	新植	359,410
長春縣	ナラ外19種	新植挿木	156,190
懐徳縣	ドロ外 3種	新植挿木	270,200
長嶺縣	ドロ外 3種	新植挿木	511,381
乾安縣	ニレ外 2種	新植	307,032
扶餘縣	ニレ		57,500
農安縣	ニレ其他	新植挿木	496,300
徳惠縣			—
楡樹縣	ニレ外 2種	新植挿木	330,000
舒蘭縣			—
郭前旗	ドロヤナギ	挿木	450,000

造林事業一覧表

施業面積 陌	摘　要
34	下刈手入 1回
—	
10	下刈草 [illegible]回
15	
9	
165	2,781 立ハナラクルミ直播
96	
96.54	其他自然林ノ撫育1,4171陌
41.50	撫育 2回
59.24	
302.85	
74.34	撫育 1回
5.07	
55	
—	
1.10	
—	
1.50	

康德六年度母樹

市縣名	設定個所	設定面積 陌
吉林市		—
永吉縣		—
蛟河縣		—
敦化縣		—
樺甸縣		—
磐石縣		—
伊通縣	哈福村	3.03
雙陽縣		—
九台縣		3.80
長春縣	八間另外2	2.71
懷德縣		—
長嶺縣		—
乾安縣	乾安街	7.27
扶餘縣		—
農安縣	興隆鎮	17.00
德惠縣		—
榆樹縣		—
舒蘭縣		—
郭前旗		—
計		22.78

林造成一覽表

設定經費 圓	施業樹種	本數 本
—		—
—		—
—		—
—		—
—		—
—		—
—	ドロ	100
—		—
38	ドロヤナギ	55,800
136	ドロノキ	12,170
—		—
—		—
125	ドロ	40,000
—		—
1,060	ドロ	136,000
—	〃	—
—		—
—		—
—		—
1,359		244,070

各市縣旗商工

其一

市縣旗別	所在地 本部	所在地 分事務所
吉林市	吉林市	
永吉縣	樺皮廠	烏拉街
		岔路河
		缸窰
		口前
		吉林（預定）
蛟河縣	蛟河街	新站街
		額穆索
敦化縣	敦化街	
樺甸縣	樺甸街	
磐石縣	磐石街	煙筒山街
伊通縣	伊通街	二十家子
		赫爾蘇
		泉頭
雙陽縣	雙陽街	新安堡
		劉家店
		燒鍋街
舒蘭縣	舒蘭縣城	
九臺縣	九臺街	上河灣
懷德縣	公主嶺街	范家屯
		懷德城
		楊城村

公會一覽表

地　　域
吉林市、哈達灣 大風門、東閣山子、大紅旗屯大屯（預定）樺皮廠、孤店子、九站、兩家子、太平村、額赫穆、烏拉街、岔路河、一拉溪、大綏河、缸窰、口前、官馬山雙河鎮
蛟河街、新站街、額穆索
敦化街
樺甸街
磐石街、煙筒山街
伊通街、營城子、伊爾丹、大孤山、樂山鎭、景家台、二十家子、葦山鎭、赫爾蘇、火石嶺子、泉頭四台子、大南屯、蓮花街、下二台、小孤山、葉赫鎭
雙陽街、新安堡、劉家店、燒鍋街
舒蘭縣城、法特哈門、白旗屯、溪浪河、四家房街小城子、平安站、水曲柳站、水曲柳崗、新立鎭
九台街、營城子、火石嶺子、上河灣、其塔、木沐石河、波泥河子、雙廟子、西營城子、葦子溝、二道溝、龍家堡、飲馬河、布海站、土們嶺、控鋼溝
公主嶺街、范家屯、懷德城、楊城村、黑林村

各市縣旗商工

其二

市縣旗	所在地 本部	所在地 分事務所
長春縣	大屯	卡倫 墨沙子 雙城堡
農安縣	農安街	伏龍泉 哈爾海 萬山屯
扶餘縣	扶餘街 三岔河街	長春嶺 陶賴昭 五家站
楡樹縣	楡樹縣城	五棵樹 弓棚子 大新立屯 泗河城
德惠縣	德惠街	
乾安縣	乾安街	
前郭旗	前郭旗	
吉林省	吉林市	
合計	二〇	三一

備考　長嶺縣ハ本年度設立豫定

三六九

公會一覽表

地域
大屯、新立城、少合隆、燒鍋店、卡倫、米沙子、萬寶山、朱家城子、鮑家溝、雙城堡、(萬寶山站豫定)
農安街、伏龍泉、三盛玉、巴吉壘、哈拉海、高家店、華山屯、三盛永
扶餘街、長春嶺村及其一帶
三岔河街、陶賴昭、蔡家溝、楡樹溝、集廠、小弓棚子、五家站
楡樹縣城、五棵樹、弓棚子、大新立屯、泗河城
德惠街、城子街、郭家屯、大房身、達家溝、松花江
乾安街、陽字井
前郭旗、新廟站、王府屯

本省各商工公會會員數一覽表

康德七年度

商工會名	一般會員	法人會員	特別會員	計
吉林市	2,065	114	5	2,184
永吉	1,035	12	1	1,048
蛟河	794	18	1	813
敦化	557	28	3	588
樺甸	504	2	2	508
磐石	614	12	3	629
伊通	550	8	1	559
雙陽	466	3	1	470
九台	671	27	2	700
長春	432	14	1	447
懷德	1,408	38	2	1,448
乾安	105	1	1	107
扶餘	871	9	2	882
農安	662	7	2	671
德惠	553	18	1	572
楡樹	819	3	2	824
舒蘭	557	3	1	561
郭前旗	176	6	1	183
三岔河	572	14	2	588
総計	13,411	337	34	13,782

松花江水力發電事業

1.　松花江水力發電計畫概要

A. 堰堤位置	吉林市ヨリ上流24粁、吉林省永吉縣大豐滿
B. 河川	
水系	第二松花江
流域面積	43,000平方粁
最大洪水量毎秒	10,000立方米
年平均流出量毎秒	500立方米
渇水量毎秒	40立方米
C. 堰堤	
構造	重力式凝土造
總高	81米
長サ	1,100米
コンクリート容積	190万立方米
D. 貯水池	
長サ	170粁
周圍	2,000粁
滿水位標高	263,50米
最大水深	74米

	面　　　積	5.55 平方粁
	總貯水容量	110 億立米
	有效貯容量	72 億立米
E.	發電機及水車	
	第一次計畫	360,000キロワット(60,000キロワット6台
	第二次計畫	240,000キロワット(60,000キロワット4台
	合　　　計	600,000キロワット
	平均有效落差	65米
	平均使用水每秒	515立米
F.	發　電　力	
	年生電力量	2,600,000,000キロワット時
G.	工　　　期	
	第一次設備	康徳4年起工康徳?年竣工豫定
	第二次設備	康徳9年以降擴張
H.	事　業　費	
	總　　　計	100,000,000圓

水沒地各縣別地目別面積一覽表

縣別 地目	樺甸	蛟河	永吉	合計
	晌	晌	晌	晌
宅地	285.90	249.96	258.84	794.70
旱田	4,896.80	7,393.57	11,578.67	23,869.04
水田	222.01	1,478.70	1,018.11	2,953.82
山荒	4,767.62	3,847.73	12,215.78	20,831.13
原野	1,232.93	2,842.39	1,397.64	5,472.96
濕地	239.21	415.60	191.20	846.01
第一種雜地	1,364.50	1,298.60	1,211.30	3,874.40
林地	11.57	—	—	11.57
社寺廟地	0.55	1.34	0.91	2.80
墓地	28.47	140.13	206.42	375.02
計	13,049.56	17,903.02	28,078.87	59,056.45

2. 本計畫ノ効果

A. 治　水

本計畫ハ松花江根本治水ノ計畫ノ一部ニシテ本貯水池ニ割當テタル調節機能ヲ達成セシムルコトヲ得本江下流部ヲ直接的影響トシテ吉林ヨリ下流京賓線ニ至ル區間ニ於テ14万町步水害ヲ除去シ荒蕪地ヲ化シテ肥沃ナル農耕地ト化シ在來農法ヲ以テシテ尙年 220餘万圓ノ增收ヲ豫想セシム

B. 水　利

上述蒙利面積改良計畫ヲ研究スルニ工事費1,700 万圓ヲ以テセバ新ニ水田72,000町歩ヲ開拓シテ年額1,320 万圓ノ出産増ト一万戸ノ日本開拓民ノ移殖ヲ期待シ得第二松花江ノ水運ハ從來扶餘附近ノ淺瀨ニ阻害セラレ發達セザリシモノナルガ在工事架成後ハ流心固定シテ航路維持容易トナリ流量平均ニヨル平均水深ノ増加ト伴ツテ松花江本流ニ就航ＩＣ大型流航及バーヂーヲ容易ニ吉林迄溯航セシメ得ベシ結氷期ヲ遲延シ解氷期ヲ促進シテ全面的ニ松花江ノ水運ヲ助長セシム貯水池面ノ利用即チ170 粁ニ至ル長小路ノ造成漁業ノ發達遊覽的施設ニ依ル觀光客ノ誘致貯水池周邊山地植林業促進ヲ誘起セシム

松花江水力電氣建設ニ伴フ水沒地內戸數人口

縣　　名	樺甸縣	永吉縣	蛟河縣	合　計
部落計	60	40	53	153
戸　數	2,722	3,101	2,123	7.946
人口數	17,235	20,261	14,046	51.542

備考　地上物件公共施設アル部落ノミヲ計上シメルモノニシテ地上物件ナク土地ノミ水沒スル部落ハ計上セズ

三六三

開　　拓

開拓事業概況

1.　用地整備

本省ニ於テハ康德五年度迄ニ敦化、蛟河、舒蘭、磐石、樺甸ノ五縣ヲ通ジ集團開拓用地トシテ約一三二萬陌ヲ整備完了シ且各地ニ散在スル集合開拓用地一六地區約六萬七千陌、自警村用地七地區約四千陌ヲ整備完了シタルヲ加ヘ康德六年末ニ於ル日本內地人開拓用地ハ一三四萬陌ヲ算スルニ至レリ

尙康德六年ニ於テハ八月中旬ヨリ扶餘、德惠農安、磐石ノ四縣ニ於ル未利用地約二五萬四千陌ノ整備ニ着手シ目下實施中ナリ

2.　開拓民植入

イ　日本內地人開拓民

本省ニ於ケル集團開拓團ノ入植民康德六年度第七次開拓團（四個集團九〇〇戸豫定）本隊ノ入植ヲ開始シテヨリ建設順調ニ涉リタルモ煙筒山ヲ除キタル各團ハ各各豫定戸數ニ數達セズ計劃戸數九〇〇戸ノ處現在七八三戸（一、三六四人）ナリ

第八次ハ二個團入植シ概ネ計畫通リ建設進行中ニシテ本年度ニ於テ本隊ノ大部分入植ノ豫定ナリ（二個團五〇〇戸入植豫定ノトコロ先遣隊一〇三入入植）

第九次ハ四個集團ノ入植ヲ豫定シ本年二月早々先遣隊入植ノ見込ナリ

集合開拓組合ハ本省ノ地理的條件ヨリシテ斯種開拓民ノ入植多ク其ノ數二〇組合ニシテ入植豫定戸數ハ一、八四四戸現ニ入植ヲ完了セルモノ四九二戸一、三九五人ナリ

其ノ他鐵道自警村七ケ所（一五九戸五一七人）設置セラレ青年義勇隊訓練所ハ康德六年一月敦化縣大石頭ニ一、五〇〇人收容ノ乙種訓練所設置サレ康德六年中ニ入植完了シ又康德六年十二月永吉縣哈達灣ニ五〇〇名收容ノ丙種訓練所ヲ設置シ吉林人造石油會社之ガ指導訓練ニ當リ主トシテ特殊技術者ノ養成ヲ目的トス

鐵道自警村訓練所ハ既ニ設置サレタルモノ四ケ所收容豫定數一、一〇〇名現在一、〇六二名アリ各訓練所共宿舍其他各種施設モ康德

六年中ニ大体完了シ本年度ニ於テ蛟河縣ニ二ケ所増設ノ豫定ニシテ關係機關ニテ入植地域ノ詮衡中ナリ

以上ヲ要スルニ本省ニ於テハ既入植ノモノ開拓民戸數ハ一、六〇九戸三、四五三人訓練所五ケ所訓練生二、五六二人ニシテ康德七年度ノ計劃ニカカルモノ集團開拓團四ケ團八〇〇戸（磐石縣驛馬、報馬、舒蘭縣上金馬川、下金馬川ノ集合開拓組合七ケ所六八〇戸ニシテ康德七年末ニ於テハ約二、六〇〇戸八、〇〇〇餘人訓練生三、五〇〇人ニ達スルモノト思料セラル

ロ　鮮農開拓民

本省ニハ既住鮮農一八三〇〇戸約九萬七千人アリ此ノ中約二割ハ生活ノ基礎薄弱ニシテ浮動性多ク從ツテ本省ニ於ケル鮮農輔導ノ重點ハ此等浮動鮮農ノ安定指導ニ指向サレ康德六年末迄ニ於ケル自作農創定戸數ハ一、三四五戸ニ達セリ

本省ニ於ケル鮮農集團開拓民ハ康德六年度ニ於テ懷德三四四戸一、七九一人磐石六四戸

三九二人計四〇八戸二、一八三人ニ及ベリ又集合開拓民ハ康德六年度ニ於テ五地區一二四戸六一九人ニシテ其ノ他分散開拓民ノ中込戸數二、一〇〇餘戸トナリ其ノ三割約六〇〇戸ノ入植ヲ見タリ

尙康德六年十一月永吉縣江密峰ニ滿鮮拓植訓練所開所サレ目下幹部訓練實施中ニシテ本年度ニ於テハ幹部七〇人靑年二〇〇人（一期一〇〇人）ヲ訓練スル豫定ナリ

3.　內國民開拓助成事業

日本內地人開拓地區內原住民ニシテ康德六年入植セルモノ樺甸、蛟河、舒蘭ノ三縣ヲ通ジ滿農七一三戸鮮農四〇六戸計一、一一九戸（コノ中任意移轉者滿農二七七戸鮮農一八六戸計四六三戸）ニシテ目下換地先ニ於テ家屋ノ建設ト農耕ニ從事中ナリ

尙鴨綠江水沒地區內原住滿農三〇〇戸ハ乾安長嶺ノ二縣ニ各々一五〇戸入植セシムルモノニシテ其ノ先遣隊ハ八月上旬入植シ十二月六日ヨリ本隊入植ヲ開始シ乾安縣一五〇戸七九一人長嶺縣ハ豫定戸數ニ達セス九三戸四五五人入植セ

リ

康德七年ニ於ケル要移轉戸數ハ樺甸、蛟河、舒蘭、永吉、懷德ノ諸縣ヲ通ジ約二、〇〇〇戸（滿農一、二〇〇戸鮮農八〇〇戸）ニシテ之ガ安定策ニシテ內國民開拓助成事業ニ基キ定着ニ要スル資金ハ國庫ヨリ之ヲ融資シ年賦償還ニ依リ夫々自作農トナルモノニシテ主トシテ未利用地帶ヲ開發セシム

開拓用地整備概況

日本内地人集團開拓用地整備面積表

縣名	整備委員會結成日	買收完了面積
		陌
敦化縣	康 4. 8. 9	181,010
蛟河縣	康 4. 8.11	252,790
樺甸縣	康 4.11. 4	505,219
舒蘭縣	康 4.11·10	320,129
磐石縣	康 4.11.20	66,800
計		1,325,948

日本内地人開拓用地整備面積表

縣名	地區數	買收完了面積
		陌
永吉縣	3	353
蛟河縣	3	4,907
磐石縣	4	1,158
懷德縣	4	1,567
懷嶺縣	1	58,487
舒蘭縣	1	195
計	16	66,667

鐵道自警村用地整備面積表

縣名	地區數	買收完了面積
		陌
永吉縣	1	441
蛟河縣	2	2,347
磐石縣	3	804
舒蘭縣	1	605
計	7	4,197

未利用地整備面積表

縣名	整備面積	現住民	
		滿農	鮮農
	陌	戶	戶
德惠縣	53,980	4,031	—
扶餘縣	106,299	3,269	372
農安縣	91,219	2,392	—
磐石縣	2,860	—	—
計	254,358	9,742	372

鮮農集團開拓用地整備面積表

縣名	買收豫定面積	買收完了面積	入植可能戸數	摘要
	陌	陌	戸	
懐徳縣	5,637	5,601	540	既入植濟五家子農場
磐石縣	1,826	1,826	120	八棵樹農場
敦化縣	4,792	1,852	500	馬號
〃（舊樺甸）	2,787	673	1,000	大蒲柴河地區
計	15,042	9,952	2,160	

鮮農集合開拓用地整備面積表

縣名	地區數	買收完了面積	入植可能戸數	摘要
		陌	戸	
磐石縣	1	84	13	既入植濟大窩棚
懐徳縣	1	327	60	〃楊大城子
永吉縣	1	71	13	〃大五家子
九台縣	1	16	4	〃金嶺村
計	4	498	90	

日本内地人開拓民入植概況

第七次日本内地人

入植縣名	入植地名	入植豫定戸數
樺甸縣	八道河子	300
磐石縣	小心頂子	200
蛟河縣	黑石屯	200
舒蘭縣	四家房	200
計		900

第八次日本内地人

入植縣名	入植地名	入植豫定戸數
磐石縣	興隆川	戸 200
蛟河縣	靑溝子	300
計	二地區	500

集團開拓團狀況表

十二月現在入植戶數		出身府縣名
戶數	人口	
261	357	東京、栃木、山梨、神奈川、千葉
203	215	群馬縣
147	185	京都、滋賀、三重、奈良、和歌山
172	607	大阪、長野縣
783	1,364	

集團開拓團狀況表

先遣隊入植數 人	出身府縣名
51	東京府（小河內）
52	奈良、和歌山
103	

第九次日本內地人

入植縣名	入植地名	入植豫定戸數
		戸
磐石縣	驛馬	200
	報馬	200
舒蘭縣	上金馬川	200
	下金馬川	200
計	四地區	800

日本內地人集合開

其一

縣名	名稱
永吉縣	雙河鎭開拓組合
	孤舖子開拓組合
	江密峰開拓組合
蛟河縣	新潟開拓組合
	拉法開拓組合
敦化縣	義州開拓組合
舒蘭縣	水曲柳開拓組合
	福島開拓組合
	四合屯開拓組合
	十勝開拓組合

集團開拓團狀況表

先遣隊入植數	先遣隊訓練委託先
人	
28	海　倫（群馬縣單位）
14	〃　（群馬縣相馬村）
18	第二次（廣島縣世羅村）
12	六人班（山口縣桑根村）
72	

拓民入植狀況表

入植地區名	計劃戸數	五月末現在戸口		耕地面積
		戸數	人口	
	戸	戸	人	陌
雙河鎭	30	19	83	217
孤舗子	30	22	74	217
江密峰	30	19	50	217
烏林屯	60	60	194	624
拉法	100	55	189	1,000
大石頭	150	11	12	1,800
水曲柳	304	79	259	2,196
謝家窩堡	50	22	43	400
四合屯	50	38	86	900
平安屯	30	25	88	240

日本内地人集合開

其二

縣名	名稱
舒蘭縣	平安開拓組合
〃	大陸郡上開拓組合
磐石縣	隼人村開拓組合
〃	大黒山開拓組合
〃	常盤開拓組合
〃	秋田開拓組合
懷德縣	公主嶺山路鄉開拓組合
〃	和歌山開拓組合
〃	神奈川開拓組合
樺甸縣	阿蘭開拓組合
計	二〇組合

日本内地人集合開

其一

縣名	地區名	可耕	
		畑	水田
		陌	陌
磐石縣	板橙河	1,860	140
〃	東玻璃	400	110
〃	成德	700	150
蛟河縣	三岔河	500	

拓民入植狀況表

入植地區名	計劃戸數	五月末現在戸口		耕地面積
		戸數	人口	
	戸	戸	人	陌
平安	300	22	48	3,000
小城子	250	29	73	2,250
明城	50	13	25	800
大黒山	30	19	34	240
南牛心頂子	30	14	37	380
葦山屯	50	13	53	470
四合屯	20	19	34	157
陶家屯	50	10	10	350
大楡樹	200	3	3	1,300
二道河子	30	—	—	450
二〇地區	1,844	492	1,395	17,208

拓民入植預定表

地計	入植豫定戸數	摘要
陌	戸	明城驛西方二〇粁ニシテ家屋有
2,000	150	明城驛附近滿農一八戸有レ共一二年移
510	30	轉ノ要ナシ　煙筒山驛ノ東方八粁ノ地
850	50	點ニシテ大黒山開拓組合附近！ス
1,500	150	額穆索ノ南方黒石屯開拓團ノ東方トシ
		水田班ハ他地方ニ派遣スルモノトス

其二

縣名	地區名	可耕	
		畑	水田
		陌	陌
舒蘭縣	開原	1,515	
敦化縣	大石頭	600	450
新京郊外	雙德店	250	
計	七地區	6,825	850

日本內地人分散

縣名	代表者氏名
永吉縣	宮本哲夫
〃	菅野薫
〃	白井金右エ門
扶餘縣	塚越三四郎
磐石縣	森崴正人
〃	羽賀壽
計	六名

地 計	入植豫定戸數	摘　　要
陌	戸	
1,515	100	平安驛ノ南方二〇粁家屋アリ煙草適地
1,050	150	大石頭驛ヨリ東方八粁
250	50	新京ヨリ三里
7,675	680	

開拓認可狀況表

地區名	戸　數	面　積	摘　　要
	戸	陌	
取柴河	3	108	
于家油房	1	21	
尤家屯	1	28	
羅斯屯	6	44	
靑陽嶺	1	26	（鮮人小作）
草廟子	1	43	（鮮人小作）
六地區	13	270	

滿洲開拓義勇隊青

縣名	地區名	入植豫定數
敦化縣	大石頭地區	1,500
備考	五個中隊編成ニシテ本部ハ大石頭驛構外ニアリ	

滿洲開拓青年義勇隊

縣名	地區名	入植豫定員數
永吉縣	河子	300
〃	取柴河	200
蛟河縣	小姑家	300
〃	柳樹河	300
計	四地區	1,100
備考	自警村訓練所ニハ所長一名、警備指導員二名、農事指導員二名計五名ノ幹部各々配屬セリ	

年訓練所狀況表

入植人數	摘　　　　要
1,500	本訓練所ハ乙種訓練所ニシテ訓練終了ノ上夫々集團開拓團トシテ入植スベキ青年拓士ヲ訓練スルモノナリ

第一、二、三各中隊ハ梁家屯ニ第四、五各中隊ハ徐家屯ニ駐屯シ居レリ

自警村訓練所狀況表

現在人員	出　身　府　縣　名
300	埼玉、熊本、大分、栃木、福岡、三重
170	青森、鳥取
296	鹿兒島、大阪、愛媛、東北地方
296	新潟、富山、東北地方
1,062	

鐵道自警

縣名	名稱	現在 入口
		戸
永吉縣	口前自警村	19
蛟河縣	蛟河 〃	30
舒蘭縣	小城 〃	30
農安縣	柴岡 〃	10
磐石縣	蔡山屯 〃	30
〃	明城 〃	30
舒蘭縣	四家房 〃	20
計	7	159

朝鮮開拓民入植概況

朝鮮集團開拓

縣名	地區名	入植人數
		戸
懷德縣	五家子	100
〃	河套	100
〃	高台階	64
〃	泰家屯	65
〃	牛家屯	8
〃	灣湯	7
小計	六地區	344
磐石縣	八樹	64
小計	一地區	64
計	七地區	408

村　現　況

戸口（戸）	戸口（口）	用地面積	摘要
	人	陌	
	42	102	奉吉線（康徳二年）
	105	446	京圖線（康徳三年）
	99	676	拉濱線（〃　）
	30	120	京白線（〃　）
	93	150	奉吉線（康徳四年）
	83	200	奉吉線（〃　）
	65	440	拉濱線（〃　）
	517	**2,134**	

民入植状況表

入植人口	出身道名	摘要
人		
548	慶尚南道陜川郡	
513	同道咸陽、宜寧郡	
310	同道川、居昌郡	
337	同　道咸陽郡	
46	同　道	
36	同　道	
1,791		
392	平安北道碧潼郡	
392		
2,183		

鮮農集合開拓

縣名	地區名	入植
		戸口
磐石縣	溝大棚	13
懐徳縣	楊大城子	60
〃	泰家屯	34
永吉縣	大五家子	13
九台縣	金嶺村	4
計	五地區	124
備考	集合開拓民トハ所屬金融會ニ於テ入植及營農ヲ斡旋シ之ニ必要ナル土地購入資金及諸經費ハ鮮拓ノ資金ニ依リ營農資金ハ金融會ヨリ貸付スルモノヲ謂フ	

民入植状況表

人口数	出身道名	摘要
53	忠清北道	
380	忠清南道	
159	忠清北道	
61	忠清南道	
17	忠清北道	
619		

滿鮮拓植訓練所狀況表

縣名	地區名	入所定員	摘要
永吉縣	江密峰	人 170	幹部訓練生　70人 青年訓練生　100人
備考	本訓練所ハ幹部訓練生ハ約十ケ月青年訓練生ハ約四ケ月入所セシメルモノニシテ康徳六年十一月幹部訓練生五五人入所セリ		

鮮農分散開拓民認可狀況表

縣名	入植地區名	面積
永吉縣	雙河鎭	28陌
〃	取柴河	18
蛟河縣	八家保	28
雙陽縣	葛家屯	21
九台縣	飲馬河	1,300
〃	東尤家屯	43
懷德縣	朝陽坡街	18
磐石縣	永勝甲	16
〃	杏樹泉	30
計	九地區	1,502

省內既住鮮農戶口狀況表

縣旗名	戶數	人口
永吉縣	4,383	2,222,752
蛟河縣	2,063	10,175
敦化縣	915	6,420
樺甸縣	982	4,920
伊通縣	405	2,600
雙陽縣	443	2,555
九台縣	246	1,350
磐石縣	3,672	19,784
長春縣	269	1,981
懷德縣	1,605	8,433
農安縣	30	99
長嶺縣	15	77
扶餘縣	342	1,150
德惠縣	62	298
楡樹縣	259	1,188
舒蘭縣	2,424	12,036
郭前旗	185	980
計	18,300	96,798

鮮農自作農創定狀況表

縣名			創定戸數	同上面積	摘要
			戸	陌	
磐	石	縣	542	2,101	縣下一圓
伊	通	縣	283	833	大孤山農場
					孤楡樹農場
長	春	縣	230	869	萬寶山農場
永	吉	縣	194	636	縣下一圓
敦	化	縣	54	328	〃
蛟	河	縣	32	209	〃
懷	德	縣	10	39	〃
	計		1,345	5,014	

教　育

本省改政ノ重點

新學制實施三年目ノ實績ニ鑑ミ下記各點ニ重點ヲ指向シ以テ國民教育ノ完成ヲ期ス

1. 日本精神ノ研究ニヨル國民意識ノ昂揚
2. 實學ノ尊重ト勞依教育ノ徹底
3. 教育內容ノ充實ト施設ノ擴充整備
4. 中小學校ヲ增設シ以テ教育ノ普及發達ヲ圖ル
5. 教職員ノ素質向上及待遇改善
6. 民衆講習所ノ擴充ニヨル文盲ノ撲滅
7. 青少年訓練機關ノ統合ニヨル國民中堅層ノ組織ノ強化

吉林省中等學

其一

設立別	校名	科別	學級數 一	二	三	四	計	學生數 一	二	三	四	計
國立	師道	師道	3	1	3	4	11	145	55	150	182	532
省立	一高	農科	3	3	3	2	11	165	150	141	111	567
	二高	工科	2	[illegible]	[illegible]	[illegible]	7	114	116	100	60	390
	三高	商科	3	2	[illegible]	2	9	150	110	104	100	464
	四高	〃	2	2	2	2	8	116	119	100	110	445
	五高	工科	2	—	—	—	2	102	—	—	—	102
	農高	農科	1	1	1	1	4	50	56	55	50	211
	楡高	〃	1	1	1	1	4	50	56	58	50	214
	德高	〃	1	1	1	—	3	60	55	55	—	170
	懷高	〃	1	1	1	1	4	56	56	56	50	218
	扶高	〃	1	1	1	—	3	57	60	48	—	165
	雙高	〃	1	—	—	—	1	60	—	—	—	60
	女高	商科	4	4	4	5	17	200	200	178	235	813

校狀況一覽表

康德七年四月現在

數				職			員			數			
男		女		計			事務員			合計			
滿	日	滿	日	滿	日	計	滿	日	計	滿	日	計	
15	8	—	—	15	8	23	—		1	15	9	24	
—	—	—	—	—	—	—	—	—	—	—	—	—	
13	10	—	—	13	10	23	—	1	1	13	11	24	
11	4	—	-	11	4	15	—	1	1	14	5	19	
14	5	—	—	14	5	19	—	1	1	14	6	20	
12	5	—		12	5	17	—	1	1	12	6	18	
5	2	—	—	5	2	7	—	1	1	5	3	8	
7	3	—	—	7	3	10	—	1	1	7	4	11	
7	3	—	—	7	3	10	—	1	1	7	4	11	
6	3	—	—	6	3	9	1	—	1	7	3	10	
7	3	—	—	7	3	10	—	1	1	7	4	11	
6	3	—	—	6	3	9	—	1	1	6	4	10	
4	2	—	—	4	2	6	—	1	1	4	3	7	
13	6	10	4	23	10	33	—	1	1	23	11	34	

其　二

設立別	校名	科別	學級數					學生數				
			一	二	三	四	計	一	二	三	四	計
省立	農林	農業	1	—	—	—	1	60	—	—	—	60
	般農	農業	1	1	—	—	2	60	36	—	—	96
	伊農	農業	1	1	—	—	2	50	55	—	—	105
	九農	農業	1	1	—	—	2	60	50	—	—	110
	蛟農	農業	1	1	—	—	2	55	56	—	—	111
	前農	農業	1	1	—	—	2	60	57	—	—	117
	懐商	商業	1	1	—		2	60	60	—	—	120
	合計		29	24	18	15	86	1535	1292	895	766	4538
市縣立	同文	商業	2	2	1	—	5	114	107	55	—	276
	舒農	農業	1	—	—	—	1	60	—	—	—	60
私立	文光	商業		—	1	—	1	—	—	60	—	60
	助産	助産		1	—	—	2	60	52	—	—	112
	四民	商業		1	—	—	2	60	56	—	—	116
		補習科	2	—	—	—	2	120	—	—	—	120
總計			39	29	23	19	110	2144	1562	1160	948	5814

教職員数												
男		女		計			事務員			合計		
満	日	満	日	満	日	計	満	日	計	満	日	計
2	4	—	—	2	4	6	—	1	1	2	5	7
5	2	—	—	5	2	7	1	—	1	6	2	8
5	2	—	—	5	2	7	1	—	1	6	2	8
5	2	—	—	5	2	7	1	—	1	6	2	8
5	2	—	—	5	2	7	1	—	1	6	2	8
5	2	—	—	5	2	7	1	—	1	6	2	8
4	3	—	—	4	3	7	—	1	1	4	4	8
51	74	10	4	161	78	40	6	14	20	170	92	262
4	7	—	—	4	7	11	—	1	1	4	8	12
3	1	—	—	3	1	4	—	—	—	3	1	4
(英) 7	1	—	1	7	1	8	—	—	—	19	1	8
13	7	5	—	18	8	26	1	—	1	7	8	27
—	—	—	—	—	—	—	—	—	—	—	—	—
6	1	—	—	6	1	7	1	—	[illegible]	33	1	8
184	91	15	5	199	96	310	8	15	23	210	111	337

其　三

設立別	校名	科別	本年度入學狀況 受驗者	入學者	入學率%	康德六年度 升學	官署
國立	師道	師道	特 200 本 484	145 150	75 31	（特） 0 （本） 7	0 0
省立	一高	農科	一 429 四 188	165 111	58 59	（農） 58 （工） 12	3 40
	二高	工科	一 949 四 144	114 60	12 42	初5 高3 國35	1 26 13
	三高	商科	一 770 四 244	150 100	19 41	初144 高37國55	6 13 21
	四高	商科	一 569 四 194	116 110	20 51	初 87 國 20	6 10
	五高	工科	496	102	21	0	0
	農高	農科	一 184 四 55	50 50	27 90	初 77	11
	樺高	農科	一 275 四 71	50 50	16 71	初 23	10
	德高	農科	四 198	60	33	0	0
	懷高	農科	一 218 四 110	56 50	23 38	初 32	13
	扶高	農科	74	57	77	農 27	5
	雙高	農科	四 86	60	32	0	0
	女高	商科	一 585 四 272 師 95	200 153 60	34 56 86	初 8 高 69 師 112	0 2 0

卒業生狀況					備考
教師	實業	死亡	其他	計	
5[illegible]	0	0	0	52	
14[illegible]	0	1	0	155	
0	6	0	21	207	
2	41	0	2	88	
0	1628	0	1 0	97	
0	0	0	16	2457	
0	3 5	0	2	59	
0	9	0	7	153	
0	13	0	9	57	
0	17	0	2	102	
				115	
0	0	0	0	54	
				0	
0	0	0	0	88	
10	9	0	22	74	
0	0	0	0	0	
5	24	0	16	90	
0	10	0	2	44	
0	0	0	0	0	
130	0	0	7	145	
0	2	0	25	98	
1	0	0	26	139	

備考

五、卒業生狀況欄內ノ（初）ハ初級中學（高）ハ高中（農）ハ農業（國）ハ國民高等卒業生ナリ

（四）ハ四年生（師）ハ師道科生ナリ

四、入學狀況欄內ノ（特）ハ特修科（本）ハ本科（一）ハ一年生

スルモノナリ

三、第五國高雙陽國高農林舒蘭農業各校ハ康德七年度新設

二、女子國高四學年內ニハ師道科二學級學生八十二名アリ

一、師道學校一、二學年ハ特修科三、四學年ハ本科ナリ

其　四

設立別	校名	科別	本年度入學狀況 受驗者	入學者	入學率%	康德六年度 升學	官署
省立	農林	農業	626	60	9	0	0
	磐農	農業	106	72	68	6	6
	伊農	農業	77	50	65	12	9
	九農	農業	117	60	44	6	10
	蛟農	農業	66	55	83	14	14
	前農	農業	99	60	61	28	0
	懷商	商業	228	60	26	10	24
	懷商		26	2343	30	881	245
市縣立	同文	商業	400	114	8	7	14
	舒農	農業	191	60	28	0	0
私立	文光	商業	0	0	0	初 41	20
	助產	助產	163	60	37	2	0
	四民	商業	270	66	22	—	—
		補習科	190	120	63	商 13	14
總計			10,524	3052	29	951	293

卒業理狀況					備　考
教師	實業	死亡	其他	計	
0	0	0	0	0	
0	5	0	16	33	
4	0	9	6	40	
5	19	0	16	56	
0	0	0	12	40	
0	17	0	4	49	
0	16	0	0	50	
160	240	9	212	1747	
0	24	0	10	59	
0	0	0	0	0	
4	13	0	19	97	
0	30	0	4	36	
0	12	0	10	49	
362	319	10	255	2191	

吉林省中等學校

學校名	農場					
	總面積	旱地	菜園	水田	牧場	原野
	陌					
吉林師導	1.5	1.2	—	—	2	1
吉第一國高	20.8	20.3	—	—	—	—
楡樹國高	4.2	3.1	0.7	—	—	—
農安國高	4	4	—	—	—	—
德惠國高	13.5	12.2	1	—	—	—
懷德國高	7.4	7.4	—	—	—	—
扶餘國高	6.1	4.3	1.8	—	—	—
雙陽國高	—	—	—	—	—	—
吉齊農林	—	—	—	—	—	—
蛟河農業	8.5	6.5	1.0	—	—	—
九台農業	4.6	3.6	-	—	—	—
磐石農業	12.7	12.7	—	—	—	—
伊通農業	8.6	7	1.5	—	—	—
前旗農業	8.2	6.7	1.5	—	—	—
計	110.4	99.8	8.5	—	2	1

農業教育概況

康德七年四月現在

	家畜						
其他	牛	馬	豚	羊	鶏	蜜蜂	其他
—	—	2	18	5	140	—	
0.5	1	4	11	5	75		—
0.4	—	3	1	—	—	—	—
—	—	2	7	—	35	—	—
0.1	—	2	3	—	9	1	10
—	—	3	2	—	—	—	—
—	—	2	2	—	43	—	—
—	—	—	—	—	—	—	—
—	—	—	—	—	—	—	—
1.0	—	2	2	—	—	—	—
—	—	2	3	11	—	6	150
—	—	3	2	—	41	—	11
0.5	—	2	3	7	—	—	2
—	3	3	2	—	—	—	—
2.1	4	30	56	28	343	8	178

吉林省中等學校商業科概況

康德七年四月現在

學校名稱	設備
吉林第三國民高等學校	校內商店實習室、商業教室
吉林第四國民高等學校	模擬實踐室、商業教室
懷德商業學校	模擬實踐室、商業教室

吉林省中等學校工業科概況

康德七年四月現在

學校名稱	設備
吉林第二國民高等學校	機械工場、電氣工坊 土木科教室、製圖室
吉林第五國民高等學校	土木科教室、化學科教室、製圖室

吉林省初等

學校別 ＼ 項目別	學校數	學級數	學級 男	學級 女
公立國民學校	699	2,027	67,603	20,336
公立國民優級學校	199	432	12,478	2,223
公立國民學舍	552	553	22,556	4,470
合計	1,450	3,012	102,637	27,079
私立國民學校	12	48	1,859	423
私立國民優級學校	5	11	477	5
私立國民義塾	1,053	1,065	27,180	3,407
殘存私塾	686	688	13,267	1,210
合計	1,756	1,812	42,783	5,045
組合立國民學校	79	201	6,653	3,090
組合立國民優級學校	28	40	1,260	352
組合立國民學舍	—	—	—	—
合計	107	241	7,913	3,442
總計	3,313	5,065	153,333	35,516

教育狀況

康德七年一月現在

數	教師數					
	教諭					
計	一種		二種		三種	
	男	女	男	女	男	女
87,939	59	4	594	237	92	21
14,701	77	5	377	29	28	—
27,026	2	—	97	—	18	—
129,666	138	9	1,068	266	138	21
2,282	—	—	8	6	1	—
482	—	—	9	—	—	—
30,587	—	—	—	—	—	—
14,477	—	—	—	—	—	—
47,828	—	—	17	6	1	—
9,743	11	3	66	9	18	4
1,612	11	—	34	1	—	—
—	—	—	—	—	—	—
11,355	22	3	100	10	18	4
138,849	160	12	1,185	282	157	25

教師数						合計
教諭 計		教導		教輔		
男	女	男	女	男	女	
745	262	776	155	152	58	2,148
482	34	58	3	9	2	588
117	—	403	4	73	2	599
1,344	296	1,237	162	234	62	3,335
9	6	8	5	21	5	54
9	—	5	—	2	—	16
—	—	3	—	1,050	7	1,060
—	—	—	—	679	8	687
18	6	16	5	1,752	20	1,817
95	16	36	—	37	5	189
45	1	—	1	—	—	47
—	—	—	—	—	—	—
140	17	36	1	37	5	236
1,502	319	1,289	168	2,023	87	5,388

教師俸給支出總額						
教諭				教導	教補	合計額
一種	二種	三種	計			
4,521	33,666	4,443	42.630	27,343	5,617	75,590
6,112	17,204	1,126	24,442	2,000	811	27,253
102	4,675	690	5.467	0,917	1,892	18,276
0,735	55,545	6,259	72,539	0,260	8,320	121,119
—	452	30	482	394	569	1,445
—	365	—	365	128	100	593
—	88	—	88	98	22,247	22,433
—	—	—	—	—	16,040	16,940
—	905	30	935	620	39,856	41,411
1,160	5,929	1,798	8,887	2,039	2,196	13,122
950	3,094	—	4,044	38	—	4,082
—	—	—	—	—	—	—
2,110	9,023	1,798	12,931	2,077	2,196	17,204
12,845	65,473	8,087	36,405	42,957	50,372	179,734

三二〇

吉林省國民學校康德七

市縣旗別＼族別・性別	滿 男	滿 女	鮮 男	鮮 女
吉林市	1,903	1,272	80	60
永吉縣	4,278	1,240	620	425
蛟河縣	833	486	—	—
敦化縣	—	—	—	—
樺甸縣	2,904	1,637	374	254
磐石縣	2,682	1,649	364	226
伊通縣	587	465	83	65
雙陽縣	6,038	3,955	43	32
九台縣	2,594	1,251	42	24
長春縣	3,510	1,943	67	28
懷德縣	3,355	2,002	235	460
長嶺縣	4,000	2,050	—	—
乾安縣	1,761	784	—	—
扶餘縣	3,850	1,833	202	111
農安縣	3,206	1,640	—	—
德惠縣	2,953	1,510	—	—
榆樹縣	2,640	1,662	69	45
舒蘭縣	842	102	195	105
郭爾羅斯前旗	188	97	52	—
計	48,124	25,578	2,426	1,835

年度入學兒童調査表

康德七年三月現在

蒙		露		計				總計
男	女	男	女	滿	鮮	蒙	露	
—	—	—	—	3,175	140	—	—	3,315
—	—	—	—	5,518	1,045	—	—	6,563
—	—	—	—	1,319	—	—	—	1,319
—	—	—	—	—	—	—	—	—
—	—	—	—	4,514	628	—	—	5,169
—	—	—	—	4,331	590	—	—	4,921
—	—	—	—	1,052	148	—	—	1,200
—	—	—	—	9,993	75	—	—	10,068
—	—	—	—	3,845	66	—	—	3,911
—	—	—	—	5,453	95	—	—	5,548
—	—	—	—	5,357	695	—	—	6,052
—	—	—	—	6,050	—	—	—	6,050
—	—	—	—	2,545	—	—	—	2,545
69	67	2	2	5,683	313	136	2	6,134
—	—	—	—	4,846	—	—	—	4,840
—	—	—	—	4,463	—	—	—	4,463
—	—	—	—	4,302	114	—	—	4,416
—	—	—	—	944	300	—	—	1,244
234	159	—	—	285	52	393	—	730
303	226	—	—	73,705	4,261	529	2	78,494

吉林省國民學舍國民義塾康

市縣旗別 ＼ 族別・性別	滿 男	滿 女	鮮 男	鮮 女
吉林市	—	—	—	—
永吉縣	913	17[illegible]	—	—
蛟河縣	887	43[illegible]	—	—
敦化縣	—	—	—	—
樺甸縣	1,412	501	106	48
磐石縣	1,936	91[illegible]	244	187
伊通縣	1,350	500	—	—
雙陽縣	—	—	—	—
九台縣	3,118	1,503	11	2
長春縣	5,09[illegible]	2,604	18	16
懷德縣	1,65[illegible]	1,099	—	—
長嶺縣	—	—	—	—
乾安縣	—	—	—	—
扶餘縣	1,950	779	—	—
農安縣	1,713	479	—	—
德惠縣	—	—	—	—
楡樹縣	34[illegible]	1,77[illegible]	—	—
舒蘭縣	86[illegible]	457	—	—
郭爾羅斯前旗	399	254	—	—
計	—	—	—	—

德七年度入學兒童調査表

康德七年三月現在

蒙		計			總計
男	女	滿	鮮	蒙	
—	—	—	—	—	—
—	—	1,090	—	—	1,090
—	—	1,319	—	—	1,319
—	—	—	—	—	—
—	—	1,913	154	—	2,069
—	—	2,848	421	—	3,269
—	—	1,850	—	—	1,850
—	—	—	—	—	—
—	—	4,626	13	—	4,639
—	—	7,716	34	—	7,751
—	—	2,751	—	—	2,751
—	—	—	—	—	—
—	—	—	—	—	—
47	61	2,730	—	61	2,791
—	—	2,192	—	—	2,192
—	—	—	—	—	5,252
—	—	5,252	—	—	—
—	—	1,320	—	—	1,320
234	155	653	—	389	1,042
—	—	3,969	622	450	40,728

教　育

社會事業

本省ノ社會事業

管下各地方ノ各種社會事業團体ヲ統制シ、連絡ヲ密ニシ、調査研究、指導改善奬勵等ヲナシ、斯業ノ圓滿ナル發達ヲ期ス可ク大同二年七月吉林省社會事業聯合會ヲ組織シ、現在公營31私營 163計團体ヲ統制シツツアリ、又康德五年六月一五日民生部指令第 160號ニ依リ舊吉林省旗產經理處ヲ改組シ旗人其他ノ生活輔導並ニ奬學ヲ目的トナス財團法人吉林民生振興會ヲ設立セリ

尙康德五年十月一日勅令第 153號ニ基ク滿洲國赤十字社ノ設立セラレ本省ニモ收部ノ設置ヲ見六年度ニ於テハ各市縣旗辦事處ヲ一齊ニ併置シ、斯種事業ノ特殊性ニ鑑ミ、着々內容ノ整備、充實ヲ計リ、施療、業其他ニ積極的活動ヲナシツツアリ

康德六年三年一日吉林市隣保委員制度ヲ設置シ本市社會事樣ノ根幹トシテ貧困階級ノ調査並ニ副樣奬勵、授產、醫療救護等幾多計畫シツツアリ

本省社會事業

經營主體	公					
團体名 / 市縣旗名	社會事業聯合會	赤十字社省支部辦事處	財團法人民生振興會	普濟院	救濟院	養濟院
吉林市	1	1	1	1	—	—
永吉縣	—	1	—	—	—	—
蛟河縣	—	1	—	—	1	—
敦化縣	—	1	—	—	1	—
樺甸縣	—	1	—	—	—	—
磐石縣	—	1	—	—	—	—
伊通縣	—	1	—	—	1	—
雙陽縣	—	1	—	—	—	—
九台縣	1	1	—	—	—	—
長春縣	—	1	—	—	—	—
懷德縣	—	1	—	—	—	—
長嶺縣	—	1	—	—	—	—
乾安縣	—	1	—	—	—	—
扶餘縣	—	1	—	—	—	—
農安縣	—	1	—	—	1	—
德惠縣	—	1	—	—	—	1
榆樹縣	—	1	—	—	—	—
舒蘭縣	—	1	—	—	—	—
郭前旗	—	1	—	—	—	—
計	2	19	1	1	4	1

團體統計表

康德六年十二月現在

民營							營			
博濟慈善分會	慈善會	慈善院	廣濟寺	施醫館	道德會	紅卍字會	計	社會事業聯合會	福民工廠	難民習藝所
—	—	1	1	1	3	1	4	—	—	—
2	—	—	—	—	6	—	1	—	—	—
—	—	—	—	—	—	—	2	—	—	—
—	—	—	—	—	1	—	2	—	—	—
—	—	—	—	—	2	1	2	—		—
—	—	—	—	—	4	2	1	—	—	—
—	—	—	—	—	11	1	2	—	—	—
—	—	—	—	—	—	—	2	—	—	—
3	—	—	—	—	4	2	2	—	—	—
1	—	—	—	—	6	—	1	—	—	—
—	—	—	—	—	12	2	1	—	—	—
—	—	—	—	—	2	—	1	—	—	—
—	—	—	—	—	—	—	1	—	—	—
6	1	—	—	—	6	—	1	—	—	—
1	—	—	—	—	3	—	2	—	—	—
2	—	—	—	—	7	2	2	—	—	
6	—	—	—	—	3	—	2	—	—	—
3	—	—	—	—	2	—	1	—	—	—
—	—	—	—	—	—	—	1	—	—	—
24	1	1	1	1	72	11	31	1	1	1

社會事業

民				營		公私營
理分 事會	福工 兒廠	大佛 教 同會	五善 台佛 山教 向會	龍眼 華分 義會	計	合　計
—	—	—	—	—	7	11
—	—	—	—	—	8	9
2	—	—	—	—	2	4
1	—	1	—	—	3	5
—	—	—	—	—	3	5
—	—	—	—	—	6	7
5	—	1	—	—	18	20
—	—	—	—	—	—	2
4	—	1	—	—	14	16
8	—	—	—	1	15	16
6	—	—	2	—	23	24
2	—	—	1	—	5	6
1	1	1	—	—	2	3
2	—	1	—	—	17	18
—	—	—	—	—	4	6
5	—	1	1	—	18	20
4	—	—	—	—	13	15
—	—	—	—	—	5	6
—	—	—	—	—	—	1
40	1	6	4	1	163	194

義　　倉

本省各縣旗義倉

定　義　吾國ニ於ケル義倉ハ官治ニ依ル一種ノ生活保險ナリ

義　倉　運用ハ次ノ三種目トス（義倉管理規則二條ニ據ル）更ニ社會事業助成ニ運用スルコトヲ得（第26條）

1. 散放　非常災害ニ罹リタル者ヲ應急救濟スルヲ目的トス
2. 貸出　貧戸ニ對シ食糧ヲ補給シ又ハ生業ヲ助生スルヲ目的トス
3. 平糶民食ノ欠乏甚ダシキ場合ニ於テ其ノ需給又ニ價格ノ調節ヲ計ルヲ以テ目的トス（規則17條）
4. 社會事業助成　義倉ノ貯蓄數量ガ最少貯蓄數量ヲ超過セル年度ニ於テハ縣ハ其ノ前年度ニ於ケル徴收數量及利息收入ノ合算高ヨリ同年度內所要經費及損失高ヲ控除シタル殘高ノ十分ノ五ヲ限リ之ヲ社會事業助成ニ要スル費用ニ充ツヒトヲ得

義　倉

本省義倉倉庫ハ康德六年一月現在ニ於テ139ケ所ナルモ街村制度確立ニ伴ヒ義倉モ血線地緣的ニ結合セル街村ノ範圍ニ縮小シ康德七年度ヨリ三ケ年計畫ヲ以テ一街村一倉庫主義ノ徹底ヲ期スルト共ニ之ガ積極的運營ニ依リ隣保共助ノ自治精神ノ發揚ニ努メ街村民心握把ノ中心タラシメ以テ街村育成工作ニ寄與セシメントス

本省各縣義倉ハ康德二年設立以來省ノ保守的指導及大災害ナカリシ爲順調ナル發展ヲナシ義倉ノ第一義的タル備荒ノ最低貯蓄數量ヲ遙カニ突破セル現況ニシテ第二義的タル村民ノ恤貧即チ福利ノ庶民增進ニ運營セラルル段階ニ到達セリ

現下農村ノ實情ヲ見ルニ早春ヨリ夏季ニ於ケル階級ノ民食補給庶民及低利金融ノ問題ハ現下金融農事合作社ニ於ケル金融ノ未ダ一般庶民ニ普及セザル爲之カ對策トシテ簡易ナル低利金融制度設ケ生業資金ノ貸付並ニ公益質屋ノ設置ニヨリ高利資本ノ跳梁ヲ抑壓スルハ農村更生上極メテ緊要ナル問題ナリ

本省義倉倉庫及最低儲蓄

縣旗別	倉			庫
	間	數		收藏可能石數
	本倉	分倉	計	
永吉縣	—	105	105	35,800
蛟河縣	10	35	45	18,000
敦化縣	10	—	10	8,100
樺甸縣	10	35	45	13,500
磐石縣	13	26	39	37,956
伊通縣	20	40	60	50,644
雙陽縣	10	45	55	22,500
九台縣	18	29	47	29,800
長春縣	15	60	75	37,800
懷德縣	10	35	45	27,000
長嶺縣	9	20	29	17,550
乾安縣	18	—	18	8,100
扶餘縣	28	48	76	30,350
農安縣	35	74	109	35,980
德惠縣	—	9	9	5,200
楡樹縣	7	69	76	37,900
舒蘭縣	15	55	70	27,679
郭前旗	4	—	4	2,880
總計	232	685	917	446,739

數量與現有儲蓄數量表

康德六年六月現在

在庫額				貸
谷	款		計	谷
	金額	換算石數		
30,427	68,566	11,428	41,855	14,871
10,590	6,316	1,053	11,643	3,955
2,270	24,051	4,009	6,279	7,610
12,426	16,859	2,810	15,236	2,541
383	49,761	8,293	8,676	3,689
12,511	126,130	21,022	33,533	1,830
39,950	19,205	3,201	33,151	598
45,611	44,148	7,358	52,969	520
5,340	370,014	61,669	67,009	838
32,319	44,001	7,334	39,653	278
22,140	12,501	2,084	24,224	362
4,618	50,064	8,344	12,962	413
31,513	44,205	7,368	38,881	11,000
41,839	32,53	5,423	47,262	—
5,238	108,667	18,111	23,349	415
24,190	243,002	40,500	64,690	—
23,387	45,589	7,598	30,985	959
—	—	—	—	—
334,752	1,305,618	217,603	552,355	49,879

義　倉

出額			合	
款		計	谷	款
金　額	換算石数			金　額
—	—	14,871	45,298	63,566
638	106	4,061	14,545	6,954
1,980	330	7,940	9,880	26,033
—	—	2,541	14,967	16,859
—	—	3,689	4,072	49,761
20,500	3,417	5,247	14,341	146,630
—	—	598	30,546	19,205
—	—	520	46,131	44,148
3,381	564	1,402	6,178	373,395
8,258	1,376	1,654	32,597	52,259
3,000	500	826	22,502	15,501
704	117	530	5,031	50,768
—	—	11,000	42,513	44,205
—	—	—	41,839	32,539
—	—	415	5,653	108,667
64,312	—	10,719	24,190	307,314
700	—	1,076	24,346	46,289
—	—	—	—	—
	—			
103,475	—	67,125	334,631	1,409,093

計		最少貯蓄數量	過不足數量（△印ハ不足）	備考
換算石數	計			
11,428	56,726	60,000	△ 3,247	義倉現款穀量換算ハ義倉管理規則第30條ニ依リ2圓ヲ以テ穀物石トセハ現在ノ時價ニ比シ其ノ差甚シキ故ニ本表ノ穀款換算ハ時價六圓トシテ計算セリ
1,159	15,704	12,000	3,704	
4,339	14,219	6,000	8,219	
2,810	17,777	12,000	5,777	
8,293	12,365	15,000	△ 2,635	
24,438	38,779	36,000	27,791	
3,201	33,749	21,000	12,749	
7,358	53,489	27,000	26,489	
62,233	63,411	45,000	23,411	
8,710	41,307	27,000	14,307	
2,584	25,086	12,000	13,086	
8,461	13,492	4,500	8,992	
7,368	49,811	36,000	13,281	
5,422	47,262	27,000	20,262	
18,111	23,764	24,000	△ 236	
51,219	75,409	54,000	21,409	
7,715	32,061	27,000	5,061	
—	—	7,100	—	
234,849	619,480	452,600	166,880	

義倉在庫數量及貸

年別	在庫額		貸
	谷	款	谷
	石	圓	石
康德二年	12,510	211,446	204,861
康德三年	92,564	397,142	187,167
康德四年	157,164	604,212	176,323
康德五年	277,480	948,197	39,747
康德六年月末	334,752	1,305,618	49,879

出（累年計）數量計

出額	計	
款	谷	款
圓 243,313	石 217,317	圓 454,759
160,372	279,731	557,514
170,963	333,487	778,175
61,253	320,916	1,009,000
103,475	384,631	1,409,093

各縣旗平時ニ於

種別 / 縣旗別	民食補 康德4年 谷	民食補 康德4年 款	民食補 康德5年 谷	民食補 康德5年 款
永吉縣	1,681	—	1,145	—
額穆縣	—	—	—	—
敦化縣	32	—	—	—
樺甸縣	197	—	—	—
磐石縣	—	—	—	—
伊通縣	—	1,000	—	—
雙陽縣	—	—	—	—
九台縣	—	—	—	—
長春縣	1,031	—	291	—
懷德縣	—	—	—	—
長嶺縣	389	—	—	—
乾安縣	—	—	—	—
扶餘縣	—	—	—	—
農安縣	—	—	—	—
德惠縣	—	—	—	—
楡樹縣	—	—	—	—
舒蘭縣	—	—	—	—
郭爾羅斯前旗	—	—	—	—
計	3,330	1,000	1,436	—

ケル運用状況表

給		青田買賣防止金							
康徳6年6月末		康徳4年		康徳5年		康徳 年6月末			
谷	款	谷	款	谷	款	谷	款		
—	—	—	—	—	—	—	—		
—	—	—	—	—	—	—	—		
—	—	—	—	—	—	—	—		
—	—	—	—	—	—	—	—		
—	—	—	—	—	—	—	—		
—	—	—	—	—	35,260	—	—		
—	—	—	—	—	—	—	—		
—	—	—	—	—	—	—	—		
—	—	—	—	—	—	—	—		
—	—	—	—	—	—	—	—		
—	—	—	—	—	—	—	—		
—	—	—	—	—	—	—	—		
11,000	—	—	—	—	—	—	—		
—	—	—	—	—	—	—	—		
—	—	—	—	—	—	—	—		
—	—	—	—	—	—	—	—		
—	—	—	—	—	—	—	—		
—	—	—	—	—	—	—	—		
11,000	—	—	—	—	35,260	—	—		

出廻調制貸出					
康徳4年		康徳5年		康徳5年6月末	
谷	款	谷	款	谷	款
—	—	—	—	—	—
—	—	—	—	—	—
—	—	—	—	—	—
—	—	—	—	—	—
—	—	—	—	—	—
—	—	—	—	—	20,500
—	—	—	—	—	—
—	—	—	—	—	—
—	—	—	100,000	—	—
—	—	—	—	—	—
—	—	—	—	—	—
—	—	—	—	—	—
—	—	—	—	—	—
—	—	—	—	—	—
—	—	—	—	—	—
—	—	—	—	—	—
—	34,312	—	—	—	—
—	—	—	—	—	—
—	34,312	—	100,000	—	20,500

其				他	
康徳4年		康徳5年		康徳6年6月末	
谷	款	谷	款	谷	款
—	—	—	—	—	—
—	—	—	—	—	—
—	—	—	—	—	330
—	—	—	—	—	—
—	—	—	—	—	—
—	—	—	—	—	—
—	—	—	—	—	—
—	—	—	—	—	—
—	—	—	—	—	—
—	—	—	—	—	—
—	—	—	—	—	—
—	—	—	—	—	—
—	—	—	—	—	—
—	—	—	—	—	—
—	—	—	—	—	—
—	—	—	—	—	30,000
—	—	—	—	—	—
—	—	—	—	—	—
—	—	—	—	—	30,330

各縣旗義倉災害發生時

種別 / 縣旗別	康德四年 谷 散放	康德四年 谷 貸出	康德四年 款 散放	康德四年 款 貸出
永吉縣	—	—	—	—
額穆縣	—	—	—	—
敦化縣	33	—	—	600
樺甸縣	—	—	—	—
磐石縣	—	—	—	—
伊通縣	—	—	—	—
雙陽縣	—	—	—	—
九台縣	—	—	—	—
長春縣	—	—	—	—
懷德縣	—	4,959	—	—
長嶺縣	—	—	—	—
乾安縣	—	—	—	—
扶餘縣	—	878	—	—
農安縣	—	—	—	—
德惠縣	—	—	—	—
榆樹縣	—	—	—	—
舒蘭縣	—	—	—	—
郭爾羅斯前旗	—	—	—	—
計	33	5,857	—	600

ニ於ケル運用状況表

康徳五年				康徳六年六月末			
谷		款		谷		款	
散放	貸出	散放	貸出	散放	貸出	散放	貸出
—	—	—	—	—	—	—	—
—	—	—	—	24	—	—	—
—	—	—	—	—	—	—	—
279	—	—	—	917	130	—	—
—	—	—	—	—	—	—	—
—	—	—	—	9	145	—	—
—	—	—	—	—	—	—	—
—	—	—	—	—	—	—	—
—	—	—	—	—	—	—	—
—	—	—	—	—	—	—	—
—	28	—	—	—	—	—	—
163	3,407	—	4,950	—	—	—	—
—	—	—	—	—	—	—	—
—	—	—	—	—	—	—	—
—	—	—	—	—	—	—	—
—	—	—	—	—	—	—	—
—	—	—	—	—	—	233	—
—	—	63	—	—	—	—	—
442	3,435	63	4,950	950	275	233	—

義　倉　預

區分／年度	預算				決	
	歳入		歳出		歳入	
	谷	款	谷	款	谷	算
	石	圓	石	圓	石	圓
康徳三年度	—	—	—	33,349	—	—
四年度	—	—	—	42,057	—	—
五年度	—	—	—	102,911	—	—
六年度	93,526	288,400	—	329,803	—	—

義　倉　徴

年別	預定額	
	谷	款
康徳三年	174,400	46,700
康徳四年	61,924	314,642
康徳五年	259,132	636,326
康徳六年六月末	201,779	1,049,527

決　算　表

款		增△減				備考
歲出		歲入		歲出		
谷	款	谷	款	谷	款	
石	圓	石	圓	石	△圓	
—	108,30	—	—	—	22,519	本年度只有管理費算出預算無歲入預算
—	41,364	—	—	—	△693	〃
—	75,962	—	—	—	△26,949	〃
—	—	—	—	—	—	

收　表

賓徵額		率	
谷	款	谷 %	款 %
76,014	35,459	43	76
50,057	234,423	81	74
114,063	291,842	44	46
66,045	443,652	33	42

本省各縣旗義倉積

種別／市縣名	農業者征收率	商工業者征收率
	按耕地每畝	按營業稅附加捐
	%	%
吉林市	—	—
永吉縣	8合	20
額穆縣	〃	〃
敦化縣	5合	〃
樺甸縣	8合	15
磐石縣	〃	〃
伊通縣	5合	〃
雙陽縣	8合	〃
九台縣	5合	〃
長春縣	〃	〃
懷德縣	上則7下則3 中則5減則2 合	20
長嶺縣	7合	〃
乾安縣	8合	〃
扶餘縣	5合	15
農安縣	〃	20
德惠縣	8合	15
榆樹縣	〃	20
舒蘭縣	7合	〃
郭爾羅斯前旗	5合	15
計	—	—

穀徵收率一覽表

其他有獨立生計者征收率		
按勤勞所得稅附加稅%	按自由職業稅附加捐%	按門戶費%
—	—	—
35	35	未定
40	40	〃
30	30	〃
〃	〃	〃
〃	〃	〃
25	25	〃
30	30	〃
35	35	〃
25	25	〃
20	20	10
40	40	未定
〃	〃	10
30	40	未定
40	〃	〃
〃	〃	〃
30	30	〃
40	40	〃
30	30	〃
—	—	—

阿　　片

阿片痲藥斷禁三ヶ年實施計畫

阿片並ニ痲藥ノ吸食ガ國民體位ノ低下、國民生活ノ不健全化並貧窮化ヲ來シ國家ノ繁榮ト社會ノ進歩ヲ阻止スルハ歴史ニ照シ現狀ニ鑑ミ明白ナル事實デアル

ココニ於テ去陋新生ノ大業ニ就カシメンガ爲メ曩ニ國是トシテ斷禁政策ヲ樹立シ實施方策ヲ指示セラレ本省モ亦之ガ實施ニ關スル具體策ヲ定メ着々實行ニ移シ其ノ實績見ルベキモノ尠ラザルモ更ニ管下ノ實情ヲ充分勘考シ急速ニ之ガ目的ヲ達成センガタメ最モ適切ト思考セラルル左記實施要綱ヲ定メ細心ナル注意ト旺盛ナル實行力ヲ以テ實踐シ以テ可及的速カニ斷禁ノ實ヲ擧ゲントス

實　施　要　領

一、煙政機構ノ整備充實
二、管煙所（管制所）改善充實
三、癮者ノ實體把握
四、阿片痲藥取締ノ徹底

五、禁煙教化ノ徹底（社會教育、學校教育）

六、現存癮者ノ矯治（救療施設ノ整備並改善充實）

七、癈癮者ノ再癮防止

八、新癮者ノ發生防遏

其一　國　　道

路　線　名	延　長（粁）	巾員（米）		主要經過地
		道路	橋梁	
新　京一吉　林	108.9	7.0	6.0	石碑嶺、飲馬河、 岔路河、一拉溪、 一綏河、
新　京一伊　通	67.4	6.0	4.0	劉家屯、大南屯、 伊巴丹
新　京一公主嶺	50.0	7.0	6.0	孟家屯、大屯、范 家屯、陶家屯、劉
新　京一八家子	48.2	7.0	4.5	房子、四合屯 姜家橋于家油房
新　京一下九台	48.2	6.0	4.5	四合屯、黑林子、
新　京一煙筒山	83.0	6.0	4.5	雙陽
伊　通一岔路河	64.3	6.0	4.5	雙陽、長嶺子
伊　通一西　安	12.5	8.0	4.5	大孤山
三岔河一楡　樹	50.3	60.0	4.5	弓棚子、大房身
五　常一楡　樹	42.0	8.0	4.5	向陽泡、卡岔河
陶賴昭-三岔河-扶餘	118.0	8.0	4.5	小弓棚子
敦化一樺甸線ノ内 敦化一琵琶溝間	61.4	6.0	4.5	張家公道子新開 嶺
琵琶溝一横道子	31.3	6.0	4.5	

現　　況　　表

康徳七年二月現在

摘　　要
コンクリート鋪装1.5粁他ハ全部粋石鋪装飲馬河橋（目下計畫中）ヲ除キ他ハ永久構造物乗合バスアリ
耐久的木造物路間碎石鋪装乗合バス
同
全部木造構造物碎石鋪装完了四季自動車通行可能ナリ
全部木造構造物路間碎石鋪装完了四粁167米新京特別市ニ引繼ヲ了セリ四季通行可能ナリ
コンクリート橋一ケ所他ハ木造構造物アリ碎石鋪装四季通行可能ナリ乗合バスアリ
土工70%完成構造物未完成康徳八年度完成預定
馬車道7米ト共ニ全巾員15米碎石鋪装四季通行可能ナリ
碎石鋪装一部未完了ノタメ雨季ノミ通行困難乗造構造物ノ乗合バスアリ
碎石鋪装一部ノ未完了ノタト雨季ノミ通行困難乗合バスアリ
木造構造物雨季ノミ通行困難自動車通行可能乗合バスアリ
木造構造物アレド耐久的ナラズ
雨季解氷期ヲ除キ通行可能
木橋5ケ所洗越2ケ所
暗渠58ケ所雨季解氷期ヲ除キ通行可能

其二　國　　道

路線名	延長（粁）	巾員（米）		主要經過地
		道路	橋梁	
紅石砬子—横道子	78.8	6.0	4.5	樺樹林子、二道甸子
敦化—大甸子	96.0	6.0	4.5	馬號、塞通嶺、大蒲柴河
敦化—東京城	72.0	6.0	4.5	官地干溝子大溝
吉林—永吉樺甸縣境	56.0	6.0	4.5	口前、官馬山、老爺溝
縣境—樺甸	50.7	6.0 8.0	4.5	平嶺、八道河子 紅石砬子米沙河
樺甸—大蒲柴河	107.5	6.0 4.5	4.5	老金廠、來皮溝 正身溝
公主嶺—懷徳	45.3	6.0		黑林子
公主嶺—伊通	53.7	6.0	4.0	河家溝、葉山鎭
伊通—磐石	87.0	6.0	4.5	營城子、朝陽山、拐子坑
磐石—樺甸	64.7	6.0	4.5	二道崗、呼蘭街

現　　況　　表

康徳七年二月現在

摘　　要
濕地ヲ除キ窒良好全部木造構造物雨期通行困難他ハ自動車ノ通行可能
構造物施行中（敦化—馬號間）砂利敷雨期ヲ除キ自動車通行可能（敦化—完了大蒲柴河）
碎石鋪裝完了永久構造物官地迄乘合バスアリ
木橋コンクリート水抜（康徳七年度完成預定）雨期ヲ除キ通行可能
同
耐久的構造物雨季ヲ除キ自動車通行可能來皮溝—大蒲柴河間目下一部施行中（85粁完成七年度完了預定）
全部碎石鋪裝通行可能
永久構造物碎石鋪裝乘合バスアリ
木造構造物碎石鋪裝乘合バスアリ
木造構造物碎石砂鋪裝乘合バスアリ

康德七年度國道

（建　設

路線名	路線延長粁數
河城—樺樹	粁 47.0
敦化—大甸子	99.0
吉林—官馬山	40.0
吉林—樺樹	125.0
德惠—農安	45.0
八家子—遼源	66.0
拉法—官地	132.0
吉林—白旗屯	—

國道縣道警備道

名稱	既設總延長	計畫總延長
國道	粁 1,309.7	396.0
縣道	[illegible]0,000.0	—
警備道	330.0	135.0

計畫延長內譯

工　事)

摘　要
七年度施工延長16粁吉林省ト濱江省トヲ連絡スル唯一ノ國道ニシテ三ケ年計畫ノ一年度トシテ上記16粁施工ス
七年大蒲勞河―大甸子間30粁施工
七年度施工延長40ニシテ敦化方面ヘ連絡セントス
七年度施工トシテ34粁以テ濱江省ニ連絡セントス三ケ年計畫ニシテ本年度ハ第一年ナリ
七年度施工45粁
七年度施工30粁ニシテ奉天省雙山縣城ニ連絡ス同路線地方ハ開拓團ノ入植預定地ナリ
七年度施工 241粁牡丹江ヘノ唯一ノ連絡道路ナリ
七年度施工10粁

路既完計畫延長

康德七年二月現在

其　他	摘　要

特殊橋梁

橋梁名	延長	巾長
吉林大橋	米 696.0	米 9
飲馬河橋	—	—

地方橋梁

橋梁名	延長	巾長
赫爾蘇橋	米 134.4	米 6
農安橋	—	—
額穆橋	105.0	5.5
長嶺子橋	—	—

架　設　工　事

摘　　　　要
主經間鐵筋コンクリートゲルバー式延長 449米取付經間木橋 197米ニシテ巾員車道 6米步道各15米計 9米ナリ 調　査　計　畫　中

架　設　工　事

摘　　　　要
總延長 201.6米 1ノ鐵筋コンクリート單桝橋 調　査　計　畫　中
有效幅員45米ニシテ取付道路右岸 181.5米左岸23.5米ノ木橋ナリ 調　査　計　畫　中

省內主要人名錄 （康德七年八月十五日現在）

吉林省	省長	閻傳紱
〃	次長	植田貢太郎
官房	庶務科長	大石義光
〃	文書科長	王作述
〃	會計科長	周士章
〃	計畫科長	杉岡令一
〃	地方科長	國澤健一郎
〃	地政科長	小田切正孝
〃	營繕科長	笛木英雄
民生	民生廳長	耿熙旭
〃	高等教育科長	板野博美
〃	國民教育科長	鄒海瀛
〃	社會科長	佟松麟
〃	勞務科長	李溶澤
〃	保健科長	趙恩璨
警務	警務廳長	村井矢之助
〃	警務科長	岩滿三七男
〃	警備科長	深川袈裟吉
〃	特務科長	牧芳太郎
〃	保安科長	艾永鈞
〃	刑事科長	
〃	教養督察科長	藤本恩
開拓	開拓廳長	邱任元
〃	招墾科長	津野尾一郎
〃	拓地科長	
〃	農林科長	
〃	殖產科長	王延玫
〃	工商科長	廣瀬松夫
土木	土木廳長	孫仁軒
〃	監理科長	倉重禎三郎
〃	工務科長	渡部幸三郎
〃	省參事官	原田清
吉林市	市長	路之淦
〃	副市長	眞松恒郎

永吉縣	縣長	黄式敍
	副縣長	早川太三郎
蛟河縣	縣長	李儒忱
	副縣長	坂本義二三
敦化縣	縣長	梁學貫
	副縣長	池端敏
樺甸縣	縣長	趙祥廉
	副縣長	高比虎文助
磐石縣	縣長	姚祖訓
	副縣長	宮內淸
伊通縣	縣長	劉淸一
	副縣長	龜山俊衞
雙陽縣	縣長	馮江
	副縣長	坂本稔
九台縣	縣長	于文英
	副縣長	大山宏
長春縣	縣長	劉允升
	副縣長	
懷德縣	縣長	宋毅
	副縣長	田崎庫三
長嶺縣	縣長	楊桂滋
	副縣長	長坂治郎
乾安縣	縣長	郭連壁
	副縣長	藤沼淸
扶餘縣	縣長	宋德淸
	副縣長	大井重勝
農安縣	縣長	丁吾
	副縣長	三上憲之助
德惠縣	縣長	景陽春
	副縣長	牧駿走
楡樹縣	縣長	林珪
	副縣長	金重義明
舒蘭縣	縣長	譚英多
	副縣長	岸義一
郭前旗	旗長	業錫札拉森
	參事官	中尾眞一

官署辦公時間

一、官署ノ執務時間ハ休日ヲ除キ左ノ通トス

一、三月一日ヨリ四月三十日迄、午前九時ヨリ午後四時ニ至ル但シ土曜日ハ正午トス

二、五月一日ヨリ七月十五日迄午後八時ヨリ午後四時ニ至ル但シ土曜日ハ正午迄トス

三、七月十六日ヨリ八月十五日迄午前八時ヨリ正午ニ至ル

四、八月十六日ヨリ九月三十日迄午前八時ヨリ午後四時ニ至ル但シ土曜日正午迄トス

五、十月一日ヨリ十一月三十日迄午前九時ヨリ午後四時ニ至ル但シ土曜日ハ正午迄トス

六、十二月一日ヨリ翌年二月末日迄午前九時三十分ヨリ午後四時三〇分ニ至ル但シ土曜日ハ午後零時三十分迄トス

官公署辦公時間除放假日外規定如左

一、自三月一日起至四月三十日止自上午九時起至下午四時止但星期六至正午止

二、自五月一日起至七月十五日止自上午八時起至下午四時止但星期六至正午止

三、自七月十六日起至八月十五日止自上午八時起至正午止

四、八月十六月起至九月三十日止自上午八時起至下午四時止但星期六至正午止

五、自十月一日自十一月三十日止自上午九時起至下午四時止但星期六至正午止

六、自十二月一日起至翌年二月末日止自上午九時三十分起至下午四時三十分止但星期六至下午零時三十分止

度量衡表

（本換算最下位數字以後之數已四捨五入）

區分		度長					
尺斤法	名稱	丈	尺	寸	分	釐	毫
尺斤法	命位	一〇尺	單位	〇・一尺	〇・〇一尺	〇・〇〇一尺	〇・〇〇〇一尺
米突法		三・三三三米	〇・三三三三米	〇・三三三三粉	〇・三三三三糎	〇・三三三三粍	〇・〇三三三粍
營造庫平制		一・〇四一六七丈	一・〇四一六七尺	一・〇四一六七寸	一・〇四一六七分	一・〇四一六七釐	一・〇四一六七毫
米突法	名稱	粁（啓羅米突）	米（米突）	粉（特西米突）	糎（生的米突）	粍（密理米突）	糤（絲克龍）
米突法	命位	一〇〇〇米	單位	〇・一米	〇・〇一米	〇・〇〇一米	〇・〇〇〇〇〇一米
尺斤法		二里	三尺	三寸	三分	三釐	〇・〇三毫

參考

面積

但面積得以長度之平方名稱表示之

頃	一〇〇畝	一〇陌	一・六二七六〇四頃	陌	一〇〇阿	一天
天	一〇畝	一陌	一六・二七六〇四畝	阿（阿爾）	一〇〇平方米	〇・一畝
畝	單位 九〇〇〇平方尺即三六〇弓	一〇阿	一・六二七六〇四畝	平方粁	一〇〇〇〇〇〇平方米	四平方里
分	〇・一畝	一阿	一・六二七六〇四分	平方米	單位	九平方尺
釐	〇・〇一畝	〇・一阿	一・六二七六〇四釐	平方釐	〇・〇一平方米	九平方寸
毫	〇・〇〇一畝	〇・〇一阿	一・六二七六〇四毫	平方粉	〇・〇〇〇一平方米	九平方分
弓	二五平方尺	〇・〇二七八阿	四・五三一一三毫	平方粍	〇・〇〇〇〇〇一平方米	九平方糎
里	一五〇〇尺	〇・五粁	〇・八六八〇五六里	但海里限於表示海面長度時用之		
引	一〇〇尺	三三・三三米	一・〇四一六六七引	海里	一八五二米	三・七〇四里

但阿及陌限於表示土地或水面之面積時用之

量

石	一〇〇升	一竡	〇・九六五七四六石
斗	一〇升	一〇立	〇・九六五七四六料
升	單位 二七立方寸	一立	〇・九六五七四六升
合	〇・一升	一竕	〇・九六五七四六合
勺	〇・〇一升	一〇竓	〇・九六五七四六勺
撮	〇・〇〇一升	一竓	〇・〇九六五七五勺

但容量得以長度之立方稱表示之

噸	二・八三一六八立方米	七六・四八七三立方尺	船舶之載重量時用之物或粉狀物時用之噸只限於表示但竓至竏只限於量液體氣體粒狀
竏（啓羅立脫爾）	一〇〇〇立	一〇〇〇升	
竡（海克脫立脫爾）	一〇〇立	一〇〇升	
立（立脫爾）	一立	一升	
竕（特西立脫爾）	〇・一立	〇・一升	
竓（密理脫稅爾）	〇・〇〇一立	〇・〇〇一升	
立方米	單位	二七立方尺	
立方粉	〇・〇〇一立方米	二七立方寸	
立方糎	〇・〇〇〇〇〇一立方米	二七立方分	

衡							
擔	斤	兩	錢	分	釐	毫	絲
一〇〇斤	單位	〇・一斤	〇・〇一斤	〇・〇〇一斤	〇・〇〇〇一斤	〇・〇〇〇〇一斤	〇・〇〇〇〇〇一斤
五〇瓩	五〇〇瓦	五〇瓦	五瓦	五〇〇瓱	五〇〇瓱	五瓱	〇・五瓱
八三・七七九斤	〇・八三七七九斤	一・三四〇四六兩	一・三四〇四六錢	一・三四〇四六瓱	一・三四〇四六釐	一・三四〇四六毫	〇・一三四〇四五毫
時用之　但嘎喇只限於表示寶石之重量			嘎喇	瓲（噸）	瓩啓羅克蘭母	瓦（克蘭母）	瓱密理克蘭母
			二〇〇瓱	一〇〇〇瓩	單位	〇・〇〇一瓩	〇・〇〇〇〇〇一瓩
			四〇〇絲	二〇〇擔	二分	二分	二絲

康德七年九月十五日印刷

【非賣品】

發行者　吉林省長官房

新京特別市西三馬路五一號
印刷者　森高繁雄

新京特別市西三馬路五一號
印刷所　滿洲誠文堂
電話②六五八九番

星期日表

一月	二月	三月	四月	五月	六月	七月	八月	九月	十月	十一月	十二月
七日	四日	三日	七日	五日	二日	七日	四日	一日	六日	三日	一日
十四日	十一日	十日	十四日	十二日	九日	十四日	十一日	八日	十三日	十日	八日
二一日	一八日	一七日	二一日	一九日	一六日	二一日	一八日	一五日	二〇日	一七日	一五日
二八日	二五日	二四日	二八日	二六日	二三日	二八日	二五日	二二日	二七日	二四日	二二日
		三一日			三十日			二十九日			二十九日

民間重要節日祀日及紀念日表

除夕	二月七日	陰曆一二月末
祀關岳	三月二五日	春分後一戊日
釋迦佛廟會	三月二七日	陰曆二月一九日
湯岡子娘娘廟會	四月六日	陽曆四月十六日
植樹節	四月二十日	穀雨日
天齊佛廟會	五月五日	陰曆三月二八日
佛誕廟會	五月一四日	陰曆四月初八
娘娘廟會	五月二四日	陰曆四月十八日
藥王廟會	六月三日	陰曆四月二八日
關帝廟會	六月十八日	陰曆五月十三日
紀念日 協和會創立	七月二五日	陽曆七月二五日
日本承認滿洲國紀念日	九月十五日	陽曆九月十五日
孔誕	九月二八日	陰曆八月二七日
祀關岳	十月二日	秋分後一戊日

慶祝日

訪日宣詔紀念日	陽曆五月二日
建國節	陽曆三月一日
萬壽節	陽曆二月六日
元旦	陽曆一月一日

官署放

二月九日	※※	陰曆正月初二日
二月八日	春節	陰曆正月初一日
二月七日	※※	陰曆十二月末日
二月六日	萬壽節	陽曆二月六日
一月三日	※※	陽曆一月三日
一月二日	※※	陽曆一月二日
一月一日	元旦	陽曆一月一日

假日期表

每星期日		
十二月三十一日	※※	陽曆十二月三十一日
十二月三十日	※※	陽曆十二月三十日
十二月二十九日	※※	陽曆十二月二十九日
九月十六日	中秋節	陰曆八月十五日
九月十六日	秋丁祀孔	陰曆八月上丁日
六月十日	端午節	陰曆五月初五日
五月二日	訪日宣詔紀念日	陽曆五月二日
三月十五日	春丁祀孔	陰曆二月上丁日
三月一日	建國節	陽曆三月一日
二月二十二日	元宵節	陰曆正月十五日
二月十日	※※	陰曆正月初三日

大同二年十二月七日印刷
大同二年十二月十日發行

編纂者　吉林省公署總務廳調査科

印刷者　交進社印刷工廠

發行者　吉林省公署總務廳

ハ建國ノ柱石タル省長ヲ初メ有能ノ滿系官吏及ヒ日系官吏アリ、外各縣ニハ有能ノ縣長、縣參事官、副參事官、警務指導官ノ配置略々完了シ、他面治安ノ恢復期シテ待ツヘク交通、通信網ノ完成亦近キニアリ、斯クテ形式、內容共ニ充實セル事到底事變前ト比ス可クモ非ズ。

聽テ吉林省大資源ノ開發ニ着手センカ、現在ニ於テ其ノ成績見ル可キモノナキ本省ノ工業、商業ハ飛躍的ナル勃興發展ヲ爲スヤ論ナク、延テハ自供自足シ能ハサル現在ノ各縣財政モ確立シ眞ノ王道樂土先ツ本省ニ現出スヘキヤ必セリ。面積ニ於テ全日本ノ三分ノ一以上ナル本省モ人口ニ於テハ十分ノ一ニ足ラザル七百萬餘ナリ、人口ノ密度推シテ知ル可シ、滿洲國ハ五族協和ナリ東亞ノ民族一致團結シテ、吉林省ノ大資源ノ開發ニ邁進センカ、ソノ前途タルヤ光輝燦然タルモノアラン。

終リ

ノ前提トナル可キ治安、交通ノ二項目ニ就キ之ヲ考フルニ、先ツ治安關係ニ於テハ、昨年夏季ニ於テ省內ニ十數萬ノ匪賊蟠踞シ縣城ノ大半ハ此カ襲擊ヲ蒙リ、殊ニ東北各縣ノ如キ省城ヲ距ル事遠ク全ク彼等ノ手ニ委セラレタルモ、日滿兩國軍隊ノ絕エサル討伐ト日滿合作ノ政治、淸鄕工作ハソノ功ヲ奏シ現在ニ於テハソノ數三萬ニ滿タズト稱セラル。斯クノ如ク治安ノ恢復ハ近キ將來ニ約束サレツ、アルガ他面交通關係ニ於テハ敦圖線既ニ開通シ、拉賓線亦本年中ニ開通ノ運ヒニアリ、明年ニ於テハ圖寧線モ開通ス可ク更ニ道路ハ國道局ノ努力ト各縣自体ノ修築トニ依リ從來ノ面目ヲ一新シ電信、電話網亦着々トシテ完成ヘノ途上ニアリ。斯クシテ本省ノ資源ハ飛躍的ニ市場ニ搬出セラル可ク、從ツテ國家財政唯一ノ財源タル可キ日モ決シテ遠キ將來ニハ非ル可ク即チ本省ノ資源ヲ度外視シテ滿洲國ノ經濟問題ヲ論スルハ不可ナリト稱スルモ過言ニハ非ルベシ。

以上ハ經濟的關係ヨリ見タルモノナルガ、ソノ他各個ノ問題ニ就キテ之ヲ見ルモ、朝鮮人問題、移民問題、松花江航行權問題、國境問題等總テ本省ニ於テハ勿論、滿洲國トシテソノ悉クガ致命的問題タラザルハナシ、即チ滿洲國ノ政治、財政、治安、經濟ハ懸ツテ本省ニ在リト云フモ誇張ノ言ニハ非ルベシ。

之ヲスルニ假令事變前ニ於ケル省公署、縣公署或ハソレ以下ノ地方行政組織ガ法ニ準據セザル不統一ナルモノナリシニセヨ、又省民カ舊軍閥ノ苛斂誅求ニ塗炭ノ苦ミヲ嘗メタリシニセヨ將又大學以下小學校ニ至ル迄三民主義、國民黨義ニ依ル敎材ヲ課セラレシニセヨ、更ニ經濟方面ニ於テハ商業、工業ノ成績見ル可キモノナシト雖モ、此等ハ總テ過去ノ事實ニ屬スルモノニシテ、今ヤ王道標榜ノ滿洲國ハ生レ、各種ノ法令ハ制定セラレ、惡稅ハ廢セラレ、加フルニ從來ノ因襲的人事行政ハ刷新セラレ省公署ニ

三、石川村

石川縣人道下氏ハ昭和七年春來滿シ敦化ニ近キ黄泥河子ニ二十八町歩ノ土地ヲ商租シ農耕セントシ着々トシテ實行中不幸昨年十月ノ間ニ於テ匪賊ノ爲メ襲撃セラレ愛妻初メ同居人ハ賊丸ニ斃レ引揚ノ止ムナキニ至レリ。

四、大坂村

敦化附近ニ大坂村ヲ建設スベク計畫セシ者アリ吉林ニ事務所ヲ設ケ準備中ナリシモ、内部ニ種々ノ紛糾ヲ生シタルモノノ如ク遂ニ實現ニ至ラズシテ頓挫セリ。

第十二章　結　論

吉林省ノ概説ハ以上ヲ以テ終リタルカ之ヲ經トシ或ハ緯トシテ結論トナシ以テ本編ヲ終ラントス。

滿洲國ノ建國カ如何ニ極東ノ經濟關係ニ重大ナル變革ヲ招來セシカハ何人モ肯定シ得ル處ニシテ通商、貿易ハ勿論ナルモ、其ノ根本問題ハ從來包藏セラレタル滿洲國ノ資源開發ヲ第一義トナスヲ得ベシ。然レドモ之ヲ滿洲國ノ實狀ニ照シテ觀察スルニ、奉天省ニ於ケル資源ノ開發ハ既ニソノ過半ヲ盡シ殘餘幾何モナシ。黑龍江省ニ至リテハ治安、交通ノ關係上是亦一朝ニシテ着手シ易カラス。飜ッテ吉林省ノ狀況ヲ看ルニ農業、林業、礦業ノ三大項目ニ於テ滿洲國資源ノ大宗タルノミナラス、前二省ノ束縛セラレタル實狀ト異リ最モ卑近ノ間ニ之ヲ獲得シ得可キ幾多ノ好條件ヲ具備スルナリ。即チ資源開發

第五節　其他ノ移民

一、德島村

本省內敦化縣ノ三道浪子、沙河掌地方ニ德島村ヲ建設シ荒地ノ開墾ヲナサントシ、昨年八月奉天加茂町德島村建設事務所ヨリ代表者堀北與市ノ名ヲ以テ敦化縣長宛申請書ヲ呈出シタルガ、該縣長ハ右ノ旨省公署ニ轉呈シ此ニ對スル指示ヲ仰ゲリ。當時省公署ニ於テハ該地方ニ民國十八年拂下ノ荒地三萬八千晌アリ、公益招墾公司ヲシテ開墾セシメツヽアリシモノヲ省ニ接收中ナリシヲ以テ、該申請地方ト同一地域ニ非ズヤトノ疑念ノ下ニ併セテ官地ナリヤ私有地ナリヤ一切不明ノ爲メ敦化縣公署ニ調査方訓令セリ。然ルニ該德島村ハ內容堅實ナルモノニ非ズシテ失敗セシハ周知ノ處ナリ。

二、拉賓、吉敦沿線ノ移民

昨年十月ヨリ十一月ニ亘リ拓務省移民適地調査班ハ吉敦沿線ノ候補地ノ調査ヲナシ、本年九月中旬ヨリ農耕適地ノ再調査ヲナシツヽアルガ大体新站地區、戈稚河地區、黃泥河子地區等ヲ除キテハ他ニ適地ナキモノト思料セラル、又他面本沿線ノ畑地ハ滿人ニ水田地ハ鮮農ニヨリ經營セラレツヽアル今日ニ於テ此以外ニ更ニ適地ヲ求ムル事ハ治安ノ關係、交通不便ノ關係等ヨリシテ相當困難ニ非スヤト思料セラル。

拉賓沿線ノ農耕適地ノ調査ニ就テモ本年六月拓務省調査班ニ於テ調査ヲ完了シタルガ五常縣東部地域ニ可能地アルモノノ如キモ詳細ハ不明ナリ。

事教化ニ到着セリ、直チニ現地ニ赴ク予定ナリシモ治安關係其ノ他ノ事情ニヨリ實行不可能トナリ、目下教化ニ於テ待機中ニテ明春解氷期ヲ俟チ現地ニ赴ク予定ナリ。

第三項　現地ノ狀況　（本年四月ノ調査報告）

吉林省寗安縣第九區內ニシテ附近一帶山地多ク山紫水明ノ土地ナリ。

1、學園用候補地區域

民有地、官有耕地（學田）、官有林野ノ三ニ分タレ總面積一萬二千四百八十一平方米餘、即チ約一千六百九十三晌ナリ、ソノ內大頂子屯、松乙溝ヲ合シテ民家約四十戶ニシテ民有地二百六十五晌、官有耕野約一千二百六十六晌アリ

2、學園實習農園用地區域

本區域ハ湖水ノ東南沿岸ニ位シ、東ハ湖沿ヨリ褚家屯ニ至リ、北ハ大頂子峯ヨリ尖山子峯ニ至リ、南ハ河沿ニ至リ、大頂子峯、尖山子峯ヲ貫ク一線ト松乙溝河トノ包含セル地域一帶ナリ、長サ約十三支里幅二、三支里ナリ

3、學園附近一帶ノ地價　（事變前）

房園地毎晌四十元乃至六十元、菜園地、牧園地四十元乃至六十元、果園地二十元乃至三十元、耕地、水田ハ四十元乃至五十元ニシテ、草田及ヒ牧養地ハ十五元乃至二十元ナリ、

而シテ產額ニ就キ之ヲ見ルニ毎晌大豆ハ四石乃至六石、粟、包米、高粱、大麥ハ四石乃至五石ニシテ租糧ハ上四斗、中三斗、下二斗ヲ普通トシ、租糧ハ毎年大豆ト粟ヲ以テ納入スルモノナリ。

1、同學園ハ私立學校ニ關スル法令並ニ文敎部訓令ノ定ムル處ニ依リ文敎部總長ノ監督ニ服スル事
2、同學園用地並ニ基本財產トシテ貸與ヲ受ケタル土地ハ政府ノ許可ナクシテ處分スルコトヲ得サルコト
尙本件ニ伴フ官有地貸與ニ關シテハ民政部並ニ實業部總長ト合議ノ上之ヲ決定スル事ノ條件ヲ附スルコト
等ノ條件ヲ附シテ一致可決セリ。
右ノ結果十月十二日實業部、同二十七日民政部、同二十九日文敎部ノ決裁ヲ經テ、大同元年十月三十一日附滿洲國文敎部許可狀第一號ニヨリ正式許可セラレタリ。斯クテ滿洲鏡泊學園設立ハ實現サル、事トナレリ。
然レトモ當時既ニ冬季ニ入リ、又該鏡泊湖附近ハ治安未タ完全ニ恢復セサル關係モアリ、本年ノ解氷期ヲ俟チテ實施スル事トナリ、學園代表者ハ諸般準備ノ爲メ歸國セリ。
本年二月ニ至リ、該學園當事者ハソノ先發隊十名ヲ送リ一時滿鐵ノ公主嶺農事試驗場ニ委託シ、豫備的知識習得ノ爲メ農業實習ニ從事セシメタリ。
更ニ三月下旬ニ於テハ學園總務山田氏初メ一行七名ノ調査隊ヲ組織シ再度該地附近一帶ノ實地調査ヲナセリ、該調査隊ハ四月中旬歸吉セルガ、右調査ニ依リ候補地附近一帶ノ狀勢、略々分明シ茲ニ於テ民政部、實業部、吉林省公署三者ノ間ニ土地貸與ニ就キ合議セリ。
東京ニ於テ修業中ノ學生二百餘名ハ本年八月一日東京ヲ出發シ、大連、奉天、新京ヲ經テ今月十日無

文教方面ハ民政部内ニアリ）ニ出頭シ三科綜合制ナル滿洲大學設立案ヲ提出セリ。

滿洲國政府ニ於テモ、ソノ大學設立案ノ趣旨ハ大賛成ナルモ、學制未タ決定セサル當時、直チニ許可ヲ與フル事ハ困難ナリシナリ。ソノ間山田理事ハ日本側、滿洲側各關係官廳ニ諒解ヲ求メタルモ三科綜合制滿洲大學設立案ハ實現至難ナルニ依リ拓殖科ヲ主体トスル單科大學案ヲ計畫シ實現ニ努力セルナリ。然ルニ吉林敦化方面ヲ視察シ大學建設候補地ヲ敦化附近ニ定メントセシモ、考究ノ結果寗安縣鏡泊湖畔ニ一個ノ學園ヲ經營シ、ソノ學園ノ指導ニ依リ學園村ヲ建設スル事トナリ、茲ニ滿洲鏡泊學園設立ノ計畫企圖セラルヽニ至レリ。仍ッテ鏡泊學園實現ノ爲メ、寗安縣鏡泊湖一帶ノ實地調査ヲ敢行スル事トナリ、昨年五月三十一日調査隊ヲ組織シ、日本軍、滿洲國軍掩護ノ下ニ出發セリ。然レトモ當時該地附近ハ多數匪賊ノ蟠踞地ニシテ、精密ナル調査ヲ遂クル能ハス、唯學園建設候補地ヲ鏡泊湖南ノ南湖頭附近ニ定メ歸來セリ。爾後滿洲國内部ノ關係ヨリ著シキ進涉ヲ見ス寧ロ停頓ノ狀態ニアリキ、九月一日ニ至リ山田學園代表ハ文敎部並實業部總長宛正式願書ヲ提出セリ。サレト當時日本ハ滿洲國承認以前ナリシ爲メ、之カ承認ニ關シ又一頓挫ヲ來セリ。他方學園設置問題ト學園村設定問題トニ就キ所管官廳ノ相違ヨリ願書ノ訂正再提出ヲナサシムル事トナレリ、先ツ文敎部ニ於テ學園設立ヲ許可シ、ソノ決定ヲ俟チ土地問題ニ關シテハ實業部、民政部並ニ吉林省公署トノ間ニ會議決定スル事トナレリ。

設立許可ニ關シテハ大同元年九月二十六日國務院第四十七次會議ニ於テ左ノ如ク可決セラル。

一、滿洲鏡泊學園設立許可ノ件

張實業部總長ヨリ大林一之、山田悌一ヲ代表トシ出願セル學園設立ノ要旨ヲ說明シ

足ノ爲メ一定ノ土地ヲ貸與スル事ニ決セリ。今滿洲國政府ヨリ貸與サル可キ土地ノ內容ヲ見ルニ

1、學園敷地トシテ別紙圖面（揭載セズ）ノ地積ヲ貸與ス、但シ本地域內ニ包含セラル、民有地ハ學園ニ於テ之ヲ買收スルモノトス。

2、學園實習農園

在校生六百名ノ自給自足ノ爲メ、實習農園トシテ右ノ地積ヲ貸與ス

水　田　　三百町步　　畑　地　　三百町步

牧塲適地　一千町步　　森林地帶　五千町步（木材伐採及植林適地）

3、學園村用地

卒業生約一千戶定住ノ爲メ、學園村用地トシテ公有地ヲ含ミ左ノ地積ヲ貸與ス

水　田　一萬町步　　畑　地　一萬町步　　牧　場　三萬町步

公有地ハ其ノ地積ノ收入ヲ以テ公共事業、慈善事業其ノ他ノ費用ニ充當スルモノトス

4、學園村用林場權

學園村用トシテ學園村最寄ノ良好ナル林場一部ノ林場權ヲ附與ス

5、第三、第四ノ貸與地積ノ位地ハ現地踏査ノ上民有地其他ノ特種地域ヲ除キタル地域ニヨリ決定シ改メテソノ貸與ヲ受クルモノトス。

第二項　成立迄ノ一般的經過

大同元年五月十日、日本國國士舘專門學校理事山田悌一（後ノ鏡泊學園總務）ハ民政部文敎司（當時

迄既ニ二百餘戸ハ引越料ヲ受領シテ立退ヲナセリ。仍ツテ東亞勸業側ニ於テハ五月七、九兩日哈爾濱ヨリ避難鮮人四百家族約二千人ヲ現地ニ送レリ。八月中旬現在ノ狀況ヲ見ルニ五百七十九戸、男一千三百九十七人、女一千九十八人合計二千四百九十五人ニシテ、本年度耕種面積八百三十町歩、一戸當リ水田一町四反歩、畑三反五畝ナリ。將來ハ水田二千町歩ノ計畫ニテ、現在（八月中旬）一千七百二町歩アリ、更ニ二百九十八町ヲ開田スル必要アルモ困難ナルモノノ如シ、明年春耕期迄ニハ豫定通リノ面積ヲ商租シ、當初ノ計畫タル一千戸ヲ收容スル方針ナリト云フ

第四節　鏡泊學園

第一項　主旨及其ノ內容

本學園ハ大亞細亞主義ヲ抱懷スル青年ヲ陶冶鍛鍊シ、滿洲建國ノ理想成就ニ獻身スヘキ模範的人材ヲ養成スル目的ヲ以テ、農業經營ヲ中心トシ所程ノ課程ニ對シソノ要諦ト活用トヲ体得セシメ自給自足ト協力トヲ原則トセル理想學園村ヲ滿洲國法ノ下ニ建設經營スルモノニテ、本部ヲ吉林省寧安縣鏡泊湖畔松乙溝ニ設置シ、必要ニ應シ支部ヲ各地ニ置クモノナリ、現在ニ於テ支部ハ東京ト新京トニ設立サレアリ。學園總長トシテ滿洲國參議築紫熊七氏ヲ戴キ、學園總務トシテ山田悌一氏此ニ當リ、ソノ下ニ職員及ヒ學生統卒セラレ、學生ハ一學年三百名ニシテ二ケ年修業トシ、全部學園寄宿舍ニ入レ學園ノ保安維持ニ任セシメ、卒業後ハ學園統制下ニ建設サル可キ學園村ノ經營ニ獻身スルノ義務アルモノナリ。之カ爲メ日本國政府ニ於テハ拓務省ヨリ年若干ノ補助ヲナシ、滿洲國政府ニ於テハ學園生徒六百名ノ自給自

一、土地評價格

水田	上地	一晌地	哈洋	一二〇、〇〇
	中地	〃	〃	一〇〇、〇〇
畑	上地	〃	〃	九〇、〇〇
	中地	〃	〃	七〇、〇〇
荒地	上地	〃	〃	三〇、〇〇
	下地	〃	〃	一〇、〇〇

二、家屋評價格

上等	一間房	哈洋	四〇、〇〇
中等	〃	〃	三〇、〇〇
下等	〃	〃	二〇、〇〇

三、水道用地　　該地ノ査定等級價格ノ五割增、

右ノ如キ決定ニヨリ本問題ハ解決セルカ、決定ニ先チ四月十五日烏吉密河ニ於テハ縣農會ニ農民五十數名集合シ、東亞勸業ニ對シ

一、大人一ケ月哈洋三元、小人一元五角ニテ五ケ月分ヲ立退料トシテ支給サレタシ

二、引越馬車賃トシテ六人迄一台、十人迄二台、十五人迄三台、二十人迄四台トシ、一台ニツキ五元ノ割ニテ支給サレタシ

三、運搬ニ不便ナル丸太、板類、及ヒ賣却ヲ希望スル穀物、籾、藁其他ハ市價ヲ以テ買入ラレタシ

四、立退者ニシテ他縣ニ移轉スル者ノ縣ノ證明書下附ノ手續ニツキ公司側ヨリ盡力サレタシ。

トノ四箇條ヲ要求セルカ公司側ニ於テハ之ヲ應諾シ、翌十六日ヨリ拂出ヲ行ヒタル結果四月二十日頃

鎌田生三（特務部）長岡半六（哈爾濱總領事舘）淺川爲吉（總督府）黒澤謙吉（滿鐵）花井脩治（勸業公司）

協定ニ於テハ委員ハ各五名ト決定シ、兩縣ヨリ一名ノ有力者ヲ出ス筈ナリシモ、之ヲ變更シテ各一名ヲ出ス事トセリ、但シ表決ニ際シテハ二名ヲ以テ一權ヲ有スル事ト決定セリ。

斯クテ第一、二次委員會ヲ六月四、五兩日ニ亘リ開催シ左記原則ヲ決定セリ。

1、土地ノ等級ハ勸業公司ノ調査ヲ原案トシテ審議ス

2、土地ノ等級ハ水田、畑、荒地ノ三ニ分チ更ニ水田、畑ハ各一、二等級ニ分チ都合五等級ヲ附スル事トス

3、小委員會ノ組織

土地家屋ノ等級ノ査定並ニ、土地家屋價格査定原案ノ作成ノ爲メ、滿洲側ヨリ横瀨、王續之、顏承魯、日本側ヨリ鎌田、黒澤、齊藤ノ六人ヲ以テ組織ス。

右ニヨル小委員會ハ六月五、六日ニ於テ開催シ爾後ノ事務進涉ノ爲メ左ノ如ク協議セリ。

1、土地等級ノ査定、　2、面積ノ査定、　3、評價ニ用フル貨幣ノ決定　4、地價ノ査定、5、評價ニ伴フ雜件ノ處理

以上ニ基キ實地ノ調査ヲ行ヒ、七月十日ニ至ル間前後十四ノ小委員會ヲ開催シ嚴密ナル審査、檢討ヲ行ヒ、七月十日最後ノ委員會ヲ開催シ協議報告書ニ圓滿ナル兩者ノ調印ヲ了セリ。

結果次ノ如シ

三、氷路用地關係者ノ立退ニ關シテハ辦法第四條ニ依リ處理スルコト
但事情ノ許スモノニ對シテハナルヘク相當ノ期間ヲ定メ當該縣公署ヲ通シ立退ノ豫告ヲナスコト
四、東亞勸業株式會社ノ小作人トシテ本年耕作ニ從事シタル者ニ對シテハ立退ノ場合立退料ヲ支給セサルコト
五、東亞勸業株式會社ノ小作人トシテ本年耕作ニ從事スル者ノ小作料ハ地方ノ慣習ニ依ルコト
六、小作人所有ノ動産ノ讓渡價格ハ各閭長及鄕長ト東亞勸業株式會社ト協議決定スルコト
七、評價委員會幹事ハ五月二十日迄ニ委員ヲ取纏メ相互ニ通知スルコト
八、委員會ハ五月二十五日ヲ期シ開催、調査方針ヲ會議シ引續キ現地調査ヲナスコト
九、委員會ニ要スル諸雜費ハ東亞勸業株式會社之ヲ負担スルコト
十、東亞勸業株式會社ハ事業進行ニ關シ所管縣公署ト充分連絡ヲトルコト
右協定ノ第二條並ニ申合事項ノ第七項ニヨル評價委員名簿ノ正式交換ハ予定ヨリ遲レ六月一日ニ至リ之ヲ行ヘリ

氏名左ノ如シ

滿洲側

趙汝楳（吉林省公署）趙宗淸（珠河縣長）李春魁（延壽縣長）王纘之、于呈祥（珠河延壽縣有力者）横瀨花兄七（實業部）

日本側

勸業株式會社ト商議シ其ノ決定セルモノハ縣公署ヲ通シテ手續スルコト
前項手續完了シタル場合ハ其ノ都度委員會ニ報告スルコト
第八條　土地商租及建物讓渡受諾者ニシテ委員會ノ評價決定前特ニ代金ノ内渡ヲ希望スルモノカ縣公署ヲ通シ其ノ土地及建物ノ所有權者タルコトヲ証明スヘキ證書ヲ提出シタル場合東亞勸業株式會社ハ左記定額ヲ内渡金トシテ支拂ニ應スヘキコト
縣公署ニ於テ其ノ所有權者タルコトヲ證明シタルモノニ對シテハ縣公署其ノ責ニ任スルコト
水田、畑一垧地　四〇元　家屋一間房子　二〇元
第九條　珠河縣長ハ避難鮮人收容農村設置進行辦法第二條及第四條ノ主旨ニ遵ヒ委員會ノ決定ヲ俟タスシテ既成水田全部及水路用地竝ニ同地上建物ノ使用ヲ東亞勸業株式會社ニ許容スルコト
第十條　東亞勸業株式會社ハ前項土地ニ避難鮮人ヲ收容耕作セシムルコト
第十一條　關係縣長ハ遲滯ナク本協定ノ主旨ヲ佈告周知セシムルコト
第十二條　本協定以外ハ別紙申合事項ニ依ルコト

附屬申合事項

一、計畫地域內ニ既ニ播種ヲナシタルモノニ對シテ特ニ立退ヲ必要トスル場合ハ其ノ實費ヲ査定シ適當ノ補償ヲナスコト
二、辦法第三條ニ依ル期日內ニ立退困難ナルモノノ立退ニ付テハ地方ノ慣習ヲ考慮シ當該縣長ト東亞勸業株式會社ト合議ノ上適當ナル處置ヲ講スルコト

最善ノ解決ヲ期スル爲メ日滿兩國側ヨリ各同數ノ委員ヲ選任シ土地及建物評價委員會（以下委員會ト稱ス）ヲ組織スルコト

委員會ノ委員ハ左記ノ方面ヨリ選任スル事

日本側

關東軍	一名	朝鮮總督府	一名
哈爾濱總領事館	一名	滿鐵	一名
東亞勸業	一名	計	五名

滿洲側

實業部	一名	吉林省公署	一名
珠河縣公署	一名	延壽縣公署	一名
珠河延壽兩縣有力者	一名	計	五名

第三條　委員會ハ珠河縣公署內ニ置キ珠河縣公署及東亞勸業株式會社ヨリ各一名ノ幹事ヲ選任シ委員會ニ關スル事務ヲ處理セシム

第四條　委員會ハ共同調査ヲ實施シ六月末日迄ニ商租地域內土地及建物ノ價格及等級ヲ決定スルコト

委員會ノ決定ハ多數決ニ依ル但可否同數若クハ區々ニシテ決定セサルトキハ吉林省公署及吉林日本總領事館ノ合議裁定ヲ受クルコト

第五條　關係縣長ハ委員會ノ決定ニ基キ地主ヲシテ東亞勸業株式會社ニ對シ土地商租及建物讓渡ヲ實行セシムルコト

第六條　東亞勸業株式會社ハ委員會ノ決定セル代價ヲ支拂ヒ土地商租及建物ノ讓渡ヲ受クルコト

第七條　土地建物所有者ニシテ委員會ノ決定ヲ俟スシテ土地商租及建物讓渡ヲ希望スル者ハ自由ニ東亞

等ノ三項目ヲ議定セリ。

斯クテ本問題ハ省公署並ニ中央政府ヲ離レテ現地ニ於テ解決サルヽ事トナレリ。

吉林省公署代表趙參事官ハ四月二十六日一面坡ニ到着後毎日ノ如ク東亞勸業花井専務並ニ關係者ト種々協議セシモ、地主ノ希望價格（旱田二五〇元―三五〇元、水田三五〇元―四五〇元）ハ勿論、趙參事官並ニ珠河、延壽兩縣長ノ予定額（旱田上、二〇〇、中、一八〇、下、一六〇、水田上、三〇〇、中、二六〇、下、二二〇、房屋、上、一二〇、中、九〇、下、六〇、井戸一ハ上等水田（天地ト同樣）ト勸業公司側ノ買收予定額トハ大ナル懸隔アリ、到底圓滿ナル解決ヲ見ル事至難ナルヲ以テ、此カ公平ナル價格決定ノ爲メ日滿双方ヨリ委員ヲ出シ評價委員會ヲ組織シテハ如何トノ議起リ、ソノ組織權限等ニ就キ五月三、四、五ノ三日間ニ亘リテ關係者協議ノ結果左ノ如ク決定シ、趙參事官、珠河延壽兩縣長、花井専務ノ間ニ調印ヲナセリ。

河東安全農村設置土地商租辦理ニ關スル協定

河東安全農村設置土地ノ件ニ關シ避難鮮人收容農村設置辦法五ヶ條ノ精神ニ基キ五月五日珠河縣公署一面坡辦事處ニ於テ日滿關係者列席商議ノ結果左記各條ニ依リ實施スル事ニ協定ス。

第一條　東亞勸業株式會社ハ避難鮮人收容農村設置進行辦法第一條ニ據ル二千五百町歩ノ土地商租ノ區域ヲ速ニ決定スルコト

第二條　土地商租料及建物價格ハ三方面ノ協議ニ依リ遽ニ決定シ難キ實情ニアリ。故ニ最モ公正ニシテ

シ。
他方現地ニ急行セシ趙參事官ヨリハ東亞勸業側ニ於テ稻作ノ關係上價格等ノ協定ハ他日ニ讓リ水道ノ開鑿ハ至急許可サルヽ樣申出アルモ右ニ對シ如何ニ處置ス可キヤト指示方希望シ來レルカ此ニ對シ帶京中ノ省長ヨリハ水道工事ニ就キテハ價格ヲ高價ニ支拂フ事ヲ條件トシテ許可スルモ差支ヘナシ仍ツテ領事館側ト交涉シソノ結果ヲ趙參事官ニ通知スヘシト命令アリタルヲ以テ、本公署ヨリハ趙參事官宛「安全村ノ件ニ關シテハ日本側ハ先ツ水路工事ヲ開始シ、而ル後地代ノ交附ヲナサントト要求セリ、單ニ時間ノ問題ナル時ハ實行妨ケナシ、將來地價ノ件ニ關シテハ日本領事ニ於テ一切ノ責任ヲ負ヒ人民ニ損失ヲ蒙ラシムルカ如キ事ナシ故ニ即時工事ノ開始ヲ許可セシムベシ」トノ訓令ヲ發シ、人ヲ派シ該訓令ヲ携帶現地ニ急行セシメタリ。
更ニ五月一日大使館ニ於テハ酒本東亞勸業代表、栗原參事官、米澤書記官、堂本、松島兩總督府事務官、森島總領事、森岡總領事代理、吉林省公署代表三浦總務廳長、山本調査科長等ノ關係者會議ヲ開キソノ結果
直チニ工事ニ着手スル事ヲ認メラルヽニ付キ
一、能フ限リ現地ノ實情ニ即シ土地代及立退料等ニ關シテハ公平ヲ旨トシ圓滿ナル解決ニ努ムルハ勿論、殊ニ水路敷地ニ關シテハ强制的ナル點ヲ考慮ニ加ヘ代償ニ於テ有利ナラシムル事
一、爾後現地ニ於ケル日滿關係各方面相互ノ連絡ヲ密ニシ事業ノ遂行ニ努ムル事
一、今後各種問題ハ可及的現地ニ於テ相互協議ノ上處理シ徒ラニ中央ヲ煩ハシメザル事

思フニ土地ノ商租問題ニ就テハ商租ノ精神ヲ尊重シ公平ニ辦理スヘキモノニテ總テノ商租年限商租價格ハ尤モ公平ニ議定シ該地域内ノ滿人ヲシテ反感ヲ招來セシメサル樣致スヘキモノニテ且目前資力ナク立退不可能ニテ小作ノ廢止ヲ希望セサル者ニ就テハ本年内ハ東亞勸業ニ對シ小作繼續方交渉スヘキモノニ候 該會社モ必ス便利ヲ與ヘ該地域内ノ滿鮮人民ヲシテ感情ヲ融合セシメ岐視シ紛糾ヲ惹起スルカ如キ事ナカラシムルモノニ有之候

會議召集ノ際ハ妥當公平ニ辦理シソノ情況即チ該區域内ノ面積、官有、民有、既墾、未墾各地ノ面積、地主及戶數等詳細調査ノ上地圖ヲ附シテ報告相煩ハシ度キ次第ニ候

實業部長　趙燕卿　　民政部長　臧式毅　　民政部次長　葆　康

是ヨリ先省ニ於テハ關係者會議ヲ開催スル予定ニテ珠河、延壽兩縣長ニ出頭ヲ電命セシモ、到着ヲ待ツ能ハザルノ狀態トナリシカバ遂ニ四月十九日現地ヨリノ珠河屬官一人ヲ交ヘテ日本側、花井專務、堂本事務官、森岡吉林總領事數名、省公署側ヨリ總務、民政、實業、警務各廳ヨリ關係責任者出席シ種々協議セリ、

四月二十三日珠河縣延壽縣ニ對シテハ現地解決ノ爲メ省代表トシテ趙參事官二十四日出發一面坡ニ向フ旨通知シ特ニ珠河縣ニ對シテハ十八日ノ電請ニ對シ、十九日關係者ヲ召集シ省公署ニ於テ實施順序討論ノ結果勸業公司代表ハ本案ニ關シテハ現在中止中ニテ省ノ解決ヲ待チ居ル旨告ゲタリ、今電報ニ依レハ該公司ハ東安、長發ノ貧民ト秘密裡ニ食料費、立退料ニ就キ決定シ即時立退ヲ實施セシメ居ル由ナルカ、事實トスレハ部定ノ商租手續ト一致セス、ソノ解決ニ對シ本公署ハ承認シ難キ旨該公司ニ通知ス可

ルカ、右ハ商租手續ニヨリ進行スルモノナル事ヲ條件トス
一、本案ハ大同二年内ニ農村ヲ設置シ鮮人ヲ收容スルモノナルモ暫時螞蜒河右岸ノ既墾水田地ヲ以テ範圍トス
一、凡ソ商租土地區域内ノ在來ノ滿洲國人民ニシテ目前立退ノ力無ク小作ヲ止ムル事ヲ欲セサル者ハ本年内ハ東亞勸業會社ヨリ繼續小作ヲ許可ス
一、本案ニ於ケル水道ノ開鑿區域内ニアル民家ハソノ土地ノ商租後ハ一律ニ立退クモノトス但シ家屋地價及ヒ立退料ハ三方面ヨリ派遣セル責任者ニ於テ協定シ特別ニ考慮支給ス目前立退場所ノナキ者ニ對シテハ縣ヨリ相當ナル安住方法ヲ講スヘキモ其ノ一切ノ費用ハ東亞勸業會社ヨリ負担シ生活ノ維持ヲ企圖セシム
一、水道ノ開鑿ニ當リ民有地ヲ通過スル場合ハ水道ノ兩側ニ餘裕地ヲ採リ丈尺ヲ明定シ畑地ヘノ浸害ヲ防止セシムルモノトス
右ニ對スル四月十七日附指令下ノ如シ

實業部
民政部 指令地第八八五號

避難鮮人收容ノ農村設置ニ關スル進行辦法五條ノ核示方呈請ノ件委細承諒ス、查スルニ貴署ノ起案セル進行辦法五條ハ滿鮮兩民ノ立場ヲ顧慮セルモノニテ甚タ妥當公平ナルモノト思料セラル、ニ就テハ茲ニ右ノ通リ實施方許可スル次第ニ候

ニ就テハ先ヅ商租地ノ實況ヲ詳細調査シ、然ル後此ニ對スル商租辦理ニ就キ意見ヲ徵セラル、樣有之候ヒシニ就キ直チニ珠河、延壽兩縣ニ對シ電報ヲ以テ右ノ件報告方手配仕リ候其後該兩縣ヨリノ電報報告ニ依ルニ該地域内ノ民地晌數及地主戶數等ハ部分ノ別紙ニ記載セラレタルモノトハ大ナル懸隔有之候

又珠河縣農會ヨリノ電報ニ依レハ東亞勸業會社ハ東安、長發兩鄉民家ニ對シ本月十八日ヲ限リ立退ク樣命令セルヲ以テ此カ制止方ヲ請フトノ趣ニ有之候　査スルニ本案ハ避難鮮人ニ對シテハ方法ヲ講シテ收容ス可キモノニテ原住ノ滿洲國人地主ニ對シテモ亦妥當ナル移轉方法ヲ講シ以テ流離ソノ所ヲ失ハシメサル樣致ス可キモノニテ斯クテコソ共存共榮ノ原則王道尊重ノ精神ニモ背馳セサルモノト思惟サレ候

該勸業會社カ投資シ農村ノ設置ヲ行フ事ハ產業開發ノ見地ニ係ルモノナルンモ若シ果シテ該地域内ノ農民ニ對シテ期限ヲ附シテ立退カシムル樣ノ事アランカ實際問題トシテ紛糾ヲ惹起スルハ必定カト愚案セラレ候　仍ツテ直チニ珠河縣長ニ對シ勸業會社ニ工事ノ中止方並ニ立退ヲ强迫スルカ如キ事ナキ樣交涉セシメ一面該兩鄉ノ農民ヲ指導シ省令ニ依リ解決スル迄靜ニ待チ以テ事端ヲ釀ササル樣電命致置候

本案ハ重大問題ナルニ依リ省公署トシテハ研究ノ結果公平ナル處置辦法五條ヲ決定仕リ候間茲ニ右ニ對スル意見ヲ伺フ次第ニ候　御許可下サレ候ハバ當省公署トシテハ珠河、延壽二縣ノ縣長及參事官並ニ東亞勸業會社ノ責任者ヲ即日省ニ召喚シ省公署ヨリノ派遣員ト一切ヲ協議セシメ進行ニ便ナラシムル所存ニ有之候

附呈　辦法五條

一、本案ハ元來螞蜒河右岸ノ南蹚子温家店等ノ地方ニ土地二千五百町步ヲ商租シ農村ヲ設置スルモノナ

ヲ以テ事態ノ急ヲ要スルニ鑑ミ三月二十三日眞相調査ノ爲メ人ヲ急派セリ。

他方一面坡ニ於テハ三月二十八日九日ノ兩日ニ亘リ、總督府堂本事務官、長岡哈爾濱總領館副領事、一面坡領事館警察分署長、東亞勸業花井專務、珠河、延壽兩縣ヨリハ珠河縣長、珠河縣屬官、延壽縣參事官出席シ種々協議セシ結果、最初ノ案ヲ變更シテ本年度ニ於テハ約一千町歩ノ土地ニ就キ收容スル事ト決定セリ。

本公署ニ於テハ問題ノ重要性ニ鑑ミ省長自ラ新京ニ於テ實業部、民政部ト協商スル事トナリタルヲ以テソノ結果判明迄現地ニ於ケル解決ヲ中止セシムル事トシ、四月九日兩縣ニ對シ下ノ如ク訓令セリ。

避難鮮人收容農村設置ノ件ニ關シテハ、中央民、實兩部ノ訓令ヲ奉ジ目下進行中ナリ。商租一切ノ手續ニ關シテハ省長出京シ、民、實兩部ト交渉中ナリ。避難鮮人ニ對シ妥當ナル方法ヲ講シ、之ヲ安置セシムル必要アルモ原住滿人ヲ强迫的ニ立退カシムルハ妥當ニ非ズ。省長ハ地方ノ實況ヲ体案シ妥當ナル辦法考慮中ナリ。右ハ決定次第訓令スルヲ以テ該命令ヲ奉スル迄縣長ハ靜觀スベシ。ト

然レドモ實施者側ニ於テハ本年ノ稲作ノ關係上事ノ一日モ早ク決定セン事ヲ希望シ來リシヲ以テ、三浦總務廳長ハ四月十日出京シ、滯京中ノ省長ニ面晤シ右ノ事情ヲ告ゲ一日モ早ク之ヲ解決セン事ヲ請ヘリ。右ノ結果省ヨリハ中央ニ對シ四月十五日附ヲ以テ大略譯文ノ如キ呈文ヲ出セリ。

安全農村ニ關スル件

避難鮮人收容農村設置ノ件ニ關シ進行辦法五條ヲ造リ鑒核ヲ希望スル次第ニ候、惟フニ當省公署ハ前ニ實業部民政部ヨリノ地字第五四三號ノ訓令及別紙ヲ奉シタルガ、夫レニ依レバ避難鮮人收容農村設置

1、珠河縣烏吉密河（珠河）東方螞蟻河右岸約二千五百町歩
2、田庄台西南方奉山鐵路支線西側約三千六百町歩
ヲ選定シ
1、事業實施上必要ナル土地ノ商租
2、事業急施ヲ要スル關係上土地商租ニ關スル交渉ト併行シテ事業ノ實施ニ着手スル事ニ對スル諒解ニ付キ吉林省並ニ縣當局ニ對シ援助便宜供與方、實業部、民政部訓令地字第五四三號ヲ以テ吉林省公署ニ訓令アリタリ。三月十六日附該訓令ノ内容大略下ノ如シ。
安全農村設置ノ件ハ避難鮮人收容ノ見地ヨリ、又產業開發ノ爲メ積極的ニ之ヲ完成セシムルノ必要アリ。東亞勸業會社ヨリ責任者貴署ニ出頭ノ際ハ此ト協商シ、直チニ該管縣公署ニ命令シ、該會社ト共同シ總面積、官有地、民有地、既墾地、未墾地、地主、戸數等ヲ調査セシム可シ。他面縣ニ於テハ地主及居住民ヲ召集シ、失業鮮人安全並ニ產業開發ノ主旨並ニ前頒布ノ土地商租ノ意義ヲ說明シ、一般民衆ヲシテ誤解ヲ生セシメサル樣ニシ縣公署ハ商租手續ニ依リ之ヲ辦理ス可シ、春耕目前ニ迫レルヲ以テ直ニ之カ決定ヲ期ス可シ。土地商租價格ハ縣ニ於テ公平ナル地方有志ヲ召集シ東亞勸業會社ト三者間ニ於テ公平ニ協定ス可ク、ソノ結果ハ直ニ報告スベシ。ト
然ルニ發令ノ翌日三月十七日ニハ東亞勸業花井專務、朝鮮總督府堂本事務官來吉シ、省長ニ面晤シ該問題ニ對スル諒解ヲ得ルト共ニ各方面ト連絡スル處アリタリ。サレド省公署トシテハ該地域ノ詳細ニ就テ何等ノ記錄ナク、又十九日、二十二日ト二回ニ亘リ該二縣ニ對シ調査報告方電命セシモ答覆ナカリシ

四、天理教團カ哈爾濱市街地區內ニ購入セル土地並ニ其ノ施設ハ本移住計畫ノ一部ト看做ス

五、本協定ノ細目ニ關スル事項ハ當事者ニ於テ覺書ヲ作製シ〇〇〇ノ承認ヲ受クヘシ

六、本協定ニ關シ疑義ヲ生シタル場合ハ〇〇〇ニ於テ之ヲ裁定ス

以上ニ依リ天理教團ノ計畫一切ハ東亞勸業ノ繼承スル處トナリ世人注視ノ的タリシ天理教模範農村モソノ實ヲ結バズシテ葬リ去ラレタリ。サレトソノ施行者ノ是非ハ別トシテ本地域內ニ於ケル日本人移民ハ東亞勸業ニ於テ明年度必ズヤ實施サルベシト思料セラル。

第三節　河東農村

茲ニ河東農村ト假稱スルハ本省內珠河縣延壽縣二縣ニ跨ル螞蟻河右岸地域約二千五百町步ニ亘ル地區內ニ鮮人避難民ヲ收容シ農業ヲナサシメ之カ安定ヲ計ル爲メ東亞勸業株式會社ニ於テ實施セシモノヲ指シ、烏吉密河ノ安全農村トモ俗稱セラル、モノヲ云フナリ。

抑々本安全農村ノ企圖セラレタル理由ヲ一考スルニ、滿洲事變ニ依リ生シタル全滿ニ於ケル避難鮮民約三萬人中、救護中ノ避難民約一萬人、推定戶數約二千戶ヲ收容安定セシメンガ爲メ、原來ハ朝鮮總督府ニ於テ此カ對策ノ爲メ計畫セラレタルモノノ如クナリシモ、各方面協議ノ結果東亞勸業ヲシテ之カ實施ヲナサシムルニ至レルモノナリト思料セラル。

右ニ關スル珠河縣屬官ヨリノ報告ニ依レバ、昭和八年度朝鮮總督府補助事業トシテ、東亞勸業株式會社ニ避難鮮人ヲ收容ス可キ安全農村ノ設置ヲ實施セシムル事トナリ、其ノ地域トシテ

三、收容總戸數　　　　八百五十戸

一百五十戸　　滿人(現住者)

二百戸　　鮮人(　同　)但シ避難民

五百戸　　日本人

以上

而シテ該請願書ノ提出以前卽チ二月二十八日ニ於テ阿城縣長呂佐周、第〇〇團〇〇〇〇立會ノ下ニ當事者間ニ商租ノ假契約ヲ終了セシナリ。右ハ第一次假契約ニシテ契約面積三千八百七十七晌五畝ニシテ手附金トシテ哈洋三萬五千元ヲ支拂ヘリ。第二次契約ハ三月廿一日哈爾濱天理敎農村建設事務所ニ於テ行ハレ二千七十三晌五畝ノ假契約ヲ終了セリ。天理敎側ニ於テハ實地測量ヲモ六月中旬迄ニ完了シ愈々實現化セントセシニ根本問題ニ對シ關東軍トノ間ニ意見ノ相異ヲ招來シ天理敎ヲシテ實行セシムル事ハ妥當ニ非スト決定シ、七月五日左記協定書ニ基キ天理敎代表深谷德市氏ヨリ東亞勸業向坊社長ニ對シ一切ノ從來ノ計畫ヲ讓渡セリ。

協　定　書

一、阿什河左岸ニ於ケル天理敎團ノ邦人移住計畫ハ〇〇〇ノ指揮ニ從ヒ本協定成立ノ日ヨリ一切東亞勸業株式會社之ヲ繼承ス

二、天理敎團ハ本移住計畫ニ關スル收利義務ヲ文書ノ形式ヲ以テ東亞勸業株式會社ニ引繼クヘシ。

三、天理敎團ハ本移住計畫ノ爲メ支出シ又支出スヘキ費用其他一切ノ義務ニ關スル明細書ヲ提出シ東亞勸業株式會社ハ必要ニシテ且ツ正當ナル理由ヲ有スルモノニ對シテハ之レカ支拂ノ責ニ任スヘシ

三萬圓	創業事務費、測量費、雜費
四十萬圓	土地約一萬垧ノ商租費、熟地三千垧、荒地七千垧、每晌平均四十圓余
四萬圓	道路費
三萬圓	水路費
二十二萬五千圓	家屋建設費、五百戸、一戸平均四五〇圓、三五〇戸同現有家屋暫用
二萬五千圓	市場建築費
六千圓	共同農業倉庫建築費
五千圓	產業組合事務所建築費
二萬圓	學校建築費
一萬五千圓	病院建築費
三萬四千圓	開墾費、每晌約五圓
十四萬圓	農業資金、七百戸分、一戸平均二百圓
三萬圓	予備費

二、商租地面積　約一萬晌

三千垧	道路、水路、學校、共同放牧場、其他公共用建物用地
四千垧	畑
三千垧	水田

滿洲建國ノ實業方略ハ其ノ劈頭ニ農業ノ振興ヲ揭ケテ農業立國ノ大本ヲ明示セリ。社會化ヲ使命トセル天理敎青年會ハ建國ノ宜言トソノ方略ニ遵ヒ哈爾濱東部阿什河左岸ノ地ヲトシ一大模範農村ヲ建設シ以テ之ヲ大農業國滿洲ノ縮圖トナサントス。即チ滿人ハ畑作ニ、鮮人ハ水田作ニ、日人ハ田畑作ニ各民族農民ノ特技ヲ發揮セシメテ彼我ノ長短ヲ融合シツヽ、近代農業經營ノ精華タル多角的集約農法ニ依リ土地ヲ最有効ニ利用ナシ之ヲ統率スルニ自治的ノ產業組合ヲ以テシ其ノ生產ト販賣過程ニ於ケル中間搾取ヲ斷平排擊セントス。

商租地約一萬垧ハ參千垧ヲ水路、道路、共同放牧場、其他公共建設物ノ敷地ニ、四千垧ヲ畑ニ、三千垧ヲ水田ニ充當シ、之ニ收容ノ農戸ハ滿人百五十、鮮人二百、日本人五百、計八百五十余戸ニシテ、一戸當リ耕地面積ハ十垧以下トナス。

本農村ノ完成迄ニハ相當多額ノ經費ヲ要スルヤ勿論ナルカ天理敎青年會ハ其ノ一切ノ費用ヲ負担スルノミナラス、該耕地ノ所有又ハ商租ノ希望アル農民ニ對シテハ總テ無利子、二ケ年据置、十ケ年償還ニ依ラシメ、此ノ代價ヲ更ニ第二次農村建設事業ニ充當セントス。要之、我等ノ目的ハ滿洲國ノ一角ニ大東一身ヲ如實ニ示セル模範農村ヲ建設シ之ニ依リ國家ノ進展ト人類愛ニ幾莫カノ寄與ヲナスヲ得ハ滿足ナリ。

事業計畫

一、資本總額　壹百萬圓

內譯

人モ認ムル處ナリシヲ以テ此ニ代ルベキモノノ現出ハ蓋シ當然ナラン。

第二項　天理敎農村

哈爾濱附近ニ多數ノ鮮人ヲ收容スル事ノ可否ハ之ヲ問ハズトスルモ、ソノ間ニ種々ナル經緯アリタルモノノ如ク該利民稻田公司不許可トナルヤ、此ニ代リテ天理敎移民ノ議起リ、各方面ノ諒解ノ許ニ着々進渉セリ。

左ニ天理敎代表深谷德市ノ本省長宛請願書並ニ計畫書ヲ記載シソノ内容ヲ記サン。

土地商租許可願

私儀今般別紙計畫書ニ依リ天理農村ヲ建設致度候條該計畫施行ニ要スル土地商租ヲ特別ノ御詮議ヲ以テ御許可相成度此段及御願候

大同二年四月十四日

大日本奈良縣山邊郡丹波市町三島
天理敎青年會代表　中山正善
哈爾濱市斜紋街五拾號ノ四番
右代理人　深谷德市

吉林省々長　熙洽閣下

天理農村建設計劃書

趣意

總　計　　五〇、六五〇元

右ノ請願ニ接シタル阿城縣長ハ昨年十月十日附ヲ以テ左ノ如ク批示ヲ請ヘリ。

利民稻田公司經理鮮人金書鐘ヨリ本縣下第三區三家子、六家子ヨリ太平橋南駱斗屯ニ至ル一帶ノ荒地熟地若干ヲ商租シ之ヲ開墾シテ稻田トナス爲メ既ニ滿人側ト契約成立セルニ就テハ縣ニ於テ許可相成リ度シト、而シテ本契約ヲ認ム可キヤ否ヤ批示ヲ請フ。

右ニ對シ省ヨリハ外人ノ土地商租辦法ハ現在未公布ニテ、從ツテ之ヲ如何ニ處理ス可キヤニ關シテハ民政、外交兩部ノ意見ヲ仰グ事トセリ、ト指示シ民政部、外交部宛此カ處理ニ就キ意見ヲ徵セリ。

以上ノ結果ニ對シテハ滿洲日報ノ本年三月十日ノ記事ヲ引用セン。卽チ

阿城縣在住鮮人金書鐘氏ハ過般吉林省公署民政廳ニ對シ稻田公司ノ組織ニ就キ許可請願中ナリシガ、未タ規則ノ公布ナキ爲メ之ヲ不許可トシテ却下スルニ至レリ。ソノ內容ハ右金氏ナル者在住鮮人約三十名ヲシテ一團トスル水田事業ヲ經營シ鮮人ノ向上發展一致協力的ナル事業ヲナサント計畫セルモノニシテ一般ノ注目スル處トナリ其ノ前途ニ對シテ可成リ大ナル期待ヲ懸ケラレ、之カ實現ノ曉ニ於テハ鮮人最初ノ團體的農民トシテ、相當效果ヲ現ハス可シト期待セラレタルニモ拘ラス、此ノ水田經營ニ對シテ中間ニ諸種ノ**インチキ**屋存在シ、折角ノ名案ヲ斯クノ如キ失敗ニ歸スルハ殘念ナリト雖モ如何トモナシ能ハズ、省民政廳當局モ可成リ深甚ナル考慮ヲ煩ハシタルモ、目下此ニ對スル諸法規モ未完成ナル爲メ如何トモ策ナキモノノ如シ。

以上ノ如キ結果トナリタルモ該地域ハ水田經營上有望ニシテ日本移民ノ候補地トシテ最適地タルハ何

年トシテ既ニ商租契約ヲ終了セリ。經費五萬六百五十元ヲ以テ九月下旬ヨリ十一月初旬迄ニ水路工事ヲナシ明年三月（即チ本年）堰堤ヲ築造シ然ル後熟地及荒地ヲ開墾スルモノニテ阿什河ノ水ヲ引ク爲メ三家子ヨリ四千五百丈ノ灌漑水路ヲ開鑿スルモノナリ。

五萬六百五十元內譯左ノ如シ。

堰堤總工事費	六、〇五〇元	
水路總工事費	二四、三〇〇	
水門工事費	七〇〇	
橋梁工事	八〇〇	
技師	一、三〇〇	
水路用地十六年租得費	二、五〇〇	（熟地三〇垧毎垧六十元、荒地十五垧毎晌五十元）
排水路修繕工事	一、〇〇〇	
雜費	二、〇〇〇	
消耗費	三〇〇	
各屯保衞團費	一、五〇〇	
開墾費	一〇、〇〇〇	（熟五〇〇垧毎晌五元、荒地五〇〇垧毎垧一五元）
車馬費	二〇〇	